도박꾼이 아니라
트레이더가 되어라

도박꾼이 아니라 트레이더가 되어라

데이트레이딩 최고 전략가의
매일 꾸준히 수익내는 기술

앤드루 아지즈 지음
김태훈 옮김

책세상

추천의 글

"우리는 떨어져 있으면 하나의 물방울에 불과하지만 모이면 바다가 된다."

류노스케 사토로

처음 앤드루를 만났을 때 그는 내게 중요한 교훈을 가르쳐주었다. 어느 주말, 나는 가장 좋아하는 브런치 레스토랑에 앉아 있었다. 트레이딩 커뮤니티에서 회자되기 시작한 사람을 만나려고 기다리던 참이었다. 나는 대부분의 시간을 프롭데스크proprietary trading desk(고객을 대신해 거래함으로써 직접적인 시장 이익을 위해 투자하는 금융회사 또는 은행-편집자주)를 조용히 운영하는 데 쓴다. 회사에는 따로 트레이더 교육 사업부가 있다. 그럼에도 종종 '동종업계 사람들을 너무 모른다'는 직원들의 놀림을 받곤 한다. 이런 생각을 하던 차에 앤드루가 걸어들어왔다. 우리는 인사를 나누고 음식을 주문했다. 그리고 일에 관한 이야기를 나누었다. 그는 내가 그의 일과 2005년 설립한 프롭 투자사 'SMB 캐피털'(이하SMB) 밖에서 일어나는 대부분의 일을 전혀 모른다는 사실을 정중하게 일깨워주었다.

갓 우려낸 아이스티를 마시며 방금 앤드루에게 던진 질문인 "베어 불 트레이더스 회원이 몇 명인지"의 답을 기다렸다. 앤드루는 담담한 말투로 "600여 명"이라고 답했다.

나는 아이스티를 뿜을 뻔했다. '멍청한 녀석. 어떻게 이런 사람을 모를 수 있지?' 확보 기간이 매우 짧은 데 비해 대단히 인상적인 회원 수였다. 무엇보다 그는 자신의 트레이딩 커뮤니티인 '베어 불 트레이더스Bear Bull Traders'로 개인(또는 독립) 트레이더를 대상으로 구축한 학습 문화를 소개했다. 또한 그는 내게 '다시는 아무런 준비 없이, 자신 같은 트레이딩 분야의 리더가 많은 사람을 대상으로 어떤 중요한 일을 하는지도 모른 채 만나지 말라'고 조언했다.

나는 그의 가르침을 대단히 감사하게 여기며 매일 명심하고 있다. 만남 후에도 베어 불 트레이더스는 계속 성장했다. 인상적인 것은 회원 수만이 아니다. 앤드루가 구축한 전체 커뮤니티와 학습 문화가 실로 놀라웠다. 관련 일화를 몇 가지 소개하겠다.

아무 생각 없이 만났던 그와의 브런치 이후 SMB와 베어 불 트레이더스는 협력 프로젝트를 진행했다. 베어 불 트레이더스의 커뮤니티를 위한 교육용 웨비나webinar를 제작하는 것이었다. 그 과정에서 나는 그들의 학습 문화가 지닌 장점을 빠르게 숙지했다. 대개 웨비나 강연 요청을 받을 때 주제에 관한 질문을 같이 받지만, 안타깝게도 아무도 신경 쓰지 않는다. 그저 트레이딩 서적의 저자이자 SMB의 공동 창립자가 강연만 하면 된다는 식이다. 그러나 이번 요청은 달랐다. 나는 전혀 다르면서도 유쾌한 놀라움을 그들과 경험했다. 한 핵심 회원은

《THE PLAYBOOK》을 참고한 자신의 트레이딩을 발표할 테니 평가해달라고 제안했다. 뭐라고? 그런 일은 한 번도 없었다. 그래도 참석자들에게 기막힌 학습 기회가 될 것이다. 대체 이 사람들(베어 불 트레이더스의 회원들)은 누구일까?

그래서 나는 주제를 골랐다. 바로 '전략집을 활용해 수익을 꾸준히 올리는 트레이더가 되는 법'이었다. 이 주제를 고른 이유를 간략하게 설명해보겠다. 《THE PLAYBOOK》은 나의 두 번째 책이다. 이 책은 진지한 트레이더가 트레이딩 사업을 구축하는 방법을 제시한다. 요컨대 독자는 자신이 가장 잘하는 구체적인 트레이딩 전략집을 만들고, 그 전략집대로 하면 된다. 우리가 양성한 SMB의 새로운 트레이더들은 매일 전략집을 활용해 사업을 개발한다.

앤드루는 이 책에서 사업계획이 트레이더가 성공하는 데 얼마나 중요한지 설득력 있게 설명한다. 그 핵심 회원이 웨비나의 주제와 관련해 요청한 내용은 다음과 같다.

"진지하게 노력하는 트레이더들로 구성된 우리 커뮤니티가 실질적이고 중대한 진전을 이룰 수 있도록, 개인 트레이더로서 저의 트레이딩 내역을 보여주고 싶습니다."

이 회원의 전략집을 토대로 실질적이고 고차원적인 강습 시간을 가졌다.

물론 그 웨비나는 만원이었을 뿐 아니라 참여했던 웹 강연 중 최대 규모였다. 앤드루는 커뮤니티를 통해 하나의 패턴을 감지하고 있었다. 뒤이어 질의응답이 이어졌다. (이 시간은 커뮤니티의 문화를 드러낸다.) 질문이 트레이딩으로 버는 돈에 대한 것일까 아니면 그것이 성공으로 이어지는 과정에 관한 것일까? 그들의 질문은 과정에 관한 것이었다. 우리가 전문 트레이더로 키우는 사람들이 내게 해줬으면 하고 바라는 질문이었다.

중요한 커뮤니티에는 뛰어난 리더가 필요하다. 경험에 따르면 뛰어난 리더는 무엇보다 어떻게 하면 회원들을 도울 수 있을지 고민한다. 앤드루가 그런 리더다. 나는 그와 약간의 친분을 쌓았지만 여전히 서로를 살피는 중이었다. 그 무렵 나는 막 '트레이더스포어코즈 Traders4ACause'의 이사회 멤버가 되었다. 또한 라스베이거스에서 열릴 대면 이벤트에 참가할 강연자들을 위해 주제를 정하는 일을 돕고 있었다. 우리는 수준 높은 강연자들을 찾고 있었다. 그 기준은 진지한 트레이더로서 트레이딩 커뮤니티에 실제적인 가치를 제공하는 사람이었다. 또한 트레이더 교육 분야에서 종종 볼 수 있는 장사치는 아니어야 했다. 내가 염두에 둔 사람은 앤드루였다. 나는 그에게 연락해 강연과 자선 이벤트 홍보에 도움을 줄 수 있는지 물었다. 대개 이런 일에 참가하면 본인과 회사에 어떤 도움이 되는지 설명이 필요하다. 우리는 실제로 그런 내용을 담은 긴 프리젠테이션까지 만들었다. 그러나 앤드루는 대화를 시작한 지 몇 분 만에 참여를 결정했고, 베어 불 트레이더스까지 동참하겠다고 말했다. 게다가 직접 기부금을 내고 메일링 리스트에 있는 사람들에게 소식을 알려 참여를 권유하겠다고도 했다. 그는 더없이 관대했다. 자신과 회사에 어떤 도움이 되는지 전혀 신경 쓰지 않고 이 모든 일을 해주었다.

이후 공동으로 또 다른 웨비나를 진행한 이야기도 빼놓을 수 없다. 그때 우리가 정한 주제는 '트레이딩 커뮤니티의 집단 학습—뉴욕시

소재 프롭 투자사가 신입 트레이더들을 교육하는 방법에 관한 내부 시각 포함'이었다. 앤드루는 웨비나가 진행되는 동안 자신의 커뮤니티를 위한 자원인 우리의 대표 트레이닝 프로그램인 SMB DNA를 홍보하자고 제안했다. 여행 애호가인 그는 마추픽추로 향하는 산길에서 자신의 팀과 SMB의 줌 회의에 참여해 이 제안을 했다. 'SMB 트레이닝' 마케팅팀과 교육사업부는 행사에 참석하는 베어 불 트레이더스 회원을 파악하고 모든 매출에 대해 그들에게 보상해주겠다고 답했다. 우리는 모두 동의했다. 약 15분 후 앤드루는 이메일을 보내왔다. 자기들이 받을 모든 수수료를 트레이더스포어코즈에 내달라며, 거기가 그 돈을 받기에 더 나은 곳이라는 내용이었다. 이런 일을 할 사람이 또 있을까?

중요한 커뮤니티의 뛰어난 리더는 진지하고 우수한 사람들을 끌어들인다. 베어 불 트레이더스가 그런 경우다. 근래에 그들은 회원 대상 이벤트를 열었다. 나의 트레이딩 파트너인 스티브 스펜서Steve Spencer와 우리 트레이더들뿐 아니라 세계 최고의 헤지펀드 및 기관투자자들을 가르치는 브렛 스틴바거Brett Steenbarger 박사와 나도 그 행사에 초대되었다(아쉽게도 아들과의 선약 때문에 참석하지 못했다). 그래도 스펜서는 행사가 진지한 트레이더들로 가득했다고 전해주었다. 다음 날 아침, 앤드루와 나는 이른 아침을 먹으며 근황을 나누기로 했다. 그는 커뮤니티의 주요 회원들을 몇 명 데려와 나를 소개해도 되는지 물었다. 내게 몇명은 두세 명이었다. 그러나 무려 8명이 와서 이야기를 나눴고, 1명은 참석 못해 미안하다며 문자를 보내왔다. 학구열 넘치는 트레이더들과 대화를 나누는 것은 토요일 아침을 보내는 멋진 방법이었다.

1990년대 말부터 전문 트레이더로 활동하고, 2005년 이후 투자사를 운영하며 배운 중대한 교훈이 있다면, 누구도 혼자서는 뛰어난 트레이더가 될 수 없다는 것이다. 베어 불 트레이더스의 홈페이지에도 같은 교훈이 나온다. "혼자 트레이딩 하지 말라"고.

SMB는 트레이더들을 뽑아 훈련한다. 급여를 지불하고 성공에 필요한 모든 자원을 제공한다. 트레이더 중 한 명이 연초부터 6월까지 1000만 달러가 넘는 수익을 올렸으며, 두 명이 크게 뒤처지지 않은 수익을 올렸다는 데 상당한 자부심을 느낀다. 기념비적인 수익을 기록한 뛰어난 트레이더가 가장 먼저 한 일은 목표를 달성하는 데 회사에서 도움을 준 모든 사람에게 직접 연락한 것이었다. 특히 그가 고마워한 사람은 플로어 매니저floor manager였다. 이 매니저는 그가 가진 최고의 아이디어를 옵션에도 적용해보라고 권했다. 덕분에 수익이 크게 늘어났다.

앤드루는 개인 트레이더는 계속 공부해야 한다고 적절하게 조언한다. 그래서 내가 다음으로 할 말이 차세대 개인 트레이더들에게 영감을 제공하기를 바란다. 회사의 트레이더들은 모두 팀을 이뤄 트레이딩을 하고 공부도 한다. 그들은 교육을 받은 후, 대단한 실적을 올린 선임 트레이더가 운영하는 특정한 팀에 소속된다. 수습 트레이더는 어떤 일도 혼자 하지 않는다. 훈련과 공부도 마찬가지다. 진지한 커뮤니티가 중요한 이유는 자신의 발전에 큰 도움을 줄 다른 투자자들과 같이 공부한다는 것이다. 앤드루는 바로 이 점을 가르친다.

트레이딩은 어렵다. 그가 조언하는 대로 트레이딩은 벼락부자가 되는 편법이 아니다. 성공한다는 보장이 없다. 심리적인 어려움을 안길

뿐 아니라, 성공할 수 있을지 의심하게 만들기도 한다. 앤드루는 이 책에서 투자 심리 문제를 다룬다. 이 문제는 다양한 수준의 모든 투자자의 책상에 앉아 있는 '800파운드의 고릴라'(대단히 강력해서 다루기 힘든 존재를 뜻함-편집자주)와 같다. 자신이 트레이더로서 얼마나 뛰어난지 알아낼 수 있는 적절한 기회가 주어질 것이라고 기대해도 좋다. 수준 높은 커뮤니티는 그런 기회를 제공한다.

트레이딩 코치인 브렛 스틴바거 박사는 두 주먹을 불끈 쥐고 신입 트레이더들에게 이렇게 말했다. "우리는 대단한 일을 하게 될 겁니다." 최고의 커뮤니티에서 진지한 트레이더들과 같이 노력하는 것은 '대단한 일'을 할 기회를 제공한다.

당신은 훌륭한 사람의 도움을 받게 될 것이다. 그는 개인 트레이더들을 위한 중요한 커뮤니티와 문화를 구축했다. 트레이딩 커뮤니티를 위한 앤드루의 또 다른 기여를 마음껏 즐겨라.

뉴욕시에서 마이크 벨라피오레Mike Bellafiore

'SMB 캐피털'과 트레이더 교육사업부 'SMB 트레이닝' 공동 창립자이며,
트레이딩 분야의 고전 《One Good Trade》와 《THE PLAYBOOK》 저자다.

차례

필독! 유의사항

CHAPTER 1

지난 트레이딩을
돌아보며

이 책의 첫 버전은 2015년 여름에 출판되었으며, 지금까지 6년 연속으로 세계적인 베스트셀러가 되었다. 또한 5개 국어(영어, 일본어, 중국어, 베트남어, 포르투갈어)로 출판되었다. 그리고 아마존과 다른 많은 플랫폼에서 트레이딩과 투자 분석뿐 아니라 온라인 거래, 전략, 비즈니스 및 금융과 관련된 여러 부문에서 가장 많이 '위시 리스트'에 올랐다.

작년 초에 나의 트레이딩은 그 어느 때보다 잘되고 있었다. 코로나19 팬데믹으로 글로벌 금융시장이 심한 변동성을 보이는 가운데, 원고(이 책은 《How to Day Trade for a Living》 2021년 개정판이다-편집자주)를 손볼 필요를 느끼지 못했다. 이전 판에서 말미에 나의 이메일 주소를 넣고 독자들에게 수익을 내는 트레이더가 되도록 도울 일이 있다면 연락하라고 전했다.

이후 초보는 물론, 경험 많은 트레이더들로부터 매주 서너 통의 이메일을 받았다. 그 내용은 주로 질문을 하거나 책에서 소개한 사례나 전략을 자세히 설명해달라는 것이다. 독자와의 소통은 흥미롭다. 나는 항상 그들의 트레이딩 경험에서 교훈을 얻는 데 관심이 있다. 그런데 팬데믹이 발생한 2020년 3~4월에 신규 트레이더들로부터 이례적인 수의 이메일이 오기 시작했다. 왜 갑자기 이렇게 많은 초보 트레이더가 내게 연락하는 걸까? 어떤 변화가 일어난 걸까?

그 답은 구글 트렌드(키워드 트렌드 분석 툴-편집자주)에서 찾을 수 있다. 그림 1.1을 보라. 팬데믹이 덮치자 주식시장에서는 투매(손해를 무릅쓰고 헐값에 팔아버림-편집자주)가 일어났다. 경제적 타격과 글로벌 불경기의 현실이 구체화되었기 때문이다. 주식시장의 투매와 늘어나는 실업률, 임박한 불경기가 연일 뉴스에 올랐다. (2007/08년 금융위기 이후) 11년 연속으로 이어진 '강세장'이 끝난 후 2020년의 팬데믹 불경기는 많은 트레이더와 투자자가 처음 경험한 '약세장'을 불러왔다. 내게 도움을 요청하는 이메일이 쏟아진 이유가 거기에 있었다. 사람들은 종종 락다운으로 집에 머물러야 했고, 그들에게 더 많은 시간이 주어졌다. 금융시장이 무너지고 있다는 뉴스가 나왔고, 사람들은 그에 대해 더 많이 알고 싶어했다. 다수는 시장에 관한 책을 읽으며 공

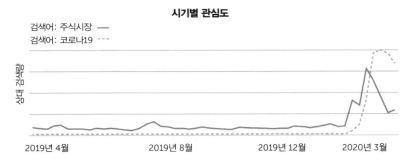

그림 1.1: 구글 트렌드로 본 2019년 4월과 2020년 4월 사이 '코로나19'와 '주식시장' 키워드로 이뤄진 검색 동향. 보다시피 둘 간의 명백한 상관관계가 있다. 주가 하락 뉴스가 이어지자 사람들은 구글로 '주식시장' 검색이 많아졌다!

부했다. 은행에서 일하지 않거나 증권 계좌가 없어도, 사실상 모든 사람의 삶은 어떤 방식으로든 월가 및 다른 국제 금융시장과 연결되어 있다.

앞의 그림에서 가장 흥미로운 점은 주식시장이 무너지고 그에 관한 뉴스가 나오는 와중에 사람들이 주식시장을 더 많이 알고 싶어했다는 것이다. 이 상관관계는 사실 과거 주식시장이 붕괴할 때마다 매번 드러났다. 거기에는 2007/08년의 금융위기와 2000년의 닷컴 버블도 포함된다. 후자의 경우 과도하게 부풀려지고 고평가된 대다수 IT 관련 기업의 주가가 폭락했다.

그림 1.2: 미국 500대 기업의 주가 변동에 따른 2019년 강세장과 2020년 약세장 비교. 해당 기업의 주가는 S&P 500 지수로 나타나며, 'SPDR S&P 500 ETF Trust'(종목코드: SPY)로 알려진 ETF로 거래된다. 참고로 S&P는 해당 정보를 집계한 기업 중 하나인 '스탠더드앤드푸어스Standard & Poor's'를 가리킨다.

물론 2020년 봄의 시장 변동성은 코로나19 팬데믹에 기인한 것이다. 이는 2019년 강세장과 2020년 약세장을 비교한 그림 1.2처럼 매우 고통스런 글로벌 불경기로 이어졌다. 대개 약세장일 때 주식시장의 동향이 주요 뉴스로 다뤄진다.

나는 2020년 3, 4월에 신규 트레이더들이 질문한 내용을 살폈다. 늦봄에도 여전히 독자들의 이메일이 왔다. 그 내용을 보면 몇 가지 공통 주제가 있다. "이전 저서에서 추천한 도구와 증권사가 여전히 좋은가요?" "투자 전략을 바꿨나요? 바꾸지 않았다면 요즘 같이 변동성 심한 시장에서도 여전히 통하나요?" "지금 거의 모두가 계좌를 갖고 있는 듯한 '로빈후드' 같은 '수수료 무료 앱'과 '신생 증권사'를 어떻게 생각하나요?"

이는 타당하고 정당하며 단도직입적인 질문과 우려다. 그래서 이 책에서 대답해야겠다고 생각했다. 또한 원고를 손보는 작업은 나의 삶에 생긴 여지를 아주 잘 채워주었다. 나는 여행, 달리기, 등반 애호가다. 그래서 지난 몇 년 동안 트레이더/탐험가로서 노트북과 다른 휴대용 기기들을 항상 곁에 두고 세상을 여행하며 많은 시간을 보냈다. 근래에 고향인 캐나다 밴쿠버부터 파퓨아뉴기니의 산골 오지까지 세상 모든 곳에서 트레이딩을 했다. 심지어 오세아니아 지역에서 가장 높은 화산인 파퓨아뉴기니의 길루웨산Mount Giluwe (해발 4367미터)을 오르는 동안에도 말이다. 나는 2019년 말 7개 대륙에 있는 최고 높이의 화산을 모두 오른다는 목표를 달성하는 중이었다. 이 도전은 등반가와 산악인 사이에서 '볼캐닉 세븐 서미츠Volcanic Seven Summits (7대륙 최고봉)'로 불린다. 그러나 팬데믹으로 대다수 국경이 닫히는 바람에 다른 사람처럼 집 근처에 머물러야 했다.

내게는 시간적 여유가 많았다. 그래서 트레이딩 실력을 연마하고 두어 권의 새로운 책을 집필 및 수정하는 와중에도 원고를 손볼 시간이 있었다. 책을 펴내려면 나와 보조 작가, 편집자 사이에 수많은 의견 교환이 필요하다. 나는 새 책의 초고에 관한 그들(그들은 천재다! 내가 마구잡이로 쓴 원고를 받아서 읽고 싶은 책으로 바꿔준다)의 작업을 기다리는 동안 기존 저서를 재편집, 재집필할 수 있었고, 이 책의 원고를 살필 수 있었다.

예전에는 블로그에 올린 모든 트레이딩 내역과 전략을 스크린샷과 함께 책에 담았지만, 이번에는 보다 새로운 기술을 활용하기로 했다. 블로그를 쓰지 않고 온라인 도구로 트레이딩 일지를 작성하고, 기록을 관리했다. 충실한 일지 작성과 기록 관리는 어떤 일을 하든 성공하는 데 중요한 요소다. 트레이딩의 경우는 분명 그렇다. 당신이 아는 의사들 중 모든 환자의 이름, 처방 내역, 병력, 각 진료의 간략한 내용을 기억하는 사람이 몇 명이나 되는가? 그들은 모두 뛰어난 기록 관리 도구를 활용한다. 그중에는 의무적으로 써야 하는 것도 있고 개인적으로 선택한 것도 있다. 꾸준히 수익을 올리는 성공적인 트레이더는 트레이딩 내역을 꼼꼼하게 기록한다.

지난 5년 동안 내가 가르친 많은 신규 트레이더가 성공을 거뒀다. 나는 초보 트레이더들을 북돋우는 방법으로, 커뮤니티 회원들의 성공담을 이 책에 소개하는 일이 중요하다고 생각한다.

우선 데이트레이딩의 기본과 이것이 다른 트레이딩이나 투자와 다른 점을 설명할 것이다. 그 과정에서 많은 트레이더가 매일 활용하는 중요한 트레이딩 전략도 소개할 것이다. 이 책은 가능한 한 분량을 짧게 만들었다. 그래야 독자들이 중간에 지겨워서 포기하지 않고 끝까지 읽을 것이기 때문이다. 최대한 간결하고 실용적으로 만들었다.

근래에 트레이딩을 시작했든, 전문 트레이더로서 경력을 시작하는 데 관심이 있든, 그냥 시간이 남아도는 상황에서 트레이딩에 호기심이 생겼든 간에 이 책은 도움을 줄 것이다. 구체적으로는 데이트레이딩을 하기 위해 어디서 어떻게 출발하며, 어떤 일을 예상해야 하는지 그리고 어떻게 자신만의 전략을 개발하는지 가르쳐줄 것이다. 이 책을 읽기만 해서는 수익을 내는 트레이더가 될 수 없다. 나중에 설명하겠지만 수익은 연습과 올바른 도구 및 소프트웨어 그리고 적절하고 지속적인 공부에서 나온다.

말미에 데이트레이딩과 관련해 자주 쓰는 용어들을 유용하게 정리해두었다. 이 책을 읽는 동안 이해할 수 없는 단어나 구절이 있으면 정의를 찾아보기 바란다. 전문용어들을 아주 쉽게 설명했다.

트레이딩이나 투자 경험이 있는 중급 트레이더는 대다수 개인 트레이더들이 효과적으로 활용하는 고전적인 전략에 관한 개요에서 도움을 받을 수 있을 것이다. 자신이 초보 트레이더가 아니라고 생각한다면 7장으로 건너뛰어도 된다. 거기에 중요한 데이트레이딩 전략이 나와 있다. 그래도 이전 내용을 간단하게 훑어보기를 권한다.

매일 복잡한 새로운 전략을 마스터해야 꾸준히 수익을 낼 수 있는 것은 아니다. 7장에서 설명하는 전략들은 트레이더들이 10년 넘게 성공적으로 활용한 것들로, 지금까지 잘 통했으며 마스터할 필요가 있다. 간단하고 잘 알려진 전략을 활용하되 자신의 성향과 현재 시장의 여건에 맞게 조절하라. 성공적인 트레이딩은 격변이 아니라 진화를 통해 이뤄진다.

시장은 과거와 달라졌고 당신이 이 책을 읽는 지금도 달라지고 있다. 2016년, 20년 넘게 데이트레이더로 활동한 켐Kem이 내게 이메일로 조언을 요청했다. 그녀는 나보다 경력이 길지만 언제나 특정한 종목군만 매매했다. 또한 알고리즘과 초단타매매High Frequency Trading(대개 'HFT'로 줄여서 말함)가 점차 성행하며 '새로운' 시장에 적응하고, 새로운 스타일의 생계형 데이트레이딩을 익혀야 했다. 그러기 위해서는 현재 일어나는 모든 사회적, 기술적 변화를 고려해야 했다. 그림 1.3은 그녀가 몇 년 전에 쓴 초판의 서평이다.

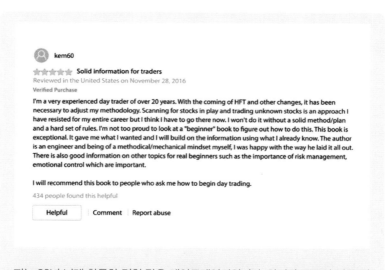

저는 20년 넘게 활동한 경험 많은 데이트레이더입니다. 하지만 HFT와 다른 변화들이 일어나면서 투자법을 조정할 필요가 생겼습니다. 활성화 종목stocks in play을 검색하거나, 안 알려진 종목을 매매하는 것은 지금까지 거부했던 접근법

이지만 이제는 거기에 순응해야 할 것 같네요. 그래도 탄탄한 수단/계획과 확고한 규칙 없이는 하지 않을 겁니다. 그 방법을 알려고 '초보자용' 책을 보는 게 그다지 자랑스럽지는 않습니다. 그래도 이 책은 아주 좋아요. 제가 원하는 정보를 제공했거든요. 저는 이 정보를 토대로 이미 아는 지식을 활용할 겁니다. 저자는 엔지니어입니다. 저도 체계적/기술적 사고방식을 갖고 있어서 저자가 내용을 전개하는 방식이 마음에 듭니다. 또한 리스크 관리의 중요성과 감정 절제처럼 좋은 정보가 가득 들어 있습니다.

데이트레이딩을 시작하는 방법을 묻는 사람들에게 이 책을 추천합니다.

그림 1.3: 2016년에 켐이 아마존에 쓴 서평. 그녀는 경험 많은 트레이더도 시장 변화에 적응하기 위해 열린 자세로 유연하게 투자법을 바꿔야 한다고 강조한다.

켐에게 경의를 표한다. 그녀는 경험 많은 데이트레이더다. 그래도 한동안 자기 성찰을 한 후 새로운 시장에 적응해야 한다는 사실을 깨달았다.

내가 보기에 투자 경력과 무관하게 이 책에서 얻을 수 있는 가장 중요한 교훈은 데이트레이딩으로는 벼락부자가 될 수 없다는 것이다. 데이트레이딩은 도박이나 복권과 다르다. 이 점은 사람들이 데이트레이딩에 갖는 가장 큰 오해다. 이 책을 읽은 후 당신도 나와 같은 결론에 이르기를 바란다. 데이트레이딩은 언뜻 쉬워 보인다. 증권사들은 대개 고객에 관한 통계를 공개하지 않는다. 그러나 매사추세츠에서 주법원이 증권사들에게 고객의 투자 기록을 공개하라고 명령한 적이 있다. 거기에 따르면 트레이딩 6개월 후에 실제로 돈을 번 비율은 16퍼센트에 불과하다. 돈을 잃는 84퍼센트에 속하기는 아주 쉽다. 이 사실은 나의 첫 번째 데이트레이딩 규칙을 상기시킨다.

| 규칙 1. 데이트레이딩은 빨리 부자가 되기 위한 전략이 아니다.

　주식투자가 벼락부자가 되는 편법이라고 생각하는 사람들과 거리를 둬라. 그림 1.4는 2020년의 코로나19 팬데믹과 사회적 거리두기 지침에 따라 특히 중요한 2가지 지시사항을 보여준다. 하나는 건강을 지켜주고 다른 하나는 돈을 지켜준다! 주식이 하룻밤 사이 부자로 만들어줄 거라고 생각하는 모든 사람과 거리를 둬라!

　아무 계획 없이 무작정 주식시장에 뛰어든 사람들 이야기는 사방에 널려 있다. 10장에서 그중 몇 개를 살펴볼 것이다.

　사람들이 데이트레이딩에 가진 가장 흔한 오해는 '쉽다'는 것이다. '저가에 사서 고가에 판다!'거나 '하락 시에 사서 상승 시에 판다!'는 식이다. 언뜻 쉬워 보이지만 그렇지 않다. 그렇게 간단하다면 모두가

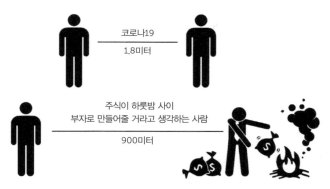

그림 1.4: 코로나와 관련된 사회적 거리두기 지침(건강을 보호하기 위한 것)과 주식 거래로 하룻밤 만에 부자가 될 수 있다고 생각하는 사람과 관련된 사회적 거리두기 지침(돈을 보호하기 위한 것)

트레이더로 성공할 것이며, 해마다 매우 높은 실패율을 기록하지도 않을 것이다. 데이트레이딩은 어려우며, 빠르게 부자로 만들어주지도 않음을 항상 명심해야 한다. 이런 오해를 품고 있거나 주식시장에서 빠르고 쉽게 부자가 되고 싶다면 당장 이 책을 접어라. 차라리 데이트레이딩을 위해 모아둔 돈으로 가족과 휴가를 가라. 주식시장에서 돈을 잃는 것보다 그편이 훨씬 만족스러울 것이다.

그렇기는 해도 데이트레이딩으로 수익을 올려 먹고사는 것은 가능하다. 다만 대단히 힘든 일이며, 초보자들이 가볍게 할 수 있는 일은 절대 아니다. 트레이딩으로 꾸준히 수익을 내려면 시간이 필요하다. 많은 트레이더는 길고도 때로 치명적인 학습곡선을 넘어서지 못하고 실패한다.

10장은 데이트레이딩의 세계에 성공적으로 진입하는 데 필요한 실질적인 단계들에 초점을 맞춘다. 다시 말하지만 데이트레이딩은 가혹한 학습 과정을 요구한다는 점을 명심하라. 그 속도를 높이기 위해 할 수 있는 일이 많다. 다만 그것이 아예 사라지게 할 수 있는 방법은 없다. 모의계좌를 통한 트레이딩은 학습 속도를 크게 높여준다. 하루 동안의 모의계좌 트레이딩이 일주일 동안의 실제 계좌 또는 오프라인 트레이딩만큼 유효할 수 있다.

종종 나는 트레이더로서 돈을 버는 데 얼마나 오래 걸리느냐는 질문을 받는다. 당신은 1년이 걸릴 수 있다는 이야기를 들어봤을 것이다. 일부 직업 트레이더는 2년 동안은 돈을 벌 수 없다고 말할지 모른다. 내가 관찰한 바로는 우리 커뮤니티에 속한 대다수 뛰어난 트레이더들은 6개월이 지나기 전에 꾸준히 돈을 번다. 그러나 다른 사람들의 경우에는 1년이 걸릴 수 있다. 평균적으로는 6개월에서 8개월이 걸린다. '1일차'부터나 1주일 후부터 또는 1달 만에 돈을 벌 수 있는 간단한 전략을 가르쳐준다고 광고하는 책이나 온라인 강의를 보면 그저 놀라울 뿐이다. 그런 광고를 실제로 믿고 돈을 지불하려는 사람이 있다면 만나보고 싶다. 모든 이미지와 변수가 아주 빠르게 움직이는 가운데 화면 앞에서 매수/매도 주문을 하는 일은 최고의 집중력과 자제력을 요구한다. 그러나 안타깝게도 데이트레이딩은 대단히 충동적이고 도박꾼 기질의 사람들을 끌어들인다.

그렇기는 해도 개인 트레이더들에게 유리한 방향으로 시장이 바뀌었다. 과거에는 수수료가 아주 높았고 근래 들어서야 증권사들이 수수료를 크게 낮췄다. 바로 접속할 수 있는 소프트웨어와 다른 중요한 기술들은 과거 월가 엘리트들만 가능하던 빠른 매매를 허용한다. 우리 같은 '일반' 트레이더들은 수익을 올리는 데 필요한 적절한 기술이나 교육 및 훈련에 접근할 수 없었다. 이런 양상은 지난 10년 동안 분명하게 바뀌었다. 이제는 모든 사람이 디스카운트 증권사('직접 접속 증권사direct-access broker'라고도 하며, 일반증권사보다 제한된 서비스를 제공하는 대신 훨씬 싼 수수료를 받음)뿐 아니라 플랫폼과 검색 프로그램을 비롯한 저렴한 기술들을 훨씬 낮은 비용으로 활용할 수 있다.

누구도 정확한 통계를 모른다. 그러나 증권사의 일부(지금은 오래된) 보고서에 따르면 2년 후에 돈을 버는 트레이더는 10퍼센트에 불과하다. 앞서 매사추세츠주에서 공개한 기록에는 성공률이 16퍼센트로 나와 있었다. 실패율이 84퍼센트나 된다는 사실은 두렵고 실망스럽다. 그러나 비즈니스에서 이처럼 높은 실패율은 드물지 않다. 여러 조사

결과를 보면 스타트업과 신생 사업체의 실패율은 창업 4년 이후 90퍼센트 수준이다. 엔지니어링이나 법률 같은 전형적이고 일반적인 분야에서도 많은 전공자가 보다 나은 성장과 기회를 위해 다른 분야로 옮겨간다. 나는 2019년에 화학공학과 동창회에 참석한 적이 있다. 거기서 확인해보니 여전히 화학공학 분야에서 일하는 동창은 15퍼센트에 불과했다. 겨우 15퍼센트! 85퍼센트는 전공과 직접 연관되지 않은 다른 분야로 옮겨갔다. 이를 꼭 실패라고 볼 수는 없다. 다만 화학공학을 공부했다고 해서 모든 졸업생이 평생 해당 분야에서 경력을 쌓는 것은 아님을 분명히 보여준다. 나도 공학 일에서 손뗀 지 7년이 넘었다. 그 주된 이유는 가족에게 충분한 금전적 지원을 제공할 수 없었기 때문이다.

데이트레이딩을 하면 세상의 모든 똑똑한 사람들과 경쟁하게 된다. 시장을 전 세계에 퍼져 있는 거대한 트레이더 집단으로 간주해야 한다. 거기에는 숙련자도 있고 초보자도 있으며, 집에서 일하는 사람도 있고 대기업에서 일하는 사람도 있다. 그들 모두 자신의 돈을 지키면서 남의 돈을 갖고 싶어한다. 이는 데이트레이딩의 두 번째 규칙으로 이어진다.

규칙 2. 데이트레이딩은 쉽지 않다. 진지한 사업이며, 그렇게 대해야 한다.

데이트레이딩은 취미가 아니다. 주말 활동도 아니다. 그 세계에 들어서려면 대학이나 직업학교에서 공부할 때만큼 진지하게 공부하고 준비해야 한다. 또한 실제 돈으로 트레이딩을 시작했다면 직장생활처럼 해야 한다. 일찍 일어나서 옷을 차려입고 트레이딩 시스템 앞에 앉아야 한다. 다른 직장에 출근할 때처럼 말이다. 건성으로 임해서는 안 된다. 분명히 트레이딩으로 성공할 수 있다. 다만 그러기 위해서는 경쟁상대인 다른 많은 트레이더보다 준비를 잘해야 한다. 성공의 상당 부분은 감정을 다스리는 방법을 익히는 데서 나온다. 신중하게 고려한 계획을 갖고 각각의 포지션에 진입하라. 그리고 계획을 고수하라. 내가 즐겨하는 말대로, 접착제처럼 거래 계획을 지켜야 한다! 거래 도중에 감정에 휘둘려서는 안 된다.

거래할 때는 감정적인 사람이 되지 말아야 한다. 흔히 하는 말처럼 "차분하고, 냉정하고, 침착해야" 한다. 어떻게든 감정을 다스릴 방법을 찾아야 한다. 나는 개인적으로 승자의 절제력을 길러야 한다고 생각한다. 이 문제에 대해서는 8장에서 설명할 것이다(2014년에 월가를 따라 점심시간에 산책하던 이야기도 들려줄 것이다).

그렇다면 데이트레이딩이란 무엇일까? 데이트레이딩은 의사, 변호사, 엔지니어와 같은 하나의 직업이다. 하려면 올바른 도구와 소프트웨어, 공부, 인내, 연습이 필요하다. 실제 돈으로 매매하는 법을 배우려면 트레이딩 스타일에 관한 글을 읽고, 경험 많은 트레이더를 관찰하고, 모의계좌로 연습하는 데 수많은 시간을 들여야 한다. 성공적인 데이트레이더는 평균적으로 하루 500~1000달러를 번다. 1달로 치면 1만 달러에서 2만 달러(1달 약 20일 매매 기준), 1년으로 치면 12만 달러에서 24만 달러에 이르는 금액이다. 이만한 돈을 버는 일이 쉬울 거라 생각하는가? 의사, 변호사, 엔지니어 그리고 다른 많은 전문가는 비슷한 수입을 올리기 위해 몇 년 동안 공부, 훈련, 노력, 시험을 거친다. 데이트레이딩이라고 해서 달라야 할 이유가 있을까?

이렇게 쉽지 않고, 금세 부자로 만들어주지도 않는데 데이트레이더가 되려는 이유가 무엇일까?

데이트레이딩을 매력적으로 만드는 것은 '라이프스타일'이다. 매일 집에서 서너 시간만 일하면 되고, 쉬고 싶을 때 쉴 수 있다. 상사나 사장에게 휴가를 요청할 필요 없이 가족이나 친구와 원하는 만큼 많은 시간을 보낼 수 있다. 당신이 사장이며, 데이트레이딩은 일종의 자영업이다. 내가 CEO로서 사업을 위한 결정을 내린다. 앞서 난 여행을 좋아한다고 말했다. 2019년에 27개국을 여행했다. 그리고 그동안 대개 노트북과 두어 개의 휴대용 기기로 트레이딩을 할 수 있었다. 사장에게 따로 쉬는 날을 요청하거나, 연차를 쓰거나, 허락을 받을 필요가 없었다.

이런 라이프스타일은 대단히 매력적이다. 물론 데이트레이더라는 직업을 마스터하면 매일 대다수 다른 직업보다 많은 수천 달러를 벌수 있다. 나는 개인적으로 매일 평균 2000달러 이상 버는 트레이더들을 안다. 어떤 날은 그보다 덜 벌기도 하고, 더 벌기도 한다. 그래도 장기적으로 보면 매일 2000달러 넘게 번다. 어디서 어떻게 살든 하루 2000달러는 상당한 금액이며, 매우 만족스런 라이프스타일을 즐길 수 있다. 데이트레이딩을 제대로 배우면 어디서든, 평생 모든 시장에서 수익을 낼 수 있는 트레이딩 기술을 보상으로 얻는다. 근본적으로 그것은 돈을 찍어낼 수 있는 허가증과 같다. 다만 이 새로운 경력을 위한 기술을 개발할 시간과 경험이 필요하다. 트레이딩으로 벌 수 있는 금액은 또한 트레이딩에 쓸 수 있는 자금과 직접적으로 연관된다. 자금이 5000달러 정도로 적다면 매일 2000달러의 수익을 기대할 수 없다. 하루나 이틀 운이 좋은 날은 모르지만 분명 현실적이지 않고 지속 가능하지도 않다. 소액 계좌로는 생계를 유지하기 어렵다.

당신만의 사업을 하고 싶다면 데이트레이딩이 쉬운 출발점이다. 잠시 시간을 갖고 데이트레이딩을 식당을 여는 일과 비교해보라. 식당을 열려면 임대료, 설비, 직원 채용 및 교육, 보험, 인허가에 큰돈을 들여야 한다. 그러고도 돈을 벌 수 있다는 보장이 없다. 많은 사업이 그렇다. 반면 데이트레이딩은 아주 쉽게 준비하고 시작할 수 있다. 오늘 당장 무료로 트레이딩 계좌를 열고 내일 시작할 수 있다. 물론 공부하기 전까진 그래서는 안 된다. 하지만 시작 절차는 다른 많은 사업이나 직업과 비교할 때 대단히 쉽다.

데이트레이딩은 현금의 흐름을 관리하기도 쉽다. 주식을 샀다가 상황이 안 좋으면 즉시 손절매가 가능하다. 이를 수출입 사업자가 다른 나라에서 상품을 수입하는 경우와 비교해보라. 국내에서 팔기 위해 해외 상품을 확보하는 과정에서 구매, 운송, 통관, 유통, 마케팅, 품질 및 고객만족도 관리 등 많은 측면에서 문제가 생길 수 있다. 게다가 전체 과정이 진행되는 동안 자금이 묶인다. 모든 일이 잘 풀리지 않는 한, 손쓸 길이 없다. 때로는 소규모 손실을 감수하고 발을 빼는 것도 불가능하다. 데이트레이딩의 경우 일이 잘못되면 클릭만 해도 몇 초 만에 바로 발을 뺄 수 있다(물론 약간의 손실을 감수해야 한다). 이처럼 쉽게 다시 시작할 수 있다는 것이 대단히 매력적이다.

데이트레이딩 사업을 접는 일도 쉽다. 자신과 맞지 않다는 생각이 들거나 돈을 벌지 못한다면 즉시 트레이딩을 중단하고, 계좌를 닫은 다음 돈을 인출할 수 있다. 이미 투입한 시간과 돈 외에 다른 비용이나 벌금은 없다. 다른 전문직 사무소나 사업체를 닫는 일은 그렇게 간단치 않다. 매장이나 사무실 또는 식당은 그렇게 쉽게 닫고, 직원을 내보내고, 임대 계약 및 설비를 처리할 수 없다.

그렇다면 대다수 사람들은 왜 데이트레이딩에 실패하는 걸까?

8장과 10장에서 이 중요한 문제에 관한 구체적인 이유를 설명할 것이다. 그러나 전반적으로 가장 흔한 이유는 데이트레이딩을 진지한 사업으로 대하지 않기 때문이다. 그보다 금세, 쉽게 부자로 만들어줄 도박으로 받아들이는 경우가 많다.

어떤 사람들은 즐겁다거나 흥미롭다는 이유로 트레이딩에 발을 들인다. 그들에게 트레이딩은 일종의 재미있는 취미다. '멋있어' 보인다는 이유로 이끌리기도 한다. 그들이 생각하기에 트레이딩은 자신에게 위신을 부여하고, 자신을 더 매력적으로 보이게 만든다.

돈을 잃는 아마추어들은 시장에서 단기적인 도박의 스릴을 즐기려고 트레이딩을 한다. 그들은 시장에서 깔짝대기만 할 뿐 데이트레이딩을 제대로 공부하거나 깊게 팔 생각을 하지 않는다. 그래서 두어 번운 좋게 돈을 벌 때도 있지만 결국에는 시장의 벌을 받는다.

사실 이는 나의 이야기다. 내가 트레이더 생활을 시작했을 무렵, '아퀴녹스 제약Aquinox Pharmaceuticals Inc.'(종목코드: AQXP)이 신약에 관한 긍정적인 결과를 발표했다. 그 결과, 이틀 만에 주가가 1달러에서 55달러까지 급등했다. 당시 나는 초보자였다. 나는 4달러에 1000주를 사서 10달러가 넘는 가격에 팔았다. 너무나 짜릿했다. 그러나 아주 좋은 일인 줄 알았던 것이 실은 아주 나쁜 일이었다. 나는 몇 분 만에

6000달러를 벌었다. 그것도 실제 돈으로 트레이딩을 시작한 첫날에! 나는 시장에서 돈을 버는 게 쉽다는 인식을 갖게 되었다. 이 잘못된 인식을 없애는 데 오랜 시간과 수차례의 심각한 손실이 필요했다.

첫날의 수익은 순전히 운 덕분이었다. 솔직히 나는 아무것도 몰랐다. 결국 겨우 두어 주 만에 다른 거래에서 실수를 저지르는 바람에 6000달러를 전부 잃었다. 그래도 다행이었다. 처음 멍청하게 했던 거래에서 운이 좋았기 때문이다. 많은 사람의 경우 첫 실수가 마지막 거래가 된다. 자금을 모두 날려 데이트레이딩에 서글픈 작별을 고해야 하기 때문이다.

초보 데이트레이더는 월가의 전문 트레이더나 전 세계의 노련한 다른 트레이더들과 경쟁한다는 사실을 절대 잊어서는 안 된다. 그들은 대단히 진지하고, 첨단 지식과 도구를 갖추고 있으며, 무엇보다 돈을 버는 데 혈안 되어 있다.

결코 규칙 2를 잊지 마라. 데이트레이딩은 매우 진지한 사업이다. 매일 아침 일찍 일어나서 시장이 열리기 전에 철저하게 거래 준비를 해야 한다. 당신이 식당을 열었다고 상상해보라. 손님 맞을 준비도 하지 않고 문을 열 수 있을까? 몸이 안 좋거나, 의욕이 없거나, 재료를 주문할 시간이 없다는 이유로 점심시간에 문을 닫을 수도 없다. 언제나 준비가 되어 있어야 한다. 데이트레이딩 사업도 크게 다르지 않다.

데이트레이딩은 적절한 도구와 소프트웨어 그리고 공부를 요구한다. 다른 사업과 마찬가지로 성공하려면 올바른 도구가 필요하다. 그에 필요한 기본적인 도구는 무엇일까?

1. 사업계획

다른 모든 사업처럼 데이트레이딩을 위한 탄탄한 사업계획이 필요하다. 거기에는 어떤 전략을 활용할 것인지, 공부와 컴퓨터 및 기타 기기, 검색 프로그램(다른 사람의 것을 활용하지 않는다면), 플랫폼 그리고 기타 도구에 얼마나 투자할 것인지 포함되어야 한다. 나는 언제나 사람들에게 첫해에 최소 1500달러를 공부 예산으로 잡으라고 조언한다. 맞다. 1500달러는 1주일이나 1달 동안 교육받는 데 많은 돈일 수 있다. 그러나 평생에 걸쳐 활용할 수 있다는 점을 고려하면 충분히 감당할 만한 액수의 투자다. 넉넉지 않은 자금으로 트레이딩을 시작하려는 사람에게도 그렇다. 10장에 데이트레이딩 사업계획을 만드는 방법을 자세히 설명했다.

2. 공부

적절한 공부나 훈련 없이 새로운 사업을 시작하려는 사람을 보면 언제나 놀랍다. 데이트레이딩은 진지한 공부와 꾸준한 훈련을 요구하는 사업이다. 한두 권의 책만 읽고 의사처럼 수술할 수 있을까? 유튜브 영상만 보고 나서 변호사나 엔지니어 일을 할 수 있을까? 아니다. 데이트레이딩도 크게 다르지 않다. 실제 돈으로 트레이딩을 하기 전에 최소 3달 동안 모의계좌로 확실하게 공부하고 연습하라. 많은 사람이 매일 아침 따를 수 있는 몇 가지 규칙만으로 트레이딩을 할 수 있다고 생각한다. 언제나 이런저런 일을 하라는 식의 규칙 말이다. 현실적으로 트레이딩에 '언제나'는 전혀 통하지 않는다. 각각의 상황이 다르고, 각각의 거래가 다르다.

3. 창업자본

다른 모든 사업처럼 트레이딩 사업을 시작하려면 돈이 필요하다. 거기에는 좋은 컴퓨터와 4대의 모니터를 살 돈 그리고 실제로 트레이딩을 시작할 충분한 자금이 포함된다. 데이트레이딩 사업을 비롯한 많은 사업이 실패하는 이유는 창업자가 적절한 창업자본을 확보하지 못하고, 간접비를 엄격하게 통제하지 못했기 때문이다. 데이트레이딩으로 생계를 유지하기까지는 시간이 걸린다. 초기에는 수익을 못 내도 버틸 수 있는 충분한 창업자본(현금)이 필요하다. 종종 신규 트레이더들은 자금을 보존하려고 올바른 공부, 도구, 플랫폼에 써야 할 핵심적인 지출을 줄인다. 그들은 너무 적은 것으로 너무 많은 일을 하려 든다. 이는 고통과 감정적인 트레이딩의 악순환을 만든다. 적절한 창업자본은 초기에 초보자의 실수를 저지르면서 데이트레이딩 사업에서 밀려나기 전에 약점을 보완할 여지를 제공한다. 트레이딩 자금은 또한 일일 목표를 정하는 데 중요한 요소다. 특히 트레이딩으로 먹고살려면 더욱 그렇다. 자금이 부족한 상태에서 트레이딩으로 생계를 유지하려 들면 원하는 수익률을 올리려고 높은 리스크를 감수할 가능성이 크다. 안타깝게도 이는 계좌를 박살낼 가능성이 많다.

4. 올바른 도구와 서비스

아래 중 일부는 매달 요금을 지불해야 한다. 다른 사업도 전기, 소프트웨어, 인허가, 임대료로 매달 지출이 있듯이 인터넷 요금, 증권사 수수료, 검색 프로그램 비용(다른 사람 것을 공유하지 않는다면), 트레이딩 플랫폼 요금을 내야 한다. 유료 챗방이나 커뮤니티에 가입되어 있다면 회원비도 추가해야 한다.

- 고속 인터넷 서비스
- 최고의 증권사
- 단축키를 지원하며 빠르게 주문을 처리하는 플랫폼
- 올바른 종목을 찾아주는 검색 프로그램
- 트레이더 커뮤니티의 지원

• • •

이 책에 나오는 대다수 전략과 기타 정보는 미국 주식시장에서의 데이트레이딩을 기준으로 한다. 이 시장은 세상에서 변동성과 유동성이 가장 크다. 변동성이 크지 않거나 규제되지 않는 시장에서 데이트레이딩을 하기는 불가능하거나 아주 어렵다. 물론 다른 해외 시장에서도 할 수는 있다. 캐나다의 토론토증권거래소, 상하이증권거래소, 런던증권거래소, 독일증권거래소 등이 그 대상이다. 하지만 나는 다른 해외 주식을 거래하지 않으며, 관련 정보도 잘 모른다. 미국 시장에서만 활발하게 거래한다. 그래서 이 책에 나오는 대다수 도구는 그 시장에만 해당된다. 나는 미국 시장에서만 할 것을 권한다. 그곳에 거주하지 않아도 얼마든지 가능하다. 거의 모든 증권사가 국적과 무관하게 증권 계좌를 열어준다. 나 역시 캐나다에 산다. 미국에 거주하지 않더라도 원하는 증권사에 연락해보라. 적절한 계좌를 열어줄 것이다.

CHAPTER 2

데이트레이딩은
어떻게
이뤄지는가

이 장에서는 데이트레이딩의 기본을 살필 것이다. 그 과정에서 데이트레이딩이 무엇이고 어떻게 이뤄지는지에 관한 의문이 해소되기를 바란다. 또한 나중에 접할 주된 도구와 전략 중 일부도 소개할 것이다. 적절한 활용법을 모르면 도구는 아무런 가치가 없다. 이 책은 도구를 활용하는 법을 익히기 위한 가이드가 될 것이다.

데이트레이딩 vs. 스윙트레이딩

먼저 흥미로운 질문부터 살펴보자.

"데이트레이더로서 무엇을 해야 할까?"

간단하다. 첫째, 비교적 예측 가능한 양상으로 움직이는 주식을 찾는다. 둘째, 장중에 거래한다. 절대 포지션을 유지한 채 하루를 넘겨서는 안 된다. 가령 오늘 '애플'(종목코드: AAPL) 주식을 샀다면 하루를 넘기고 내일 팔아서는 안 된다. 어떤 주식이든 하루를 묵히면 더 이상 데이트레이딩이 아니다. 그것은 '스윙트레이딩swing trading'이라 한다.

스윙트레이딩은 대개 하루에서 몇 주까지 일정 기간 주식을 보유한다. 이는 완전히 다른 스타일의 트레이딩이다. 데이트레이딩을 위한 전략과 도구를 스윙트레이딩에 활용해서는 안 된다. 데이트레이딩은 하나의 사업이라는 규칙 2를 기억하는가? 스윙트레이딩도 하나의 사업이다. 다만 완전히 다른 종류의 사업이다. 둘 간의 차이는 식당 사업과 음식 배달 사업의 차이와 비슷하다. 둘 다 음식 관련 사업이지만 아주 다르다. 즉 서로 다른 시간 기준과 규제, 시장 부문, 수익모델에 따라 운영된다. 단지 같은 주식 거래라고 해서 데이트레이딩을 다른 스타일의 트레이딩과 혼동해서는 안 된다. 데이트레이더는 언제나 장 마감 전에 포지션을 정리한다.

나를 비롯한 많은 트레이더는 데이트레이딩과 스윙트레이딩을 같이 한다. 다만 이 둘이 다른 사업임을 인식하고 있으며, 별도의 교육 프로그램을 이수했다. 데이트레이딩과 스윙트레이딩의 주된 차이 중 하나는 종목 선정에 대한 접근법이다. 나는 같은 종목으로 데이트레이딩과 스윙트레이딩을 겸하지 않는다. 스윙트레이더는 대개 하룻밤 사이에 가치가 폭락하지 않을 탄탄한 종목을 찾는다. 반면 데이트레이딩은 어떤 종목이라도 가능하다. 심지어 곧 파산할 회사도 괜찮다. 장 마감 후에 무슨 일이 일어나든 상관없기 때문이다. 사실 데이트레이딩으로 매매할 많은 종목은 하룻밤을 넘기기에 너무 위험하다. 그 짧은 시간에 많은 가치를 잃을 수 있기 때문이다. 이제 규칙 3에 이르렀다.

규칙 3. 데이트레이더는 다음 날까지 포지션을 유지하지 않는다. 필요하면 손절매를 해서라도 하루를 넘겨선 안 된다.

지금까지 많은 트레이더가 내게 이 규칙에 관해 질문하는 이메일을 보냈다. 그들은 설령 손해를 보더라도 무조건 장 마감 전에 포지션을 정리해야 되는 이유를 물었다. 물론 나는 당신이 돈을 잃길 바라지 않는다. 하지만 트레이더들이 작은 손실을 감수하기 싫다는 이유로 장 마감 무렵 계획을 바꾸는 경우를 많이 봤다. 손실이 난 거래에서는 발을 빼야 한다. 하지만 그들은 내일 주가가 반등할지 모른다는 '희망'을 갖고 계속 주식을 안고 있기로 갑자기 결정한다. 나도 데이트레이딩 목적으로 주식을 사놓고 스윙트레이딩으로 바꿨다가 비싼 대가를 치른 적이 있다. 그런 주식 중 다수는 밤 사이에 가치가 더 떨어진다. 데이트레이더는 일간 계획을 고수해야 한다. 장 마감 때 정리해야 할 포지션을 절대 더 안고 가지 마라. 수익을 빨리 거두는 동시에 손실이 났을 때 본전까지 기다리고 싶은 것은 흔한 인간적 성향이다.

또한 '트레이딩'은 '투자'와 다르다는 점을 기억하는 것이 중요하다. 친구들은 종종 "앤드루, 트레이더니까 방법 좀 가르쳐줘"라며 부탁한다.

그들의 말을 들어보면 대다수는 투자를 원할 뿐이라는 사실을 알게 된다. 즉 트레이더로서 새롭게 또는 추가로 경력을 쌓으려는 게 아니다. 그들이 실제로 바라는 것은 일반적인 뮤추얼 펀드가 제공하는 수익에 만족하지 않고 직접 투자하는 것이다. 그들은 트레이더가 되길 바라지 않으며, 투자와 트레이딩의 차이를 몰라서 두 용어를 혼용한다. 그들 중 대다수는 저축 계좌나 은퇴 계좌에 어느 정도의 자금을 보유하고 있다. 그래서 뮤추얼 펀드나 다른 관리형 투자 서비스보다 빠르게 돈을 불리고 싶어 한다. 나는 그들이 정말로 트레이더가 되고 싶은 것인지 확인하려고 트레이더와 투자자의 차이를 설명한다. 물론 대다수는 트레이더가 될 준비가 되지 않았다.

시장이나 특정 종목에 관한 의견을 묻는 사람도 많다. 가령 친구나 가족은 "연말까지 주가가 오를 것 같아 아니면 내릴 것 같아?"라거나 "애플이 과매도되었어. 지금이 매수 적기일까? 주가가 더 오를까?"라고 묻는다.

나의 대답은 "모른다"는 것이다.

나는 트레이더이지 투자자가 아니다. 장기 추세를 분석하지 않고 투자 공부를 하지도 않았다. 장기 투자 전략을 세워본 적도 없다. 6개월 후에 전체 시장이 어디로 향할지는 물론이고, 당장 내일 애플 주가가 어떻게 될지도 모른다. 나의 주종목은 투자가 아니라 트레이딩이다. 나는 애플 주식이 2년 뒤에 어느 가격에 거래될지 관심 없다. 개인적으로는 주가가 더 오르기를 바란다. 그러나 트레이더로서 개인적 바람은 무의미하다. 애플이 오늘의 활성화 종목(4장 참조)이고 약세라면 숏short 포지션을 잡을 것이다. 강세라면 롱long 포지션을 잡을 것이다. 데이트레이더로서 단기적인 일중 트레이딩만 공부했고, 오늘 어느 종목이 가장 많이 움직일지에만 관심 있다. 오늘 어떻게 돈을 벌지가 나의 관심사이자 전공이다.

나는 전체 시장 상황이 강세인지, 약세인지, 중립인지 어느 정도는 파악한다. 스윙트레이딩도 하고 있기 때문이다. 데이트레이딩만 하는 사람은 단기적인 시장 동향을 반드시 알아야 할 필요는 없다. 데이트 레이딩의 시간 기준은 '초'와 '분'이기 때문이다. 1시간을 넘기는 경우는 드물고 며칠이나 몇 주 또는 몇 달씩 가는 경우는 없다.

매수와 공매도

데이트레이더는 주가가 오를 것을 바라며 주식을 사들인다. 이를 '롱 매수buying long' 또는 그냥 '매수'라 한다. '애플 100주를 매수한다'는 말은 애플 주식 100주를 사들여서 더 높은 가격에 이익을 보고 팔겠다는 뜻이다. 주가가 오를 것 같을 때는 매수가 좋다.

주가가 떨어질 때는 어떻게 해야 할까? 이 경우 '공매도short selling'를 하면 여전히 수익을 낼 수 있다. 이는 증권사로부터 주식을 빌려서 파는 것이다. 그러면 주가가 떨어졌을 때 해당 주식을 더 싸게 사서 수익을 낼 수 있다. 이를 '공매도' 또는 줄여서 '숏'이라 부른다. "애플 주식 100주를 숏 친다"는 말은 주가가 떨어질 것을 바라고 100주를 공매도했다는 뜻이다. 이 경우 증권사에 애플 주식 100주를 빚진 셈이된다(계좌에는 -100주로 표시될 것이다). 즉 애플 주식 100주를 갚아야 한다. 증권사가 빌려준 것은 돈이 아니라 주식이므로, 주가가 떨어지면 공매도 가격보다 싸게 주식을 사들여 수익을 낼 수 있다.

증권사로부터 애플 주식 100주를 빌려 주당 100달러에 공매도했다고 가정하자. 뒤이어 주가가 90달러로 떨어지면 90달러에 100주를 사서 증권사에 돌려주면 된다. 이 경우 주당 10달러, 총 1000달러의 수익이 난다. 반대로 주가가 110달러로 오르면 어떻게 될까? 이 경우에도 여전히 100주를 사서 증권사에 돌려줘야 한다(앞서 말했듯, 돈을 빌린 게 아니라 주식을 빌렸기 때문이다). 따라서 주당 110달러에 100주를 사야 하므로 1000달러의 손실을 입는다.

공매도자들은 증권사에서 빌려서 공매도한 종목의 주가가 떨어지면 돈을 번다. 그래서 공매도는 중요하다. 주가는 대개 오를 때보다 훨씬 빨리 떨어지기 때문이다. 공포는 탐욕보다 강력한 감정이라서 공매도를 잘하면 다른 트레이더들이 패닉에 빠져 투매하기 시작할 때 놀라운 수익을 낼 수 있다.

그러나 시장에서 돈을 벌 가망성이 있는 다른 모든 것과 마찬가지로 공매도에도 리스크가 따른다. 어떤 기업의 주식을 5달러에 매수하면 최악의 상황은 회사가 파산해서 주당 5달러를 잃는 것이다. 즉 손실의 한도가 있다. 반면 해당 기업의 주식을 5달러에 공매도했는데 주가가 내리는 게 아니라 더 오르기 시작하면 손실이 무한정 커진다. 주가는 10달러나 20달러 또는 100달러까지 오를 수 있으므로, 그 손실이 한정적이지 않다. 증권사는 빌려간 주식을 돌려받길 원한다. 결국 계좌에 있는 돈을 다 잃는 것도 모자라 숏 포지션을 커버할 자금이 부족할 경우 증권사로부터 부족분을 달라고 고소당할 수도 있다.

공매도는 몇 가지 타당한 이유로 합법적인 투자 활동이다. 첫째, 시장에 더 많은 정보를 제공한다. 공매도자들은 종종 표적 기업의 주가가 고평가되었다는 의심을 뒷받침할 팩트와 문제를 파악하려 애쓴다. 그래서 폭넓고 합법적인 실사를 벌인다. 공매도자가 없으면 주가가 불합리한 수준까지 계속 오를 수 있다. 이들은 시장의 균형을 맞추고,

주가를 적정선으로 조정한다. 그로 인해 시장을 건강하게 만든다.

'주가가 내려갈 거라면 증권사가 그 전에 해당 주식을 직접 매도하지 않고 우리가 공매도하도록 허용하는 이유가 무엇일까?'라는 타당한 의문이 들 수 있다. 그 답은 증권사는 포지션을 오랫동안 유지하는 편을 선호한다는 것이다. 공매도는 (롱 포지션으로) 주식을 보유한 투자자들이 보유 주식을 공매도자들에게 빌려주고 추가 수익을 올리도록 해준다. 그들에게 보유 주식을 빌려준 장기 투자자들은 단기적인 등락을 두려워하지 않는다. 그들은 타당한 이유가 있어서 해당 기업에 투자했으며 단기에 보유 주식을 처분할 생각이 없다. 그래서 시장의 단기 변동에서 수익을 내려는 트레이더들에게 보유 주식을 빌려주기를 선호한다. 그 대가로 이자를 받을 수 있기 때문이다. 즉 공매도를 하려면 증권사에 주식을 빌리는 대가로 약간의 이자를 지불해야 한다. 당일만 치면 대개 이자를 지불하지 않아도 된다. 반면 스윙트레이더들은 대개 공매도한 주식의 이자를 매일 지불해야 한다.

공매도는 일반적으로 트레이딩에서 위험한 관행이다. 일부 트레이더들은 매수편향적이라, 더 높은 가격에 팔려고 매수만 한다. 나는 어떤 편향도 없어서 진입구도setup가 나왔다고 생각되면 공매도 하고, 전략에 맞을 때는 매수한다. 다만 공매도를 할 때는 더 조심한다.

이 책에서 설명하는 일부 전략(강세 깃발형Bull Flag과 바닥 반전형 Bottom Reversal)은 롱 포지션에만 적용된다. 또한 공매도에만 해당하는 전략(천장 반전형Top Reversal)도 있고, 진입구도에 따라 롱 포지션과 숏 포지션 모두에 해당하는 전략도 있다. 각 포지션은 앞으로 자세히 설명할 것이다.

개인 트레이더 vs. 기관 트레이더

우리 같은 개미 트레이더들은 '개인 트레이더retail traders'라 불린다. 그 중에는 파트타임 트레이더도 있고 전업 트레이더도 있다. 우리는 회사를 위해 일하지 않으며, 다른 사람의 돈을 관리하지도 않는다. 개인 트레이더들은 시장에서 적은 비중을 차지한다. 한편 월가의 투자은행이나 프롭 투자사, 뮤추얼 펀드, 헤지펀드 같은 소위 '기관 트레이더'가 있다. 그들은 대개 첨단 컴퓨터 알고리즘과 초단타매매를 기반으로 트레이딩 한다. 이런 대규모 계좌로 데이트레이딩을 하는 과정에 인간이 개입하는 경우는 드물다. 기관 트레이더들은 출처가 어디든 상당한 자금을 갖고 있으며 대단히 공격적일 수 있다. 그래서 다음과 같은 의문이 드는 게 합당하다.

"우리 같은 개인 트레이더가 뒤늦게 게임에 뛰어들어서 기관 트레이더를 이길 수 있을까?"

개인 트레이더는 기관 트레이더를 상대로 엄청난 이점을 지닌다. 은행과 다른 기관들은 종종 대규모로 거래해야만 하며, 때로는 가격을 거의 신경 쓰지 않는다. 그들은 시장에 계속 활발하게 참여해야 한다. 반면 개인 트레이더는 거래 여부를 결정할 수 있고 기회가 생길 때까지 기다릴 수 있다.

아이러니하게도 수많은 개인 트레이더는 과도한 트레이딩을 하는 바람에 이런 이점을 살리지 못한다. 그들은 인내심을 갖고 승자의 자제력을 발휘하는 대신 탐욕에 굴복하고 만다. 그래서 현명하지 않으며, 불필요한 트레이딩을 일삼다가 패자가 된다.

나는 언제나 개인 데이트레이딩을 게릴라전에 비유한다. 게릴라전은 준군사요원이나 무장 시민으로 구성된 소규모 전투원이 매복, 사보타주, 기습, 국지전처럼 치고 빠지는 전술을 펼치는 비정규적 접근법이다. 그 목적은 규모가 더 크고 기동성이 떨어지는 전통적인 병력을 상대하기 위한 것이다. 미군은 세계에서 가장 강력한 전투력을 지닌 것으로 간주된다. 그럼에도 불구하고 북베트남에서 정글전 전술 때문에 큰 피해를 입었다. 그보다 더 이전 사례로는 2차대전 때 나치 독일에 맞서 싸운 유럽의 레지스탕스 운동이 있다.

게릴라 트레이딩은 이름대로 숨어서 기회를 기다리는 것으로 주식시장이라는 정글에서 리스크를 최소화하는 한편, 빠른 수익을 올리기 위해 단기적으로 치고 빠지는 것이다. 투자은행을 물리치거나 이기려고 들지 말아야 한다. 그냥 일일 수익 목표를 달성할 기회만 기다리면 된다.

개인 데이트레이더가 기관 트레이더를 상대로 누리는 또 다른 확고한 이점이 있다. 바로 손실이 나는 포지션에서 빠르게 빠져나올 수 있다는 것이다. 나중에 설명하겠지만 주가가 안 좋게 흘러갈 경우를 대비한 탈출 계획을 세워야 한다. 신규 트레이더는 기본 거래단위인 100주부터 매매해야 한다. 100주면 리스크가 낮다. 물론 보상도 그만큼 적지만 일단 그 정도에서 출발하는 것이 좋다. 100주로 출발했다가 손절 지점에 이르면 무조건 빠져나와야 한다. 거래량이 아주 적은 비유동적인 주식(팔기 어려운 주식)이라도 100주는 아무것도 아니다.

반면 기관 트레이더는 100만 주 규모의 포지션을 갖고 있을 수 있다. 이렇게 거대한 포지션을 정리하려면 시간이 걸린다. 마우스 클릭

(활발한 데이트레이더의 경우에는 마우스 클릭보다 훨씬 빠른 단축키 누름) 한 번으로는 불가능하다. 또한 손실도 상당할 수 있다. 데이트레이더는 훨씬 작은 규모로 거래하며, 손해가 난 종목을 아주 적은 손실만 보고 털어낼 수 있다. 실제로 뛰어난 데이트레이더는 적게는 1센트 정도의 손실을 수없이 입는다. 그러므로 개인 트레이더가 지닌 커다란 이점을 활용하는 법을 배워야 한다. 이는 탈출 가격에 이른 주식에서 발을 빼는 것을 뜻한다.

데이트레이더는 시장의 변동성으로 수익을 올린다. 변동성은 오후보다 오전에 더 크다. 시장이나 주가가 크게 움직이지 않으면 돈을 벌기 어렵다. 이런 상황에서는 초단타 트레이더들만 돈을 번다. 그들은 낮은 수수료를 내고, 대규모 물량을 적은 비용으로 매매할 수 있기 때문이다. 따라서 상방이나 하방으로 움직이는 주식을 찾아야 한다. 주가의 모든 움직임을 활용하거나 심지어 인식할 수 있는 것은 아니다. 뛰어난 트레이더가 할 일은 기존에 알고 있던 인식이 가능하고 일관된 패턴을 찾은 다음, 그것에 따라 매매하는 것이다. 시장에는 '큰' 움직임이 많다. 대다수 트레이더는 모든 움직임에 올라타 매매하려고 최선을 다해야 한다고 생각하지만 이는 실수다. 트레이더가 할 일은 과거의 성과를 토대로 신뢰할 수 있는 일관된 패턴을 고수하는 것이다. 반면 기관 트레이더는 대단히 자주 매매하며, 아주 작은 주가 움직임이나 때로 '요동치는 가격 변동'을 통해 수익을 낸다.

기관 트레이더가 많이 매매하는 종목을 멀리하는 것이 대단히 중요하다. 개인 트레이더는 자신의 트레이딩 영역을 고수해야 한다. 다른 개인 트레이더들이 매매하지 않거나 지켜보지 않는 종목도 건들지 말아야 한다. 개인 데이트레이딩 전략의 강점은 다른 개인 트레이더도 같은 전략을 활용한다는 것이다. 해당 전략을 활용하는 트레이더가 많을수록 효력이 더 좋아진다. 가격 변동에서 패턴을 인식하는 사람이 많을수록 해당 지점에서 매수세가 늘어난다. 물론 이는 주가가 오를 것임을 뜻한다. 매수자가 많을수록 상승세가 빨라진다. 많은 트레이더가 데이트레이딩 전략을 기꺼이 공유하는 이유가 거기에 있다. 이는 다른 트레이더가 수익을 내도록 도와줄 뿐 아니라 해당 전략을 활용하는 트레이더의 수를 늘려준다. 트레이딩 방법을 숨기거나 비밀로 해서는 이득을 볼 수 없다.

초단타매매는 알고 가자

앞서 말한 대로 대다수 월가 투자은행, 뮤추얼 펀드, 프롭 투자사, 헤지펀드는 첨단 컴퓨터 알고리즘과 초단타매매(이하 HFT)를 토대로 삼는다.

평소 수수께끼 같은 '블랙박스'에 관한 이야기를 들어봤을 것이다. 이는 주식시장을 조종하는 일급 기밀의 컴퓨터 프로그램이나 투자 공식 또는 시스템을 말한다. 어떤 사람들은 어차피 컴퓨터나 HFT를 이길 수 없는데 힘들게 고생할 필요가 있느냐고 말한다. 내게 이 말은 데이트레이딩을 잘하지 못하고, 열심히 하지 않는 것에 대한 핑계일 뿐이다. 나를 비롯한 많은 성공한 데이트레이더들은 블랙박스를 이겼고, 그 과정에서 꽤 양호한 수익을 올렸다.

솔직히 말해 초단타매매 때문에 개인 데이트레이더들에게 트레이딩이 더 어렵고 복잡해진 건 맞다. HFT는 우리에게 좌절과 스트레스를 안긴다. 일부 프로그램은 트레이더를 의도적으로 추적해서 잡기 위해 설계되었다.

이를 극복하는 최선의 방법은 대단히 신중하게 매매하고 매우 긴밀하게 가격 변동을 살피는 것이다. 즉 게릴라 트레이더가 되어야 한다. 활성화 종목(4장에서 자세히 설명)을 찾고, 컴퓨터 공식과 알고리즘이 돈을 빼앗아갈 수 없는 순간을 찾아라. 진입 지점을 찾아라. 움직여라. 탈출하라. 수익을 취하라.

이 블랙박스들이 제기하는 가장 중대한 문제 중 하나는 매일 공식을 짜는 데 수많은 시간을 들이는 컴퓨터 프로그래머들이 데이트레이딩을 전혀 모른다는 것이다. 과거의 시장 데이터는 당신에게 그리고 그들의 컴퓨터에 모두 귀중하다. 그러나 주식시장을 100퍼센트 예측하는 것은 불가능하다. 주식시장은 언제나 변한다. 주식시장을 둘러싼 불확실성 때문에 어떤 컴퓨터 프로그래머도 사전에 완전하게 대비할 수 없다. 모든 변수를 업로드하는 것은 불가능하다. 시장을 실시간으로 관찰하면 예측 불가능한 순간들을 보게 되며, 거기서 수익을 올릴 수 있다. 진입하는 모든 거래에서 대단히 전략적이어야 한다. 마찬가지로 전략적인 체스의 세계에서 가리 카스파로프Garry Kasparov가 IBM의 딥 블루Deep Blue를 상대로 몇 판을 이겼다는 사실을 잊지 마라. 근래에는 IBM의 왓슨Watson도 〈제퍼디Jeopardy!〉(다양한 주제를 다루는 미국 텔레비전 퀴즈쇼-편집자주)에서 연달아 오답을 냈다!

또한 한 기관의 강력한 블랙박스는 다른 모든 기관의 강력한 블랙박스를 상대하므로 일부는 실패할 수밖에 없다는 사실을 기억하라. 모두가 이길 수는 없다. 데이트레이딩을 연습하고 경험을 쌓으면 여러 알고리즘을 파악하고 상대하는 법을 익히게 된다. 당신이 성공하고 그들이 실패할 수 있다. 실제로 그들은 처참하게 실패했다.

현재 돌아가는 다양한 HFT 프로그램 중 가장 능력이 떨어지는 것은 소위 '신저점 매수' 프로그램이다. 주가가 일중 신저점에 이르면 많은 데이트레이더는 하락 모멘텀에 올라타려고 공매도를 한다. 그러면 이 프로그램은 그들의 물량을 받아 주가를 밀어올리기 시작한다. 이는 트레이더들이 패닉에 빠져 숏 커버(주식을 매수해 공매도 포지션을 마감하는 것-옮긴이주)에 나서게 만든다. HFT 프로그램을 운영하는 기관은 거의 무한한 매수 능력을 갖고 있다. 따라서 이 방식은 흠잡을 데 없는 것처럼 보인다. 그러나 다른 대형 기관 매도자가 끼어들어 대규모 포지션을 처분하면 바로 무너진다. 이 경우 HFT 프로그램이 아무리 많은 물량을 매수해도 주가가 오르지 않는다. 기관 매도자와 데이트레이더들이 계속 물량을 던질 것이기 때문이다.

뛰어난 트레이더로 인정받는 친구 마이크 벨라피오레가 쓴 《One Good Trade》를 보면 이런 HFT가 실패한 전형적인 사례들이 나온다. 2008년 9월, 투자은행 '리먼 브러더스 홀딩스Lehman Brothers Holdings Inc.'(종목코드: LEH, 파산 이후 지금은 상폐됨)와 '연방주택대출저당공사Federal Home Loan Mortgage Corp.'(프레디 맥, 당시 종목코드: FRE) 그리고 다른 많은 모기지 지주사와 투자은행들은 엄청난 주가 폭락에 시달렸다. 프로그램들은 공매도자들을 잡으려고 이미 망가진 종목을 사들였지만 주가는 결코 오르지 않았다. 데이트레이더와 대형 기관 매도자들은 프로그램을 상대로 물량을 내던졌다. 결국 프로그램과 개발자들은 휴지조각이 된 대량의 LEH와 FRE 그리고 다른 파산한 지주사의 주식을 떠안은 채 폭망했다.

앞으로 숙제를 하는 것이 너무나 중요하다는 말을 거듭 듣게 될 것이다. 준비하고, 연습하고, 자제하고, 똑똑해지고, 똑똑하게 매매하는 것이 숙제다. 알고리즘과 HFT를 상대로 매번 이길 수는 없다. 그래도 몇 번은 이겨서 수익을 올릴 수 있다. 여러 알고리즘 프로그램을 파악할 수 있어야 그들을 상대로 매매할 수 있다. 그러기 위해서는 약간의 경험과 가르침 그리고 연습이 필요하다.

HFT 프로그램을 존중하되 두려워하지는 마라. 시장은 역동적이고 항상 변한다는 사실을 명심하라. 오늘 통하는 것이 내일은 통하지 않을 수 있다. 바로 그런 이유로 HFT와 컴퓨터화된 트레이딩은 결코 트레이딩을 지배할 수 없다. 언제나 실시간으로 시장과 가격 변동을 이해하는 명민한 트레이더가 필요하다. 시장은 언제나 변하므로 트레이더의 재량이 필요치 않도록 모든 변수를 프로그래밍하기는 불가능하다. 잘 훈련되고 자제력을 갖춘 트레이더를 상대하도록 프로그래밍할 수 있는 알고리즘은 없다. 시장에는 변수가 너무 많다.

나는 컴퓨터 때문에 짜증내는 동료 트레이더들에게 거기에 훨씬 큰 교훈이 있음을 항상 상기시킨다. 데이트레이더는 돈을 빼앗아가는 모든 것을 불평할 수 있다. 거기에는 당연히 짜증나는 알고리즘 프로그램도 포함된다. 숙제를 제대로 하지 않고, 준비와 공부 없이 트레이딩을 시작하면 실제로 프로그램에 돈을 빼앗길 것이다. 당신은 불평하는 데 기운을 낭비할 것인지 프로그램과 경쟁할 것인지 선택할 수 있다. 나는 트레이더들에게 프로그램을 유리하게 활용할 방법을 찾으라고 권한다. 가령 프로그램이 공매도자들에게 서둘러 커버에 나서도록 강요하는 경우가 있다. 이때 프로그램과 같이 상방으로 가는 '숏 스퀴즈short squeeze'(주가를 밀어올려 공매도자들이 매수로 커버링에 나서도록 만드는 것-옮긴이주)에 올라타라. 알고리즘이 돈을 빼앗아가지 못하는 지점을 찾아라. 프로그램을 이길 수 있는 종목을 발견하라. 이는 '활성화 종목'에 집중해야 하는 또 다른 이유다.

알고리즘에 대해 불평만 늘어놓아서는 데이트레이딩으로 성공할 수 없다. 불평해서 얻을 게 무엇인가? 그게 돈을 버는 데 어떻게 도움이 되는가. 많은 개인 데이트레이더가 집에서 매매하며 꾸준히 돈을 번다. 앞서 말한 대로 신규 트레이더는 선택권을 갖고 있다. 시장은 한마디로 패턴풀기 문제집이다. 매일 아침 새로운 퍼즐을 풀어야 한다. 알고리즘과 HFT는 패턴을 파악하기 어렵게 만든다. 그래도 패턴을 파악하는 일이 불가능하진 않다. 물론 우리 같은 개인 트레이더는 주식시장에서 언제나 난관과 불공정한 상황에 처하기 마련이다. 그래도 항상 상황이 변하는 가운데 시장에서 수익을 올리기 위해 작고 꾸준한 단계를 취하고 더 열심히 노력해야 한다. 트레이더가 절대 해서는 안 될 일은 핑계를 대는 것이다.

최고의 종목을 매매하고 나머지는 내버려둬라

컴퓨터 시스템을 활용한 알고리즘 트레이딩의 일환으로 대다수 종목은 특별한 이유가 없는 한 전체 시장의 추세를 따른다. 즉 시장이 상승하면 대다수 종목도 상승한다. 반면 전체 시장이 하락하면 대다수 종목도 하락한다. 그러나 언제나 시장의 추세를 거스르는 소수의 종목이 있다는 것을 명심하라. 그 이유는 재료가 있기 때문이다. 이 종목들을 '활성화 종목'이라 부른다. 개인 트레이더는 활성화 종목을 찾아야 한다. 시장이 밀릴 때 달리거나, 시장이 달릴 때 밀리는 소수의 종목 말이다.

시장이 달릴 때 같이 달리는 것은 괜찮다. 다만 그냥 전반적인 시장 여건에 떠밀리는 것이 아니라 그럴 만한 주요한 이유가 있기 때문에 움직이는 종목을 매매해야 한다. 이런 종목이 활성화 종목이다. 활성화 종목을 데이트레이딩에 적합하게 만드는 주요 재료는 무엇인지 살펴라. 활성화 종목은 대체로 긍정적이든 부정적이든 뜻밖의 재료를 수반한다. 다음은 몇 가지 예다.

- 실적 발표
- 실적 경고 또는 잠정 실적 발표
- 깜짝 실적
- 식약청 승인/미승인
- 인수합병
- 연합이나 제휴 또는 주요 제품 출시
- 대규모 계약 체결/실패
- 구조조정이나 정리해고 또는 경영진 교체
- 주식 분할이나 자사주 매입 또는 채권 발행

나는 반전 매매reversal trades(7장에서 설명)를 할 때 회사와 관련된 악재로 투매가 일어나는 종목을 선호한다. 악재 때문에 빠르게 투매가 일어나면 많은 사람은 소위 '바닥 반전'을 노리고 지켜본다. 얼마 전에 석유 관련주가 그랬던 것처럼 주가가 전체 시장과 같이 하락하면 좋은 반전 매매를 할 수 없다. 10센트 오르면 반전이 나왔다고 생각할 수 있다. 그러나 뒤이어 다시 투매가 나오며 50센트 떨어지는 경우가 많다. 이렇게 투매가 나오는 이유는 전체 시장과 해당 업종의 추세를 따라가기 때문이다. 석유 업종은 2014년과 15년에 한동안 추세가 약했다. 당시 대다수 석유 및 에너지 종목에서 투매가 일어났다. 업종이 약한 때는 반전 매매가 적합하지 않다. 이런 대목에서 구분이 필요하다. 다음은 데이트레이딩의 네 번째 규칙이다.

규칙 4: 항상 "이 종목은 시장의 움직임을 따라가는가 아니면 고유한 주요 재료가 있는가?"를 물어라.

이런 때에 약간의 리서치를 해야 한다. 트레이더로서 경험이 쌓일수록 재료에 기반한 가격 변동과 전반적인 시장 추종을 잘 구분할 수 있다.

앞서 말한 대로 개인 트레이더는 기관 트레이더를 상대로 잘못된 편에 서지 않도록 주의해야 한다. 그러면 어떻게 해야 그들을 피할 수 있을까? 기관 트레이더를 찾으려고 애쓰지 마라. 대신 개인 트레이더들이 그날 어느 종목에 몰리는지 파악해서 같이 매매하라. 학교 운동장을 잠시 생각해보라. 혼자 모래밭에서 놀아서는 안 된다. 즉 누구도 관심을 갖지 않는 종목을 매매해서는 안 된다. 장소가 틀렸다. 모두가 주목하는 종목을 주목하라. 매일 주가가 활발하게 움직이고 엄청난 액션이 이뤄지는 종목을 주목하라. 그 종목이 바로 데이트레이더들이 찾는 종목이다.

애플이나 마이크로소프트, 코카콜라, IBM 같은 종목도 데이트레이딩을 할 수 있을까? 물론 가능하다. 다만 이런 종목은 기관 트레이더와 알고리즘 트레이더가 지배하며, 느리게 움직인다. 그래서 일반적으로는 데이트레이딩을 하기 매우 어렵다. 이는 멋진 친구들과 놀이터에서 어울리는 것이 아니라 혼자 모래밭에 있는 것과 같다.

개인 트레이더들이 어떤 종목을 주목하는지 그리고 놀이터에서 어떤 자리를 차지해야 하는지 어떻게 파악할까?

최선의 자리를 찾는 두어 가지 방법이 있다. 첫째는 '데이트레이딩 종목 검색 프로그램을 활용하는 것'이다. 나중에 4장과 7장에서 내가 검색 프로그램을 설정한 방법을 설명할 것이다. 개인 트레이더들은 상방이나 하방으로 크게 갭을 낸 종목을 찾는다. 둘째, '소셜 미디어와 트레이더 커뮤니티를 잘 살피는 것'이 좋다. 스톡트위츠StockTwits와 트위터는 대개 무엇이 화제인지 파악하기 좋은 곳이다. 소수의 트레이더를 팔로우하면 모두가 어떤 이야기를 하는지 직접 확인할 수 있다. 챗방 같은 트레이더 커뮤니티에 가입하는 것도 큰 도움이 된다. 인터넷에는 많은 챗방이 있다(우리나라의 경우, 네이버와 다음 카페에 '데이트레이딩'으로 검색하면 꽤 많은 커뮤니티를 찾을 수 있다-편집자주).

완전히 독자적으로 트레이딩 한다면 앞서 말한 놀이터 구석에 있는 것이다. 그래서 다른 트레이더들이 어떤 일을 하는지 감을 잡을 수 없다. 그러면 어디서 활동이 이뤄지는지 모르기 때문에 힘들어질 수밖에 없다. 나는 소셜 미디어를 차단하고 고립된 상태로 혼자 알아서 트레이딩을 하려고 시도한 적이 있다. 그 방법은 통하지 않았다. 고등학교의 생존법칙을 지침으로 삼아라!

내가 매매하는 방법을 더 이야기해보자. 나는 데이트레이더로서 제품, 매출, 주당순이익 증가율, 재무제표 같은 펀더멘털을 토대로 삼지 않는다. 앞서 언급한 대로 나는 가치투자자도 장기투자자도 아니다. 옵션이나 선물도 매매하지 않는다. 단기적으로 전체 장의 방향을 파악하기 위해 선물을 활용하기는 하지만 말이다. 나는 데이트레이더이며 스윙트레이더이기도 하다. 스윙트레이딩에서는 내가 선택한 기업의 펀더멘털을 상당히 많이 고려한다. 그래서 매출, 배당, 주당순이익, 기타 많은 요건을 따진다. 그러나 스윙트레이딩은 이 책의 주제가 아니므로 다루지 않겠다.

나는 외환 거래뿐 아니라 가끔 원자재 거래도 한다. 그러나 오전에는 주로 주식 데이트레이더로서 현물에 집중한다. 대다수 데이트레이더는 저가주나 장외주는 매매하지 않는다. 저가주는 대단히 조작이 심하며, 표준 전략의 규칙을 전혀 따르지 않는다. 실질적인 종목만 매매한다. 때로 '페이스북'을 매매하기도 하고, '애플'을 매매하기도 한다. 다만 언제나 대목을 맞은 종목만 매매한다. 놀랄지 모르지만 시장에서는 거의 매일 대목을 맞은 종목이 있다. 실적을 발표했다거나, 호재가 터졌다거나, 좋고 나쁜 일이 생겼다는 이유로 말이다. 이런 것들이 찾아야 할 주요 재료다.

데이트레이더로서 나의 하루는 어떤 모습일까? 대개 뉴욕 시간으로 오전 9시 무렵 장전 종목 검색으로 시작된다. 먼저 거래량이 나오는지 살핀다. 빠르게는 8시 30분부터 갭상승이나 갭하락(갭이 나올 만큼 전일 종가보다 큰 폭으로 상승 또는 하락하는 경우—편집자주) 종목이 무엇인지 알게 된다. 뒤이어 갭이 나온 이유를 말해주는 재료로서 뉴스를 검색하기 시작한다. 그러면서 관심종목(장중에 관찰할 종목)을 취합한다. 거기서 일부를 제외한 다음 마음에 드는 종목과 들지 않는 종목을 고른다. 오전 9시 15분에는 챗방에서 회사 소속 트레이더들과 관심종목에 관해 이야기를 나눈다. 그래서 9시 30분에 장이 열릴 무렵에는 거래 계획이 준비된다.

9시 30분에 장이 열린 후 11시 30분까지는 가장 거래량이 많고 변동성이 크다. 이때가 특히 모멘텀 트레이딩momentum trading에 초점을 맞춰 매매하기 가장 좋은 때다. 많은 거래량에 따른 이점은 유동성이 풍부하다는 것이다. 유동성은 트레이딩에서 가장 중요한 요소 중 하나로 매수자와 매도자가 많다는 뜻이다. 그래서 주문이 충족될지 걱정할 필요 없이 쉽게 포지션을 드나들 수 있다.

장 중반(오후 12시에서 3시) 무렵이 되면 좋은 트레이딩 패턴이 나오지만 거래량이 부족할 수 있다. 앞서 설명한 대로 거래량이 적다는 것은 유동성이 부족하다는 뜻이다. 그래서 진입과 탈출이 어려워진다. 이 점은 대량의 주식을 매매할 때 특히 중요하다. 또한 거래량이 적은 종목을 매매하면 초단타매매와 알고리즘에 취약해진다. 나는 언제나 개장 시간에 집중적으로 매매한다. 그리고 개장 후 한두 시간 동안만 매매한다. 11시 30분 이후에 매매하는 경우는 드물다.

잘 풀리는 날에는 10시 30분에 목표에 도달한다. 평균적으로는 점심시간 무렵에 거의 언제나 하루 목표치를 달성한다. 그러면 대개 완벽한 진입구도가 나오지 않는 한 손을 놓는다. 오후 4시부터 6시까지는 회원들을 교육하거나 그날의 거래 내역을 검토한다.

장전 거래는 피한다. 매매 건수가 적어서 유동성이 매우 낮기 때문이다. 즉 주가가 1달러 뛰었다가 다시 1달러 떨어질 수 있다. 또한 대량의 포지션으로 진입하거나 탈출할 수 없다. 그래서 아주 소량만 매매해야 한다. 적어도 내가 보기에는 소량의 포지션만 가능하다면 매매할 가치가 없다. 그래도 괜찮다면 당연히 장전 거래를 해도 된다. 다만 장전 거래가 가능하도록 먼저 증권사에 요청해야 한다.

나는 캐나다 밴쿠버에 산다. 그래서 나의 시간대로는 오전 6시 30분에 장이 열린다. 즉 하루를 정말 일찍 시작하게 된다. 그에 따른 큰 이점은 밴쿠버의 많은 사람이 잠에서 깨기도 전에 매매를 마칠 수 있다는 것이다. 그러면 남은 하루는 스키나 등산을 하거나, 가족이나 친구와 함께 또는 다른 일 내지 사업에 집중하며 보낼 수 있다. 데이트레이딩에서는 돈을 잃기가 아주 쉽다. 일일 수익 목표에 도달하면 매매를 중단하거나 모의투자로 전환하는 것이 좋다.

CHAPTER 3

효과적인 리스크와 계좌 관리

나는 데이트레이딩의 성공은 3가지 중요한 능력에서 온다는 교훈을 힘겹게 얻었다. 첫째는 두세 개의 검증된 트레이딩 전략을 배우고 터득하는 것, 둘째는 리스크를 적절하게 관리하는 것, 즉 얼마나 큰 규모로 진입할지와 언제 적절하게 탈출할지 아는 것이다. 셋째는 이미 수차례 강조한, 감정을 제어하고 안정된 심리상태를 지키는 것이다. 이는 세발의자의 다리와 같아서 하나라도 빠지면 무너진다. 트레이딩에 성공하려면 모두 터득해야 한다. 동시에 서너 가지 일을 성공적으로 터득하는 것은 실제로 성과에 기반한 모든 분야의 공통점이다.

가령 경쟁력 있는 운동선수가 되려면 어느 기업이 말하는 훈련의 5가지 측면을 터득해야 한다. 그것은 '움직임, 마음챙김, 회복, 식생활, 수면'이다. 어떤 직업이나 활동에서 성공하려면 이 5가지가 필요하다고 생각한다. 상황에 맞춰 약간의 조정은 필요하겠지만 말이다. 경쟁이 대단히 심한 프로 스포츠만큼 트레이딩과 비슷한 것은 없다. 나는 트레이딩의 성공이 5가지 측면을 터득하는 데서 온다고 생각한다. 그것은 '기술적 지식, 리스크 관리, 식생활, 안정된 심리, 수면'이다.

베어 불 트레이더스가 이 모든 분야에서 회원들에게 지침을 제공하려는 이유가 거기에 있다. 모두가 성공에 기여하기 때문이다. 가령 트레이딩에서 식생활이나 수면의 역할이 중요치 않다고 생각한다면, 카페인을 과다 섭취했거나, 약물의 영향을 받았거나, 수면이 부족할 때 매매해보라. 그 결과를 스스로 알 수 있을 것이다(다만 모의투자로 시험할 것을 권한다!). 음식, 수면, 자극제가 인지 능력과 빠른 의사결정에 미치는 효과를 증명하는 상당한 증거와 연구 결과가 있다.

종종 시장에서 돈을 벌지 못하는 초보 트레이더는 좌절한다. 그들은 시장이 어떻게 돌아가는지 배우고, 새로운 전략을 공부하고, 추가로 기술적 지표를 받아들이고, 다른 트레이더들을 관찰하고, 다른 챗방에 참가한다. 그들은 실패의 주된 원인이 기술적 지식이 부족해서가 아니라 자제력 결여, 충동적인 결정과 허술한 리스크 및 자금 관리임을 모르는 경우가 많다. 트레이딩에서 유일한 문제는 '나 자신'이다. 물론 그 문제에 대한 유일한 해결책도 '나 자신'이다.

이 책에서 제시하는 각 전략은 적절하게 실행하면 플러스 기대값을 보여주는 것으로 증명되었다. 그러나 첫 매매를 시작하기 전에 앞으로 돈을 잃을 날이 있을 것임을 깨닫고 마음속으로 받아들여야 한다. 어쩌면 아주 크게 잃을지도 모른다. 대다수 경험 많은 트레이더가 그랬고 당신도 그럴 것이다. 매매 도중에 전혀 예상치 못한 일이 생길 수 있다. 제발 내 말을 믿어라. 트레이딩의 성공을 위한 비법은 없다. 그저 노력과 의지 그리고 실패로부터 벗어나는 끈기가 필요할 뿐이다.

트레이딩과 관련해 내가 좋아하는 말 중 하나는 "또 다른 날을 위해 살아남아라"다. 이 단순한 말은 프로 트레이더의 마음가짐에 관해 너무나 많은 것을 말해준다. 학습 과정을 견디면 좋은 시절이 올 것이다. 그러면 꾸준히 수익을 내는 트레이더가 될 수 있다. 그러기 위해서는 살아남아야 하지만 다수는 그러질 못한다.

신규 데이트레이더가 실패하는 일반적인 원인은 초기 손실을 관리하지 못하기 때문이다. 수익 실현은 쉽다. 반면 특히 초보자의 경우, 손실 종목에서 본전을 찾을 때까지 기다리고 싶은 유혹을 극복하기 매우 어렵다. 그들은 종종 "조금만 더 시간을 줘야지"라고 말한다. 이렇게 가능성이 낮은 일을 기다리다가는 계좌에 심각한 타격을 입을 수 있다.

알렉산더 엘더Alexander Elder 박사는《Trading for a Living》에서 성공적인 트레이더가 되려면 뛰어난 리스크 관리 규칙을 익혀야 할 뿐 아니라 그 규칙을 확고하게 실행해야 한다고 말한다. 경험 많은 트레이더는 스쿠버다이버가 산소량을 살피듯 자신이 진입한 종목과 계좌에 남은 현금을 주시한다. 포지션에서 나와야 할 때를 말해주는 기준을 가져야 한다. 그것을 우리는 '손절매'라 부른다. 가끔은 일이 생각한 대로 풀리지 않아서 "아직 진입구도가 나오지 않았어"라거나 "빠져나가야겠어"라고 말해야 하는 때가 있다. 이런 인정은 시기적절하게, 너무 늦지 않게 이뤄져야 한다! 탈출 시기를 너무 오래 기다리면 말그대로 전체 계좌를 날릴 수 있다.

이런 일은 거의 모든 트레이더에게, 트레이딩 경력의 모든 단계에서 일어날 수 있다. 2020년 6월에 나는 손절매를 염두에 두지 않고 아무 생각 없이 '아메리칸 항공 그룹American Airlines Group Inc.'(종목코드:

AAL)을 매수했다. 우리 커뮤니티의 트레이더들은 챗방에서 내가 공개한 포지션을 보고 나를 말렸다. 그럼에도 나는 어떤 이유에서인지 자신감에 넘쳤다. 심지어 손절매도 고려하지 않았다. 결국 나는 1000달러의 손실만 내고 끝냈어야 할 거래에서 2만 5000달러의 손실을 받아들여야 했다.

이런 일도 있지만 나는 꾸준하게 수익을 낸다. 그래도 거의 매일 돈을 잃는다. 그래서 돈을 잘 잃는 방법을 찾아야 한다. 담대하게 돈을 잃어야 한다. 손실을 받아들이고 발을 빼라. 그 다음 다시 돌아와 다른 종목을 찾아라.

일이 생각대로 풀리지 않으면 탈출하라. 데이트레이딩에서는 예상치 못한 일이 일어나기 마련이다. 그것이 본질이다. 언제나 또 다른 거래와 또 다른 날이 있다. 자신의 예측이 정확하다는 걸 증명하고 싶어서 손실을 버티는 것은 나쁜 트레이딩이다. 당신이 할 일은 주가의 변화를 맞히는 것이 아니라 돈을 버는 것이다. 우리가 하는 일은 예측이 아니라 거래다.

돈을 잘 잃는 것이 얼마나 중요한지는 아무리 강조해도 지나치지 않다. 그러므로 손실을 받아들일 줄 알아야 한다. 손실은 데이트레이딩의 본질적인 부분이다. 앞으로 이 책에서 설명할 모든 전략에서 나의 진입 지점과 탈출 지점뿐 아니라 손절 지점도 알려줄 것이다.

당신의 전략을 위한 규칙과 계획을 따라야 한다. 이는 나쁜 거래를 했을 때 직면할 난관 중 하나다. 당신은 나쁜 포지션에 계속 머무는 것을 정당화하며 "뭐, 어차피 애플이잖아. 정말 좋은 스마트폰을 만드니까 절대 망할 일 없어. 그냥 조금 더 갖고 있을래"라고 말할 가능성이 아주 높다.

이런 희망회로를 돌려서는 안 된다. 방금 언급한 아메리칸 항공 거래에서 나는 미국 정부가 결국에는 항공사들을 구제하기 위해 '뭔가'를 할 거라고 생각했다. 그것도 내가 포지션을 잡은 바로 그 순간에 '뭔가'를 할 거라고 말이다. 나는 매매 규칙과 패턴을 잊었다. 대신 예상치 못한 뭔가가 나를 구해주기를 '바랐다'. 전략의 규칙을 따라야 한다. 포지션은 언제든 다시 잡을 수 있지만 큰 손실을 회복하기는 힘들다. 당신은 '50달러의 손실을 안고 싶지 않아'라고 생각할지 모른다. 하지만 절대 뒤이어 500달러의 손실을 안고 싶지는 않을 것이다. 그리고 분명 나처럼 2만 5000달러의 손실을 안고 싶지는 더더욱 않을 것이다. 이렇게 큰 손실을 입으면 회복하기 정말 힘들다. 많은 초보 트레이더는 큰 손실에서 결코 회복하지 못한다. 작은 손실을 받아들이고 빠져나와라. 그리고 타이밍이 더 좋을 때 다시 들어가라.

포지션에 진입할 때 항상 리스크에 노출된다. 어떻게 리스크를 최소화할까? 좋은 진입구도를 찾아야 하고, 적절한 규모와 손절매로 리스크를 관리해야 한다. 여기 다음 규칙이 있다.

규칙 5: 데이트레이딩의 성공은 리스크 관리에서 온다. 그러므로 잠재적 보상이 크고 진입 리스크가 낮은 종목을 찾아야 한다. 내게 최소 수익/손실 비율은 2:1이다.

좋은 진입구도는 최소한의 리스크를 안고 포지션에 진입할 수 있는 기회다. 이는 100달러를 잃을 리스크가 있더라도 500달러를 벌 잠재력이 있다는 것을 뜻한다. 즉 5 : 1 손익비다. 반면 50달러를 벌기 위해 100달러의 리스크를 지는 진입구도에 들어가면 리스크/보상 비율이 1에 못 미친다(이 경우에는 2 : 1). 이런 매매를 해서는 안 된다. 데이트레이더가 취할 수 있는 최소한의 리스크/보상 비율은 1 : 2다.

뛰어난 트레이더는 손익비가 2 : 1 미만인 매매를 하지 않는다. 이는 1000달러어치의 주식을 사고, 100달러를 잃을 리스크를 진다면 적어도 1200달러에 팔아야 한다는 것을 뜻한다. 그래야 최소 200달러를 벌 수 있다. 물론 주가가 900달러로 떨어지면 손실을 받아들이고 900달러만 갖고 포지션을 탈출해야 한다(100달러 손실).

내가 실제로 매매한 내역을 통해 리스크/보상 비율을 설명하겠다. '몰리나 헬스케어Molina Healthcare, Inc.'(종목코드: MOH)는 2017년 2월 16일에 나의 관심종목에 올랐다. (오전 9시 30분에) 장이 열렸을 때 주가는 강세였고 뒤이어 더 올랐다. 나는 계속 지켜보았다. 갑자기 9시 45분 무렵 주가가 거래량가중평균가격Volume Weighted Average Price(VWAP, 일정 기간 동안 거래된 자산의 평균 가격-편집자주) 아래로 급락하기 시작했다. 나는 VWAP 밑인 50달러 부근에서 공매도를 하기로 결정했다. 수익 목표 지점은 다음 일간 지지선인 48.82달러였다. 즉 보상은 주당 1.20달러였다. 손절매 지점은 당연히 주가가 VWAP 위로 상승하는 지점이었다. 이 경우 해당 주가는 그림 3.1에 표시된 대로 50.40달러였다. 나는 주당 1.20달러의 보상을 바라고 주당 0.40달러의 리스크를 감수했다. 이는 1 : 3 리스크/보상 비율이다. 나는 실제로 이 포지션을 잡았다.

이제 앞의 사례에서 9시 45분에 나온 기회를 놓쳤다고 가정하

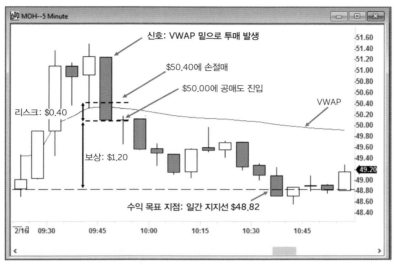

그림 3.1: 진입 지점과 탈출 지점 그리고 손절매 지점을 보여주는 2017년 2월 16일 MOH 거래 내역 스크린샷. 보는 바와 같이 손익비는 3:1이다.

자. 당시 주가는 50.20달러 부근에서 거래되었다. 그래서 몇 분 후 49.60달러 부근에서 수익 목표 지점을 48.82달러로 잡고 숏 포지션에 진입했다. 이 경우 당신의 기대 수익은 주당 0.80달러 정도다. 반면 손절 지점은 VWAP 위인 50.20달러 부근으로 잡아야 한다. 그러면 주당 0.80달러의 보상을 바라고 주당 0.60달러의 리스크를 지는 셈이 된다. 1.3($0.80/$0.60)은 내가 거래 근거로 삼고 싶은 바람직한 손익비가 아니다. 그래서 나는 아마 기회를 놓쳤다는 사실을 받아들였을 것이다.

진입 지점이 $49.60달러라면 손절 지점을 더 가까이 잡아서 보다 바람직한 손익비를 만들면 되지 않느냐는 의문을 가질 수 있다. 그 답은 '그렇지 않다'이다. 손절 지점은 타당한 기술적 수준으로 설정해야 한다. 이 경우 VWAP 밑으로 잡는 모든 손절 지점은 무의미하다. 주가가 언제든 VWAP를 향해 정상적으로 반등하다가 다시 목표 지점으로 계속 떨어질 수 있기 때문이다. 실제로 10시 20분 무렵 이런 일이 일어났다. 즉 주가가 VWAP를 향해 반등했지만 닿지는 못했다. 이후 48.80달러를 향해 떨어졌다. 그림 3.2에 앞서 설명한 내용을 표시했다. 손절 지점을 VWAP 밑으로 정했다면 손실을 안고 포지션에서 밀려났을 것이다.

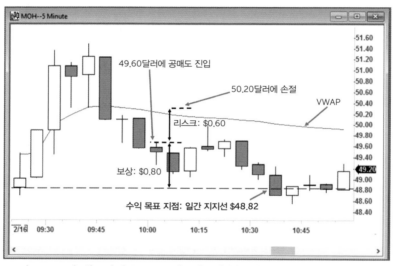

그림 3.2: 2017년 2월 16일 기준 MOH 주식 공매도 전략을 보여주는 스크린샷. 이는 나쁜 손익비 사례다. 손익비가 2:1 미만으로 매매 가치가 없다. 이미 기회를 놓친 것이다.

좋은 손익비를 제공하는 진입구도를 찾을 수 없다면 미련을 두지 말고 다른 종목을 찾아야 한다. 데이트레이더는 언제나 큰 보상을 안기는 한편, 낮은 리스크로 진입할 수 있는 기회를 찾는다. 이를 바람직한 리스크/보상 비율이라 한다. 이를 제공하는 진입구도를 파악하는 것은 학습 과정의 중요한 부분 중 하나다. 물론 초보 트레이더는 이런 진입구도를 구분하고 인식할 수 없을지 모른다. 대박 ABCD 패턴이 무엇인지, '가짜 돌파'로 끝날 패턴이 무엇인지 인식하기 어려울 수 있다. 이런 능력은 경험과 훈련에서 나오는 것이다. 자세한 내용은 뒤에서 다루도록 하겠다. 유튜브와 구글에 올라온 영상으로 배울 수도 있다. 또한 베어 불 트레이더스 챗방에 들어와도 된다. 거기서 나와 다른 경험 많은 회원들이 트레이딩하는 동안 실시간으로 자신들의 사고 과정을 설명해줄 것이다. 또한 우리 모습과 검색창을 포함한 공유 화면, 트레이딩 플랫폼을 관찰할 수 있다(커뮤니티의 회원이 되면 검색 프로그램도 활용할 수 있다).

수익/손실 비율이 2:1이면 40퍼센트를 틀려도 여전히 돈을 번다. 다시 말하지만 데이트레이더가 할 일은 주식을 매매하는 것이 아니라 리스크를 관리하는 것이다. 당신을 대신해 시장에서 주식을 매매하는 것은 증권사다. 당신이 할 일은 리스크와 계좌를 관리하는 것이다. 트레이딩 플랫폼에서 '매수'를 클릭할 때마다 돈이 리스크에 노출된다.

그러면 어떻게 리스크를 관리할까? 기본적으로 3가지 단계를 밟아야 한다. 다음 질문을 자신에게 던져보자.

1. 올바른 종목인가?

리스크 관리는 올바른 종목 선정에서 출발한다는 점을 명심하라. 최고의 플랫폼과 도구를 갖추고 많은 전략에 통달해도 잘못된 종목을 거래하면 돈을 잃을 수밖에 없다. 4장은 데이트레이딩을 위한 올바른 활성화 종목을 찾는 데 초점을 맞춘다. 그래서 데이트레이딩에 적합한 종목을 찾는 법과 적용 요건을 자세히 설명할 것이다. (1) 컴퓨터와 기관 트레이더들이 많이 거래하고, (2) 거래량이 상대적으로 적고,

(3) 저가주라서 쉽게 조종할 수 있으며, (4) 주가가 움직일 이유가 없는(주요 재료가 없는) 종목은 피해야 한다. 4장에서 각 항목을 자세히 설명할 것이다.

2. 얼마나 넣어야 하는가?

1주를 살까, 10주를 살까 아니면 100주를 살까? 1000주는 어떨까? 이 문제는 계좌 규모와 일일 목표치에 좌우된다. 하루에 1000달러를 벌고 싶다면 10주나 20주로는 충분치 않을 수 있다. 그래서 더 많이 사거나 계좌 규모를 키워야 한다. 일일 목표치를 1000달러로 잡고 트레이딩하기에 돈이 부족하다면 일일 목표치를 낮춰야 한다.

　나는 트레이딩 계좌에 약 5만 달러를 넣어두고 있고 대개 2000주씩 매매한다. 나의 목표치는 하루 500달러, 연간 12만 달러 정도다. 이정도면 라이프스타일을 유지하기에 충분하다. 당신의 목표치는 얼마인가?

3. 어디서 손절할 것인가?

손절 지점을 기억하기 쉬운 방법은 우유를 생각하는 것이다. 저지방 우유의 지방 함량은 보통 2퍼센트 이하다. 어떤 거래에서도 절대 계좌의 2퍼센트 이상 손실이 날 리스크를 감수하지 말아야 한다. 충분한 자금을 모아서 계좌에 5만 달러가 있다면 절대 2퍼센트, 즉 1000달러 이상 손실이 날 리스크를 감수하지 말아야 한다. 데이트레이딩 자금으로 작은 금액밖에 모으지 못했다면 매수 규모를 줄이는 수밖에 없다. 이를 확고한 규칙으로 삼아라. 미련을 버리기는 힘들다. 그래도 트레이딩 계좌의 2퍼센트 이상을 잃을 수 있는 진입구도가 보인다면 미련을 버리고 다른 종목을 찾아라. 모든 거래에서 최소한 계좌의 98퍼센트를 보존하라.

3단계 리스크 관리

1단계: 계획 중인 거래의 최대 손실액을 파악하라(절대 계좌의 2퍼센트를 넘어서는 안 된다). 장이 열리기 전에 미리 계산하라.
2단계: 진입에 따른 주당 최대 리스크, 손절 지점을 금액 기준으로 추정하라.
3단계: '1단계 수치'를 '2단계 수치'로 나눠서 거래할 수 있는 최대 수량을 파악하라.

이를 보다 잘 설명하기 위해 앞서 소개한 MOH의 사례로 돌아가보자. 계좌에 4만 달러가 있다면 2퍼센트 규칙에 따라 각 거래에서 감당할 수 있는 손실 한도는 800달러다. 반면 당신은 보수적이어서 리스크를 1퍼센트, 즉 400달러로 줄였다. 이것이 1단계다.

MOH의 차트를 보니 VWAP 전략이 잘 통할 것 같은 상황이 전개된다. 당신은 50달러에 공매도를 하고, 48.82달러에 커버하며, 50.40달러에 손절하기로 결정한다. 이 경우 리스크는 주당 0.40달러다. 이것이 리스크 관리의 2단계다.

3단계로서 '1단계 수치'를 '2단계 수치'로 나눠서 최대 거래 규모를 계산하라. 이 사례의 경우 최대 1000주를 살 수 있다.

MOH 주식을 50달러에 1000주를 사기에는 현금이나 매수 가능액이 충분치 않을 수 있다(계좌에 4만 달러밖에 없기 때문). 그러면 800주 내지 500주를 매수하면 된다. 리스크를 덜 지는 것은 괜찮다. 어떤 상황에서도 절대 계좌의 2퍼센트 이상 손실이 날 리스크를 감수해서는 안 된다.

앞으로 전략을 소개할 때 기술적 분석과 매매 계획에 따라 손절 지점을 어디로 잡는지 설명할 것이다. 개인별 계좌의 최대 손실은 당연히 계좌 규모를 모르기 때문에 내가 고려할 수 없다. 그러므로 판단은 당신의 몫이다. 가령 이동평균선(나의 차트에 나오는 지표에 관한 정보는 5장 참고) 위에서 손절한다면 해당 지점의 손실이 계좌의 최대 손실 규모보다 큰지 계산하고 확인해야 한다. 이평선 돌파 시 600달러의 손실이 나고 거래당 최대 손실액을 400달러로 설정했다면 주식 수를 줄이든지, 아예 거래를 포기하고 다른 기회를 기다려야 한다.

곧 거래에 뛰어들려는 판에 계좌의 최대 손실액을 토대로 거래 규모나 손절 지점을 계산하기 어렵다고 주장할 수도 있다. 빠르게 결정하지 않으면 기회를 잃기 때문이다. 실시간 거래에서 손절 지점과 최대 손실을 계산하는 일이 어려운 것은 맞다. 규칙 2를 기억하는가? 데이트레이딩은 원래 쉽지 않다. 그래서 연습이 필요하다. 신규 트레이더들은 적어도 3달 동안 감독 하에 실시간 모의투자를 해볼 것을 권한다. 이 말은 언뜻 정신 나간 것처럼 들릴지 모른다. 그러나 그렇게 하면 계좌와 거래당 리스크를 관리하는 법을 빠르게 익힐 수 있을 것이다. 거래 규모를 얼마로 하고 어디를 손절 지점으로 잡아야 할지 너무나 빨리 계산할 수 있다는 데 놀라게 될 것이다.

거래 심리를 다스려라

많은 사람이 트레이더로서 경력을 시작할 때 갖는 의문이 있다. 바로 '왜 대부분의 트레이더는 실패할까?'이다.

이 질문에 답하기 위해 3명의 트레이더가 같은 거래를 하고 모두 돈을 잃었다고 가정해보자. 그들이 손실에 반응하는 방식은 최종 결과를 좌우하는 촉매가 될 수 있다. 1명은 낙담하고 시장을 욕하며 그날 거래를 포기한다. 다른 1명은 짜증이 나서 손실을 만회하려고 더 공격적으로 거래한다. 그러다가 결국 그날 더 큰 손실을 내고 만다. 또 다른 1명은 잠시 거래를 중단하고 몇 분 동안 산책하며 감정을 다스린다. 그리고 다시 돌아와 전략을 재평가하고 기회가 생겼다는 분명한 신호를 기다린 다음, 좋은 거래를 한다. 덕분에 그날 본전을 맞춘다.

이 트레이더들 사이의 근본적인 차이는 무엇일까? 이 두 질문의 답은 트레이더의 행동 방식과 감정 통제 방식에 성패가 좌우된다는 것이다. 거기서 승자와 패자가 갈린다.

많은 트레이더가 실패하는 주된 이유는 거래 과정에서 생긴 안 좋은 일과 손실을 감정적으로 받아들이기 때문이다. 이 경우 자신감과 심리적 안정이 거래 결과와 연결된다. 그래서 성과가 좋으면 기분도 좋아진다. 반면 손실이 나면 낙담하고, 의심하고, 짜증내며 자신과 자신의 전략과 경력에 의문을 품는다. 직접적이고 건설적으로 손실에 대응하는 것이 아니라 손실이 촉발한 감정에 대응하는 것이다.

성공적인 트레이더는 돈이 아니라 기술을 추구한다. 거의 모든 전업 트레이더는 거래하는 동안 미실현 손익창을 숨긴다. 수익이나 손실이 얼마인지에 관심이 없다. 그들은 수익 목표 지점이나 손절 지점을 완벽하게 지키는 데 집중한다. 꾸준하게 수익을 내는 트레이더는 손실이 나든, 수익이 나든 모든 거래를 발전의 기회로 삼는다.

데이트레이딩은 대단히 절제된 태도로 빠른 결정을 내릴 것을 요구한다. 데이트레이딩이 대단히 힘든 이유가 거기에 있다. 매일 아침 시장을 훑어보고 기회를 찾아야 한다. 그래서 때로는 몇 초 만에 활성화 종목에 관한 매수 및 공매도 결정을 내려야 한다. 그것도 대단히 높은 수준의 절제력을 갖고서.

자제력에 큰 영향을 미치는 요인 중 하나가 신체와 정신의 건강이다. 영양가 높고 균형 잡힌 식사를 하고, 꾸준히 운동하고, 적절한 체중과 체력 수준을 유지하고, 적당한 휴식을 취하는 사람은 유능한 트레이더가 되는 데 필요한 활력과 기민함을 갖출 수 있다. 이 내용이 놀라울 수도 있다. 그러나 정신적 각성, 활력 수준, 전반적인 건강은 데이트레이딩 실적에 상당한 영향을 미친다. 건강을 잘 챙기지 않거나 알코올 내지 약물을 남용하는 사람은 집중력을 발휘하고 좋은 결정을 내리기 어렵다.

피로, 신체적 긴장, 나쁜 건강은 종종 집중력을 저해하며, 합당한 의사결정 과정에 악영향을 끼친다. 수면이나 운동 부족으로 기운이 없으면 데이트레이딩에 필요한 정신적 노력을 기울이고 유지하기 어렵다. 종종 기분은 신체 상태뿐 아니라 심지어 음식과 식사량 같은 민감한 요소에 영향 받는다. 거래 결과와 신체 상태를 매일 기록해보면 그 상관관계를 확인할 수 있다. 지금부터라도 미리 몸과 마음을 최상의 상태로 잘 관리하라.

트레이딩을 벗어난 개인의 삶도 트레이더로서의 능력에 영향을 미친다. 이별이나 이혼 같은 사적인 관계의 변화, 질병 같은 가족 문제, 재정적 문제는 집중력을 발휘해서 적절하게 판단하는 능력을 저해한다. 가령 젊은 트레이더들은 결혼하거나, 아이를 낳거나, 새 집을 산 후 더 많은 스트레스를 받는다. 추가로 생긴 재정적 부담이 걱정과 스트레스를 가중시키기 때문이다(그만큼 많은 즐거움도 생기길 바라지만 말이다).

물론 시간이 걸렸지만 내가 경험한 바로는 연습을 많이 할수록 트레이딩 전략을 보다 효과적으로 실행할 수 있었다. 그러나 나 자신을 통제하고 자제력을 발휘하게 된 후에야 진정한 성공을 거둘 수 있었다. 어느 날이든 주식시장이 무엇을 할지 예측하는 일은 대단히 힘들다. 포지션에 진입하기 전에 미리 무엇을 할지 모르면 당신의 성공은 아주 제한적일 것이며, 모든 성공은 순전히 운 때문일 것이다. 심사숙고를 통해 미리 계획을 세워야 하고, 그 계획을 따라야 한다. 새로운 트레이딩 전략, 챗방이나 이 책에서 얻은 팁, 심지어 최첨단 소프트웨어도 자신을 다스리지 못하고, 감정을 억제하지 못하는 트레이더를 도울 수 없다. 모든 거래에서 다음 질문을 생각하라.

- 이 거래가 나의 트레이딩 성향과 리스크 감수도에 맞는가?
- 이 거래는 어떤 전략을 따르는가?
- 이 거래가 잘못되면 어디서 손절할 것인가?
- 이 거래에서 얼마나 많은 손실을 감수할 것이며, 잠재적 보상은 얼마인가?

많은 트레이더는 이 질문들을 어려워한다. 이 모든 결정을 리스크 감수도와 전략적 조건에 맞추는 과정은 힘든 멀티태스킹을 요구한다. 그것도 스트레스를 받는 상황에서 말이다.

나는 그 스트레스가 어떤 것인지 안다. 가끔 8만 달러짜리 포지션을 잡고 나서 팔기만 하면 되는데, 키보드를 보다가 자동차 전조등 불빛을 본 사슴처럼 얼어붙을 때가 있다. 심지어 어느 키를 눌러야 하는지도 알 수 없다. 이런 마비증상은 감당하기 벅찬 상황에 처했을 때 드물지 않게 발생한다. 누구에게나 일어날 수 있다. 트레이딩에서 자신감은 모든 거래에서 올바른 판단을 하고 수익을 올리는 데서 나오는 것이 아님을 명심하라. 그것은 틀린 판단을 해서 손실이 난 경우로부터 살아남는 데서 나온다.

트레이딩은 스트레스를 안긴다. 데이트레이딩은 아마 모든 트레이딩에서 가장 많은 스트레스를 안길 것이다. 1번의 실수로 1달을 망칠 수 있다. 적절한 수익 실현 기회를 1번 놓쳤다가 1주일을 망칠 수 있다. 좋은 트레이더가 되는 것과 돈을 잃는 트레이더가 되는 것 사이에는 미묘한 선이 있다. 스트레스를 받고 있다면 거래를 하지 마라. 산책을 하면서 스트레스를 해소하라. 다시 차분하게 집중할 수 있기 전에는 거래를 재개하지 마라. 트레이딩 전문가들은 큰 손실을 입으면 조깅으로 마음을 다잡은 후 거래를 재개하는 경우가 많다. 그것도 감정이 정리되기 전까지는 실제 투자가 아닌 모의투자로 한다.

결정의 결과를 검토하고 꾸준히 성과를 분석하라.

• 장기간에 걸쳐 수익을 내는가? 누적 손익이 어떻게 되는가?

순자산곡선net equity curve(증권사 수수료를 뺀 손익)은 어떤가?

• 며칠 연속으로 수익을 냈는가 아니면 손실을 냈는가?

• 계속 손실이 나면 감정을 살피며 평정심을 유지하는가 아니면 판단력이
떨어지는가? 성과를 관찰하고 조언해줄 커뮤니티 및 투자 모임에
가입하거나 트레이딩 '친구' 내지 멘토를 둬라.

다음 단계가 얼마나 중요한지는 아무리 강조해도 지나치지 않다. 시간을 들여 준비하고, 열심히 노력하고, 거래 계획을 세우고, 나중에 거래 내역을 검토해야 한다. 이 일은 혼자 할 수 없다. 혼자서는 성공할 수 없다. 아이디어를 공유하고 트레이더 커뮤니티에서 배우는 데는 너무나 많은 가치가 있다. 그리고 멘토를 둬야 한다.

기술과 절제력을 트레이딩에 필요한 근육이라고 생각하라. 근육을 키우려면 운동을 해야 한다. 또한 키운 다음에도 꾸준히 운동하지 않으면 줄어든다. 그래서 나는 매일 자제력과 절제력을 발휘하는 능력을 계속 연마한다. 다행인 점은 트레이딩을 통해 기술을 배우는 것이 운전을 배우는 것과 비슷하다는 것이다. 운전 기술은 일단 배우고 나면 사라지지 않는다. 처음 운전하던 때를 기억하는가? 아마 멀티태스킹을 하느라 상당히 버거웠을 것이다. 그러나 익숙해지면 아무 생각없이 운전할 수 있다. 트레이딩도 마찬가지다. 좋은 종목을 파악하는 법이나 진입 및 탈출 방법 같은 기술은 한번 익히고 나면 사라지지 않는다. 다만 절제력은 성공적인 트레이더가 되기 위해 꾸준히 연마해야 한다는 사실을 명심하라. 절제력은 언제나 지속적인 노력을 요구한다. 가령 더 이상 운동을 안 해도 건강과 좋은 몸매를 유지할 수 있

을까? 그럴 수 없다. 엄격한 식생활, 운동, 수면 관리가 필요하다.

데이트레이딩은 언제나 절제력과 마음챙김을 배우고 실천해야 하는 일이다. 이는 유익하며 고무적이다. 다만 자신감이 과도해 시장을 이겼다고 생각하거나 더 이상 공부할 필요가 없다고 생각해서는 안 된다는 것을 명심하라. 그 순간 시장은 바로 당신의 뺨을 갈기며 정신 차리도록 만들 것이다! 당신은 돈을 잃을 것이고, 시장이 당신을 바로 잡고 있음을 알게 될 것이다.

빠른 결정을 내리고 트레이딩 규칙을 따를 수 있는 능력이 시장에서 성공하는 데 필수적이라는 사실은 거듭 강조할 필요가 있다. 앞으로 리스크 관리에 관해 많이 읽게 될 것이다. 트레이더가 하는 모든 일은 리스크 관리로 귀결된다. 궁극적으로 트레이더가 이해해야 할 가장 중요한 개념이기 때문이다. 당신은 하루 종일 리스크를 관리한다. 리스크를 관리할 줄 알아야 급박한 상황에서도 좋은 결정을 내릴 수 있다. 그것이 데이트레이딩의 다음 규칙이다.

> **규칙 6: 증권사는 당신을 대신해 거래소에서 주식을 사고판다. 데이트레이더로서 할 일은 리스크를 관리하는 것이다. 효과적인 여러 전략을 터득해도 리스크 관리 기술이 뛰어나지 않으면 데이트레이더로 성공할 수 없다.**

앞서 언급한 대로 데이트레이딩은 매우 진지한 일이다. 그렇게 대해야 한다. 자신만이 한 번에 감당할 수 있는 잠재적 손실을 결정할 수 있다. 이때 재정 상태, 기술, 성향을 고려해야 한다. 다만 앞서 설명한 2퍼센트 규칙을 잊지 마라. 계좌의 2퍼센트 이상을 위험에 빠트리는 거래는 하지 마라. 그럴 만한 가치가 없다.

당신이 받아들여야 할 아주 기본적인 진실이 있다. 자신이 항상 맞을 것이라고 기대하지 말아야 한다. 그것은 불가능하다. 트레이딩은 확률에 기반한다. 또한 매력적인 리스크/보상 잠재력을 제공하는 진입구도를 파악하려면 상당한 인내심이 요구된다. 나는 꾸준히 수익을 낸다. 그러나 거래 중 30퍼센트가 손실로 끝난다. 나는 매번 내 판단이 맞을 것이라고 기대하지 않는다. 당신이 소규모 사업을 한다면 매일 수익이 날 것이라고 기대하지 않을 것이다. 인건비와 임대료를 충당할 만큼 손님이 오지 않거나 매출이 나오지 않는 날들이 있을 것이다. 그래도 잘되는 날에 올린 이익이 안 되는 날에 난 손실을 상쇄하고도 남을 것이다.

성공한 트레이더들이 어떻게 하는지 살펴보면 모두 여러 번의 작은 손실을 낸다는 사실을 알게 된다. 그들의 실적은 주당 7센트나 5센트, 3센트, 심지어 1센트 등 수많은 소규모 손실로 가득하다. 대부분의 뛰어난 데이트레이더는 주당 30센트 이상의 손실을 내는 경우가 드물다. 그래서 대부분의 잘된 거래에서 난 수익으로 바로 상쇄할 수 있다.

이 책에서 배워야 할 근본적인 교훈 중 하나는 언제나 트레이딩 전략에 손절 지점이 포함되어야 하며, 주가의 방향이 전략과 어긋나면 손절해야 한다는 것이다. 어떤 종목을 주요 저항선 밑에서 공매도한 후 주가가 하락하기를 기다리고 있다고 가정해보자. 여기까지는 괜찮다. 그런데 갑자기 주가가 반등하더니 저항선을 깨고 올라간다. 이제 원래 트레이딩 계획은 어그러졌다. 계속 머물 이유가 없다. 주가가 다시 하락하기를 바라며 기다려서는 안 된다. 그것은 희망회로다. 단 한 번의 정신 나간 행동으로 계좌 전체를 날릴 수 있다. 주가가 다시 내려갈 수도 있다. 그러나 저항선을 깬 이상 공매도 포지션을 유지할 이유가 없다. 주가가 약세로 돌아서서 저항선 밑으로 떨어지면 다시 들어갈 수는 있다. 수수료는 얼마 되지 않는다. 그러니 작은 손실을 받아들이고 발을 빼라. 진입구도가 나오면 언제든 다시 들어갈 수 있다.

이 근본적인 규칙을 터득하지 못하는 사람은 실패할 수밖에 없다. 이는 신규 트레이더들이 흔히 겪는 문제다. 그들은 작은 손실을 받아들일 줄 모른다. 모의투자로 연습하는 단계에서 이 문제를 해결해야 한다. 손절 지점을 받아들이고 존중하는 법을 터득한 후에 실제 투자로 넘어가야 한다. 손절 지점이 어디인지 또는 어디여야 하는지 모른다면 애초에 발을 들이지 말아야 한다. 정확하게 계획을 세우지 않았다는 뜻이기 때문이다. 이 경우 한발 물러서서 전략을 검토하고 모의투자로 돌아가야 한다.

꾸준히 수익을 내는 트레이더는 타당하고 합리적인 거래를 한다. 그들은 모든 거래에서 시장 내지 결과를 통제할 수 없다는 사실을 인정한다. 그래도 계획을 고수하고 자금을 관리한다. 손익은 대개 월말에 검토할 수 있다. 전업 투자자들은 대개 분기별로 손익을 검토한 다음, 성과를 판단하고 그에 따라 트레이딩 전략을 조정한다.

많은 트레이더는 수익이 나면 좋은 날이라고 생각한다. 틀렸다. 좋은 날은 절제력을 발휘하고, 타당한 전략을 따르고, 트레이딩 규칙을 어기지 않은 날이다. 주식시장의 정상적인 불확실성은 때로 손실이 나는 날로 이어지기도 한다. 그런 날이 반드시 나쁜 날은 아니다.

CHAPTER 4

어떤 종목을
거래해야 할까

'트레이더의 실력은 거래하는 종목으로 좌우된다.' 이는 트레이딩 커뮤니티에서 유명한 말이다. 데이트레이딩 하기 좋은 종목이 무엇인지, 어떻게 찾는지 모르는 신규 트레이더가 너무 많다. 그들은 시장이 데이트레이딩을 하기에 불가능하다고 오판하는 바람에 수많은 날을 허비한다.

세계 최고의 트레이더라고 해도 주가가 움직이지 않고, 거래량이 충분치 않으면 꾸준하게 수익을 낼 수 없다. 앞서 언급했듯이, 마이크 벨라피오레는 SMB의 창립자로서 《One Good Trade》라는 책을 썼다. 그는 이 책에서 움직이지 않는 종목을 거래하는 것은 하루를 허비하는 것이라고 말했다. 데이트레이더는 시간과 매수 한도를 효율적으로 써야 한다.

다만 주가가 그저 움직이기만 해서는 안 된다. 우리는 특정한 방향으로 움직일 것으로 파악되는 종목을 찾아야 한다. 장중에 5달러만큼 움직여도 뛰어난 리스크/보상 기회를 제공하지 않는 종목도 있다. 어떤 종목은 방향을 짐작할 만한 단서 없이 장중에 너무 많이 움직인다.

신규 트레이더로서 주어진 다음 과제는 적절한 종목을 찾는 법을 익히는 것이다. 많은 신규 트레이더는 어떻게 매매하는지 알고, 데이 트레이딩에 필요한 적절한 교육을 받았으며, 올바른 도구도 갖추고 있다. 그러나 실시간으로 거래할 종목을 실제로 찾아야 할 때는 (못되게 들릴지 모르지만) 갈피를 못 잡는다. 나는 신규 트레이더로서 직접 이런 경험을 했다. 이 책에서 설명한 전략을 익혔는데도 꾸준히 돈을 벌지 못한다면 잘못된 종목을 골랐을 가능성이 있다. 다시 말하지만 트레이더의 실력은 거래하는 종목으로 좌우된다. 데이트레이더들이 집중적으로 거래하는 종목 또는 나의 표현으로는 '활성화 종목'을 찾아야 한다.

활성화 종목을 고르고 거기서 돈을 버는 방법은 여러 가지다. 물론 올바른 방법도 하나만 있는 것은 아니다. 어떤 트레이더는 종목군 및 지수군을 거래한다. 《How to Swing Trade》라는 베스트셀러를 쓴 또 다른 친구 브라이언 페짐Brian Pezim 같은 일부 데이트레이더는 주로 상장지수펀드Exchange-Traded Fund[ETF]를 거래한다. 다수는 독자적인 필터로 종목을 찾는다. 지수 선물을 통해 시장 전체의 변동을 거래하는 데 집중하는 트레이더도 있다. 대형 은행의 트레이딩 데스크에 있는 전문 트레이더는 금이나 석유 또는 기술주 같은 특정 부문만 거래한다. 우리는 한정된 자금을 가진 개인 트레이더임을 명심하라. 따라서 활성화 종목을 효율적으로 선택해야 한다.

활성화 종목은 뛰어난 리스크/보상 기회를 제공하는 종목이다. 이런 기회는 가령 5센트의 손실이 날 리스크에 25센트의 수익이 날 가능성을 제공한다. 또는 20센트의 손실이 날 리스크에 1달러의 수익이 날 가능성을 제공한다. 이는 1:5의 비율이다. 현재 가격에서 더 높이 또는 더 낮게 거래될 활성화 종목을 꾸준히 살펴라. 활성화 종목은 움직이며, 그 움직임은 예측 가능하고, 빈번하고, 올라타기 쉽다. 장중에 거래하기 좋은 종목은 뛰어난 리스크/보상 기회를 자주 제공한다.

매일 활성화되는 일련의 새로운 종목이 나온다. 활성화 종목을 거래하면 매수 한도를 최대한 효율적으로 활용할 수 있다. 또한 장중에 훨씬 나은 리스크/보상 기회를 종종 제공하며, 보다 일관되게 트레이딩 아이디어와 규칙을 실행할 수 있도록 해준다. 올바른 활성화 종목을 거래하면 알고리즘 프로그램과 맞서 싸우는 데 도움이 된다.

활성화 종목을 찾아라

활성화 종목이란 무엇일까? 우선 그 특징을 무순위로 나열하자면 다음과 같다.

- 신선한 재료가 있는 종목
- 장전에 2퍼센트 넘게 상승하거나 하락한 종목
- 특이한 장전 매매 활동이 이루어진 종목
- 장중에 활용할 수 있는 주요 지점이 형성된 종목

데이트레이딩이 모든 종목에 통하는 것은 아니라는 사실을 명심해야 한다. 즉 상대 거래량relative volume이 높은 종목이어야 한다. '페이스북'(종목코드: FB) 같은 일부 종목은 매일 평균 수백만 주씩 거래된다. 반면 다른 종목은 평균 50만 주 거래에 그친다. 그러면 페이스북만 거래해야 할까? 아니다. 높은 거래량은 종목마다 상대적이다. 총 거래량이 많은 종목만 찾아서는 안 된다. 평균적으로 많은 거래량을 수반하는 종목들이 있다. 그 해당 종목에서 평균을 넘어서는 거래량을 찾아야 한다. 페이스북의 경우 하루 2000만 주의 거래량이 평소보다 많은 것이 아닐 수 있다. 이례적인 거래량이 나오지 않으면 페이스북을 거래하지 마라. 거래량이 평소보다 많지 않다는 것은 기관 트레이더와 초단타매매 컴퓨터들이 거래를 장악하고 있다는 뜻이다. 그러니 거리를 둬라.

그림 4.1을 보라. 보다시피 상대 거래량이 많은 날은 며칠뿐이다(차

그림 4.1: 2019년 겨울 FB의 일간 차트. 상당한 상대 거래량이 나온 날들이 표시되어 있다. 이때 데이트레이딩하기 적합하다.

트에 화살표로 표시). 흥미롭게도 차트를 잘 살펴보면 해당하는 날에 갭 상승이나 갭하락이 나왔음을 알 수 있다. 페이스북 주식을 거래하고 싶다면 이런 날에만 해야 한다. 다른 날들은 그냥 통상적인 초단타 알고리즘 거래로 구성된다. 개인 트레이더는 통상적으로 거래되는 주식을 피해야 한다.

높은 상대 거래량을 기록한 종목의 가장 중요한 속성은 해당 업종과 전체 시장의 동향과 무관하게 거래된다는 것이다. 시장이 약세면 대다수 종목이 하락한다. 애플, 페이스북, 아마존, 엑슨모빌이라도 상관없다. 반면 시장이 강세면 대다수 종목의 주가가 오른다. 마찬가지로 시장이 '약세장'이라거나 '무너지고 있다'는 말은 특정 종목을 가리키는 것이 아니다. 모든 종목을 아울러 주식시장 전체가 가치를 잃고 있다는 뜻이다. 특정 업종의 경우도 마찬가지다. 예를 들어 제약 업종이 약세라는 것은 모든 제약 종목이 가치를 잃고 있다는 뜻이다.

시장의 행동은 어떻게 파악할까? '다우존스산업평균 ETF Trust'(종목코드: DIA)나 'S&P 500 ETF Trust'(종목코드: SPY) 같은 지수 펀드는 대개 시장 전반의 움직임을 말해주는 좋은 지표다. DIA나 SPY가 빨간색이면(미국 주식은 하락을 빨간색으로 표시-옮긴이주) 전체 시장이 약세임을 뜻한다. 반면 DIA나 SPY가 강세면 전체 주가가 오른다.

높은 상대 거래량을 기록한 종목은 전체 시장과 무관하게 움직인다. 이런 주식이 활성화 종목이다. 매일 소수의 종목만 해당 업종이나 전체 시장으로부터 독립적으로 거래된다. 데이트레이더는 이런 종목만 거래한다. 나는 때로 이런 종목을 '알파Alpha'라 부른다. 동물의 세계에서 알파는 어떤 동물의 먹이도 아닌 먹이사슬의 최상위 포식자다. 데이트레이딩에서 알파 종목은 해당 업종 및 전체 시장으로부터 독립되어 있다. 시장과 초단타매매는 알파 종목을 통제할 수 없다. 우리는 이런 종목을 '활성화 종목'이라 부른다. 다음 규칙은 활성화 종목에 관한 것이다.

> **규칙 7: 개인 트레이더는 활성화 종목, 즉 상대 거래량이 많고, 주요 재료가 있으며, 전체 시장으로부터 독립적으로 거래되는 종목만 거래한다.**

앞서 상대 거래량이 높아야 한다고 말했다. 그러면 거래량이 얼마나 되어야 충분할까? 나의 경우 일 평균 거래량이 50만 주 이하인 종목은 거래하지 않는다. 어려움 없이 진입하고 탈출하려면 어느 정도 유동성이 있어야 한다. 가령 '제이피모건 체이스JPMorgan Chase & Co.'(종목 코드: JPM)를 105달러에 매수하고 탈출 가격을 104.85달러로 잡았다고 가정하자. 이때 실제로 104.85달러 부근에서 탈출할 수 있는가? 아니면 거래량이 너무 적어 탈출하려면 104.50달러에 팔아야 하는가? JPM을 거래하며 104.85달러에 탈출하겠다고 결정했지만 104.50달러가 될 때까지 탈출할 수 없다면 이는 좋은 일중 거래 종목이 아니다. 활성화 종목은 유동성이 충분해서 뜻하지 않은 슬리피지slippage(주문 가격과 실제 체결 가격의 차이-옮긴이주) 없이 탈출할 수 있다.

무엇이 활성화 종목을 만들까? 대개는 전날이나 장중에 발표된 주요 뉴스다. 해당 기업의 주요 뉴스나 이벤트는 주가에 상당한 영향을 미치고 그에 따라 주가 변동의 주요 재료로 작용한다.

2장에서 제시한 대로 어떤 종목을 데이트레이딩에 적합하게 만드는 주요 재료의 사례는 다음과 같다.

- 실적 발표

- 실적 경고 또는 잠정 실적 발표

- 깜짝 실적

- 식약청 승인/미승인

- 인수합병

- 연합이나 제휴 또는 주요 제품 출시

- 대규모 계약 체결/실패

- 구조조정이나 정리해고 또는 경영진 교체

- 주식 분할이나 자사주 매입 또는 채권 발행

나는 장전에 2퍼센트 이상 등락한 모든 종목에 관한 뉴스를 확인한 다음, 갭등락 관심종목에 간추린다. 이전 활성화 종목은 며칠 후에도 여전히 활성화되어 있는 경우가 많다.

7장에서 모멘텀, 반전, VWAP, 이동평균 등을 활용한 구체적인 데이트레이딩 전략을 설명할 것이다. 지금은 각 전략에 맞는 종목을 찾는 법을 주된 과제로 삼아야 한다. 나는 후보 종목을 3개의 범주로 나눈다. 나의 경험에 따르면 이런 분류는 종목을 찾고 그에 맞는 전략을 적용하는 일에 명확성을 부여한다.

유통주식수와 시가총액을 살펴라

3개의 범주를 설명하기 전에 '유통주식수'와 '시가총액/시총'의 정의를 먼저 설명하겠다. 유통주식수는 거래할 수 있는 주식의 수를 말한다. 가령 애플의 경우 2020년 6월 기준으로 43억 3000만 주가 시장에서 매매된다. 애플은 '대형주' 종목으로 간주된다. 이런 종목은 대개 하루에 많이 움직이지 않는다. 상당한 거래량과 자금이 필요하기 때문이다. 그래서 애플 주식은 평균적으로 하루에 1, 2달러 정도만 움직인다. 즉 변동성이 크지 않아서 데이트레이더들은 좋아하지 않는다. 데이트레이더는 변동성을 추구한다.

반면 유통주식수가 아주 적은 종목들이 있다. 가령 '서모제너시스 홀딩스ThermoGenesis Holdings Inc.'(종목코드: THMO)의 경우 2020년 6월 기준으로 약 340만 주만 거래된다. 이는 주식의 공급량이 적어서 대형 주문에 따라 주가가 아주 빠르게 움직일 수 있음을 뜻한다. 유통주식수가 적은 종목은 변동성이 강해 주가가 매우 빠르게 움직인다. 이런 종목은 대부분 주가가 10달러 이하다. 아직 사업 초기 단계라 대개 수익을 올리지 못하기 때문이다. 그들은 성장하기를 바란다. 그리고 추가 성장을 통해 더 많은 주식을 발행해 주식시장에서 더 많은 자금을 조달하며 서서히 대형주가 된다. 유통주식수가 적은 종목은 '소형주' 또는 '초소형주'라고도 불린다. 데이트레이더들은 이런 종목을 좋아한다. 그러면 앞서 말한 3가지 범주로 다시 돌아가자.

첫 번째 범주는 '주가가 10달러 미만이고 유통주식수가 적은 종목'으로 구성된다. 이 종목들은 변동성이 엄청나서 매일 10퍼센트나 20퍼센트, 100퍼센트, 심지어 1000퍼센트씩 움직인다. 정말로 이만큼 움직이는 종목들이 있다! 이 범주는 조심해야 한다. 한 번의 거래로 1000달러가 1만 달러로 불어날 수 있지만, 동시에 그만큼 쉽게 10달러로 줄어들 수도 있다. 10달러 미만의 유통주식수가 적은 종목은 종종 심하게 조종되고 거래하기 어렵다. 따라서 경험 많고 실력 있는 트레이더만 거래해야 한다. 나는 개인적으로 이런 종목을 거의 거래하지 않는다. 누군가가 1달 만에 1000달러를 1만 달러로 불렸고, 그 말이 사실이라면 이런 종목을 거래했을 게 분명하다. 초보자나 중급자는 그만한 정확성과 효율성을 발휘하기 어렵다. 초보 트레이더가 이런 종목을 거래했다가는 1000달러를 며칠 만에 다 날릴 가능성이 높다. 참고로, 이런 종목은 강세 깃발형 모멘텀 전략이 가장 잘 맞다. 책에서 소개된 다른 전략은 적합하지 않다.

이 종목은 대개 공매도할 수 없다. 공매도를 하려면 증권사에서 주식을 빌려야 하는데 변동성 심한 주식을 빌려주는 경우는 드물다. 설령 빌려준다 해도 섣불리 공매도하지 말기를 강력하게 조언한다. 주가가 쉽게 급등해서 계좌를 날릴 수도 있다. 위험한 주식을 공매도하지 않아도 얼마든지 다른 주식으로 수익을 낼 수 있으니, 이런 종목은 월가 전문가들에게 맡겨라. 신규 트레이더가 이런 종목을 거래하기는 매우 어려우므로 거래하지 말 것을 권한다. 다음에 움직일 방향을 읽기 어려워 거래하며 리스크를 관리하기 힘들고, 방향이 틀렸을 경우 여러 번에 걸쳐 얻은 수익을 모두 날릴 수 있다.

두 번째 범주는 '주가가 10달러에서 100달러 사이고 유통주식수가 중간 정도인 종목'이다. 그 수는 2000만 주에서 5억 주 사이다. 이 책에서 설명하는 많은 전략은 이런 종목에 잘 맞는다. 특히 VWAP와 지지선 및 저항선 전략이 그렇다. 유통주식수가 중간 정도이면서 주가가 100달러 이상인 종목은 데이트레이더 사이에 인기가 없다. 나도 그런 종목은 피한다. 대개 가격이 비싸서 많이 매수할 수 없기 때문이다. 그래서 기본적으로 데이트레이딩에는 쓸모가 없다. 이런 종목도 기관 트레이더들에게 맡겨라.

세 번째 범주는 애플, 알리바바, 야후, 마이크로소프트, 홈디포 같은 대형주다. 이런 종목은 '확고하게 자리 잡은 기업의 주식으로 대개 5억 주 이상이 시장에서 거래'된다. 또한 거래 물량은 매일 수백만 주에 이른다. 짐작대로 대형 기관 트레이더, 투자은행, 헤지펀드가 대규모 포지션을 매매할 때만 움직인다. 대개 100주에서 2000주씩 거래하는 우리 같은 개인 트레이더는 이런 종목의 주가를 움직일 수 없다. 좋은 주요 재료가 없는 한 이런 종목을 피해야 한다. 그래도 본문에서 제시하는 전략 중에는 반전과 이동평균선 전략이 대개 잘 맞는다. 다만 주요 재료가 없으면 이 종목들은 컴퓨터와 초단타 트레이더들이 많이 거래하며, 개인에게는 맞지 않는다는 사실을 명심하라. 다음 표는 3가

유통주식수	주가 범위	나의 선호 전략
적음(2000만 주 미만)	10달러 미만	오직 모멘텀 전략(롱long)
중간(2000만 주에서 5억 주)	10달러에서 100달러	모든 전략, 특히 VWAP 전략과 지지선 및 저항선 전략
많음(5억 주 이상)	다양함(대개 20달러 이상)	모든 전략, 특히 이동평균선 전략과 반전 전략

*전략 설명은 7장 참고

지 범주를 정리한 것이다.

활성화 종목은 2가지 방법으로 찾을 수 있다.

• 장전 관심종목
• 실시간 장중 검색

이제 매일 거래할 관심종목을 어떻게 찾는지 설명하겠다.

장전 갭등락 종목에 주목!

경험 많은 트레이더는 올바른 시기에 올바른 종목에 들어가는 것에 매우 민감하다. 앞서 언급한 대로 트레이더의 실력은 거래 종목에 좌우된다. 나와 커뮤니티의 트레이더들은 매일 아침 검색 프로그램을 활용한다. 검색 프로그램은 다음 요건에 따라 활성화 종목을 찾도록 설정되어 있다(나는 원칙적으로 공매도 미상환잔고short interest, 즉 투자자나 트레이더가 아직 커버나 마감하지 않은 공매도 물량이 30퍼센트 이상인 종목은 거래하지 않는다).

• 장전에 최소 2퍼센트 갭상승/갭하락한 종목
• 장전에 최소 5만 주 거래된 종목
• 일 평균 거래량이 50만 주 이상인 종목
• 평균 실질가격변동폭Average True Range [ATR](하루 평균 주가가 움직이는 폭)

이 최소 50센트인 종목

• 주요 재료가 있는 종목

왜 이런 요건을 적용할까? 주요 재료가 있으면 이례적인 장중 움직임이 나올 것이다. 또한 활성화 종목은 장이 열리기 전부터 상당한 물량(가령 5만 주)이 거래되면서 갭상승 또는 갭하락할 것이다.

나는 거래량이 많은 종목을 찾는다. 이런 종목은 1000주씩 매매하는 데 문제가 없다. 이것이 일 평균 거래량이 50만 주 이상인 종목을 찾는 이유다. 또한 대개 거래하기 좋은 변동폭으로 움직이는 종목을 찾는다. 평균 실질가격변동폭(이하 ATR)을 확인하는 이유가 거기 있다. ATR은 하루 평균적으로 주가가 움직이는 폭이 얼마나 되는지 말해준다. ATR이 1달러면 해당 주가는 매일 1달러 정도 움직일 거라 예측할 수 있다. 이는 좋은 수치다. 해당 종목에 1000주를 매매하면 1000달러를 벌 수 있다. 반면 ATR이 10센트면 내게는 매력적인 변동폭이 아니다.

그림 4.2는 나의 관심종목을 보여준다. 2020년 6월 1일, 뉴욕 시간 오전 9시에 검색 프로그램을 돌린 결과, 다음 종목들이 나왔다.

보이는 바와 같이 두 번째 '전일 종가 대비'와 유통주식수 열은 별도의 색으로 표시되어 있다. 두 번째 '전일 종가 대비' 열은 전일의 종가에 비해 주가가 얼마나 바뀌었는지 말해준다. 가령 '크라우드스트라이크CrowdStrike Holdings Inc.'(종목코드: CRWD)의 주가는 장전 거래에서 3.2퍼센트 갭상승했다. 4000여 종목 중 후보 종목(최소 2퍼센트 갭상승 또는 갭하락한 종목)은 17개뿐이다. 나는 9시 30분에 장이 열리

종목코드	주가	금일 거래량(주)	전일 종가 대비	전일 종가 대비	유통주식 수(주)	ATR	유통주식수 대비 공매도 잔량(%)	업종
SPCE	18.27	1.15M	1.23	7.2	175M	1.30	55.79	기타 서비스(공공행정 제외)
GAN	23.00	171,397	1.11	5.1	57.5M	1.77	0.72	전문, 과학, 기술 서비스
CRWD	90.65	118.055	2.84	3.2	113M	4.45	3.19	제조
MT	9.93	121,941	0.31	3.2	1.01B	0.65		제조
GPS	9.16	140,952	0.26	2.9	205M	0.86	21.18	소매 유통
ZM	183.77	172,576	4.29	2.4	155M	10.07	6.22	전문, 과학, 기술 서비스
LUV	32.78	437,858	0.68	2.1	507M	2.07	4.25	운송 및 창고
BYND	131.00	166,490	2.71	2.1	57.3M	10.31	11.64	제조
AAL	10.72	1.23M	0.22	2.1	423M	0.80	55.83	운송 및 창고
UBER	35.52	112,120	-0.80	-2.2	1.25B	1.92	3.32	전문, 과학, 기술 서비스
M	6.19	745,931	-0.17	-2.7	309M	0.56	48.06	소매 유통
GILD	75.50	573,123	-2.33	-3.0	1.25B	2.18	2.08	제조
CGC	16.60	386.862	-0.77	-4.4	201M	1.77		제조
PFE	35.67	778.526	-2.52	-6.6	5.55B	0.79	0.95	제조
ADAP	9.90	394.554	-1.17	-10.6	665M	1.18		제조
ABIO	9.95	162,733	-2.65	-21.0	1.59M	1.97	1.44	제조
EVH	6.95	106,156	-1.93	-21.7	81.1M	0.65	12.79	행정, 지원, 폐기물 관리, 교정 서비스

그림 4.2: 2020년 6월 1일 오전 9시 기준 나의 갭등락 관심종목

기 전에 각 종목을 검토한다. 또한 종목에 관한 뉴스를 확인해 갭상승 내지 갭하락한 이유를 다음과 같이 파악한다. 해당 종목에 관한 주요 재료가 있는가? 해당 기업에 관한 보도나 극단적인 사건이 있었는가?

17개 후보 종목(숫자는 매일 바뀐다) 중 주의 깊게 살필 두세 종목을 고른다. 어차피 좋은 후보 종목은 두세 개를 넘지 않는다. 나는 이 종목들만 화면에 띄워놓고 잠재적인 진입구도를 찾는다. 또한 장이 열리기 전에 거래 계획을 세우고 개장 벨이 울리기를 기다린다. 그 다음 계획에 따라 매매한다.

앞서 나는 원칙적으로 유통주식수 대비 공매도 잔량이 많거나 일거래량이 50만 주 이하인 종목을 거래하지 않는다고 밝혔다. 공매도 잔량이 많다는 것은 트레이더나 장기 투자자가 주가 하락을 예상한다

는 뜻이다. 무엇보다 이런 종목의 문제점은 주가를 밀어올리는 트레이더나 투자자에 의한 숏 스퀴즈에 취약하다는 것이다. 숏 스퀴즈는 공매도자들이 패닉에 빠져 대주 상환을 서두를 때 발생한다. 그 결과, 주가가 빠르고 위험하게 상승한다. 이런 상황에서 공매도 포지션을 안은 채 발목 잡히면 안 된다.

때로는 갭등락 종목 검색으로 이런 요건을 충족하는 종목을 찾지 못하는 경우도 있다. 이 경우 장중 실시간 검색을 통해 모멘텀 전략이나 반전 전략 또는 다른 유형의 전략을 적용할 활성화 종목을 찾는다. 그러나 나의 첫 번째 선택은 언제나 장전 갭등락 관심종목에서 찾아낸 활성화 종목이다.

장중 실시간으로 검색하라

일부 전략은 장전에 적용 대상으로 삼을 종목을 찾을 수 없다. 나중에 설명할 모멘텀 전략, 천장 반전 전략, 바닥 반전 전략은 장중에 적합한 진입구도가 나올 때 적용할 수 있다. 장전 검색으로는 이런 종목을 찾기 어렵다. 앞서 말한 전략들의 경우 해당 종목을 찾는 구체적인 검색 조건이 있다. 거기에 대해서는 다음 단락에서 자세히 설명할 것이다.

실시간 거래량 레이더

장전 관심종목 검색에서는 잡히지 않은 새로운 활성화 종목이 장중에 나올 수 있다. 그림 4.3은 트레이드 아이디어스Trade Ideas 프로그램(주

종목 코드	주가	전일 종가 대비	금일 거래량	평균 거래량	변동폭 내 위치	상대 거래량	ATR	업종
USG	30.54	8.8	3,059,686	918K		10.6	0.56	제조
RMD	67.89	-1.7	622,086	1.41M		3.23	0.99	제조
KLAC	68.74	1.8	706,826	1.51M		2.31	1.80	제조
HLF	62.30	3.0	1,853,963	3.26M		1.86	1.52	도매
HOG	51.83	-1.4	936,729	1.20M		1.34	1.28	제조
GOLD	98.37	-0.7	172,337	960K		0.56	2.77	광물 채굴, 채석, 석유 및 가스 채굴

거래량 레이더   10:55:00~10:59:59

그림 4.3: 실시간으로 활성화 종목을 찾은 장중 거래량 레이더 검색 결과

식 스캐너-편집자주)을 통해 실시간으로 찾아낸 종목의 스크린샷이다. 검색 조건은 다음과 같다.

1. 최소 1달러 이상 갭상승/갭하락

2. ATR 50센트 이상

3. 평균 상대 거래량 최소 1.5(통상 거래량보다 1.5배 이상 거래)

4. 일 평균 거래량 최소 50만 주

이것이 내가 활성화 종목을 찾는 요건이다. ATR이 50센트 이상이어야 한다는 요건은 중요하다. 장중에 주가가 충분히 움직여야 그 변동성을 통해 수익을 낼 수 있기 때문이다. 하루에 평균 5센트씩만 움직이는 종목을 거래하는 것은 의미가 없다.

나는 종목의 업종도 살핀다. 한 업종에 두어 종목이 나오면 해당 종목은 활성화되지 않았을 가능성이 높다. 해당 종목의 상대 거래량이 높은 이유는 기관 트레이더들이 그 업종 전체를 많이 거래하기 때문이다. 종목은 대개 업종을 따라 거래된다는 사실을 아는 것이 중요하

다. 가령 석유 업종에서 투매가 나오면 거의 모든 석유 종목에서 투매가 나온다. 그러므로 무리로부터 활성화 종목을 파악하는 것이 중요하다. 트레이더의 실력은 거래하는 종목에 좌우된다는 사실을 명심하라. 세계 최고의 트레이더라도 잘못된 종목에 들어가면 돈을 잃는다.

실시간 강세 깃발형 모멘텀 전략용 검색

앞서 설명한 대로 모멘텀 전략을 적용하려면 유통주식수가 적고 가격 등락폭이 큰 종목을 찾아야 한다. 좋은 검색 프로그램을 쓰지 않으면 이런 종목을 찾을 수 없다(나는 트레이드 아이디어스www.Trade-Ideas.com 프로그램을 쓴다. 베어 불 트레이더스에서 관련 링크와 함께 회원 특별 할인에 관

시간	종목코드	주가	금일 거래량	상대 거래량	유통 주식수	5분 거래량	전략명
3:49:26 PM 8/29	NIHD	2.73	1.30M	3.18	92.4M	1,321	중간 유통주식수 강세 깃발형 모멘텀
3:49:01 PM 8/29	LNTH	9.70	1.44M	6.25	11.3M	917.2	중간 유통주식수 강세 깃발형 모멘텀
3:48:53 PM 8/29	LNTH	9.67	1.44M	6.24	11.3M	1,005	중간 유통주식수 강세 깃발형 모멘텀
3:48:18 PM 8/29	NIHD	2.69	1.27M	3.15	92.4M	1,078	중간 유통주식수 강세 깃발형 모멘텀
3:46:51 PM 8/29	NIHD	2.67	1.24M	3.11	92.4M	864.5	중간 유통주식수 강세 깃발형 모멘텀
3:46:32 PM 8/29	LNTH	9.66	1.40M	6.10	11.3M	764.6	중간 유통주식수 강세 깃발형 모멘텀
3:45:54 PM 8/29	CSTM	6.10	2.28M	3.33	70.0M	1,720	중간 유통주식수 강세 깃발형 모멘텀
3:45:27 PM 8/29	LNTH	9.58	1.38M	6.07	11.3M	925.0	중간 유통주식수 강세 깃발형 모멘텀
3:45:02 PM 8/29	SGU	8.90	131,484	3.00	51.7M	8,429	중간 유통주식수 강세 깃발형 모멘텀
3:43:59 PM 8/29	CSTM	6.09	2.25M	3.31	70.0M	1,441	중간 유통주식수 강세 깃발형 모멘텀
3:43:58 PM 8/29	TPIC	20.96	1.16M	4.99	11.2M	2,169	중간 유통주식수 강세 깃발형 모멘텀
3:43:41 PM 8/29	LNTH	9.56	1.36M	6.02	11.3M	654.7	중간 유통주식수 강세 깃발형 모멘텀

그림 4.4: 강세 깃발형 모멘텀 전략용 장중 실시간 검색 결과

한 정보를 확인하기 바란다).

그림 4.4는 모멘텀 전략을 위해 실시간으로 검색한 결과를 보여준다. 이 검색 조건은 장중에 상대 거래량이 많고, 유통주식수가 적고, 활발하게 거래되는 종목을 찾는다. 나는 트레이딩 플랫폼에서 그 결과를 살핀 후 7장에서 설명할 모멘텀 전략에 따라 거래할지 판단한다.

실시간 반전 전략용 검색

천장 반전 전략 및 바닥 반전 전략은 장전에는 적용할 종목을 찾을 수 없는 서로 다른 전략이다. 그래서 장중에 실시간으로 검색해야 한다. 그림 4.5는 천장 반전 전략 및 바닥 반전 전략을 위한 검색 결과다.

보는 바와 같이 나는 반전 전략을 적용할 수 있도록 급락이나 급등이 나오는 종목을 실시간으로 검색한다.

7장에서 각 전략에 따라 범주별로 살펴야 할 구체적인 요건을 설명할 것이다. 직접 새로운 전략을 수립했다면 그에 따라 검색 조건을 정하면 된다. 검색 프로그램은 조정하기 매우 쉬우며, 조건도 원하는 대로 바꿀 수 있다. 나에게는 앞에 제시한 조건이 잘 맞는다. 당신이 경험을 쌓고 다른 전략과 선호하는 트레이딩 스타일을 더 많이 알게 되면 자신에게 맞는 새로운 검색 조건을 정할지 판단하는 것이 좋다.

많은 신규 트레이더의 경우 초기에는 검색 프로그램이 필요 없다. 일부 데이트레이딩 커뮤니티는 그들이 쓰는 검색 프로그램을 실시간으로 관찰하도록 해준다. 이런 프로그램은 비용이 많이 든다. 데이트레이더로 경력을 바꾸는 초기에는 최대한 비용을 아끼는 것이 좋다.

시간	종목 코드	주가	금일 거래량	연속 캔들	상대 거래량	ATR	5분 RSI
3:51:29 PM	ZG	34.80	648K	-4	1.12	1.13	23.8
3:49:21 PM	TRI	41.54	733K	-4	1.25	0.48	20.7
3:48:13 PM	TRI	41.55	718K	-4	1.23	0.48	21.9
3:45:45 PM	TRI	41.56	700K	-4	1.22	0.48	22.8
3:38:37 PM	MCHI	46.86	909K	-4	1.07	0.51	18.1
3:37:28 PM	MCHI	46.87	885K	-4	1.05	0.51	18.6
3:36:12 PM	MCHI	46.89	862K	-4	1.02	0.51	19.9
3:35:09 PM	MCHI	46.90	844K	-4	1.01	0.51	20.6
2:31:55 PM	SBAC	112.96	618K	-6	1.37	1.79	23.4
2:26:13 PM	SBAC	112.98	608K	-5	1.37	1.79	24.1
2:23:22 PM	PGR	32.33	2.00M	-4	1.55	0.39	23.4
2:21:22 PM	PGR	32.34	1.99M	-4	1.56	0.39	24.3
2:18:40 PM	RMD	67.51	2.48M	-7	5.79	0.89	19.2
2:12:47 PM	RMD	67.54	2.46M	-6	5.91	0.89	18.7
1:18:44 PM	AMT	115.03	923K	-5	1.29	1.31	26.1
1:16:34 PM	AMT	115.05	912K	-5	1.29	1.31	26.6
1:15:29 PM	AMT	115.07	910K	-5	1.29	1.31	27.3
1:14:14 PM	AMT	115.08	907K	-4	1.29	1.31	27.4

시간	종목 코드	주가	금일 거래량	연속 캔들	상대 거래량	ATR	5분 RSI
2:36:54 PM	DATA	62.00	6.17M	4	7.76	1.49	53.2
2:27:42 PM	SGEN	47.83	535K	4	1.50	1.20	57.1
2:27:35 PM	FISV	104.19	711K	4	1.42	1.63	67.9
2:27:35 PM	FISV	104.19	711K	4	1.42	1.63	67.9
2:10:03 PM	DD	70.42	2.74M	4	2.23	0.90	73.1
1:46:26 PM	PVH	109.37	829K	5	2.10	2.41	64.6
1:40:54 PM	SHOP	42.20	1.20M	5	1.43	1.72	56.3
1:40:49 PM	MENT	23.68	2.26M	5	6.47	0.47	59.4
1:40:10 PM	PVH	109.36	807K	4	2.09	2.41	65.4
1:35:26 PM	SHOP	42.19	1.19M	4	1.45	1.72	55.7
1:35:14 PM	MENT	23.67	2.25M	4	6.56	0.47	58.3
1:32:41 PM	SWFT	19.48	1.32M	5	1.03	0.53	68.4
1:32:12 PM	DSW	26.01	1.07M	4	1.40	0.67	61.7
1:31:37 PM	ZAYO	29.37	1.14M	4	1.01	0.40	53.0
1:23:30 PM	AME	49.71	852K	4	1.08	0.83	68.0
1:20:12 PM	AME	49.70	848K	4	1.08	0.83	66.9
1:20:12 PM	AME	49.70	848K	4	1.08	0.83	66.9
1:20:12 PM	BA	134.14	1.96M	4	1.20	1.37	55.6

그림 4.5: 반전 전략용 장중 실시간 검색 결과   *RSI(상대강도지수)

검색 결과에 기반한 거래 계획

활성화 종목을 찾으면 개별적으로 트레이딩 패턴을 파악하기 시작한다. 대개 3개의 활성화 종목을 골라 3개 화면에 따로 차트를 띄우고 관찰한다. 그러다가 전략을 활용할 여지가 보이면 거래 계획을 세운다. 이는 빠른 의사결정 과정이다. 몇 분 또는 몇 초 만에 거래 계획을 세워야 하는 때도 있다. 몇 달 동안 모의투자를 통해 의사결정 과정을 잘 이해해야 하는 이유가 거기에 있다.

나는 양보다 질에 집중한다. 세상에는 수많은 트레이더가 있고, 수백 가지 전략이 있다. 나는 나 자신과 성향 그리고 계좌 규모에 가장 잘 맞는 전략을 찾아야 했다. 나는 나뿐 아니라 커뮤니티 회원들에게도 잘 통하는 전략을 찾았다. 그것은 오직 최선의 진입구도를 취하고, 거래할 가치가 있는 기회를 보기 전에는 거래하지 않고 기다리는 것이다.

데이트레이딩은 지루한 일일 수 있다. 대부분의 시간은 그냥 앉아서 관심종목만 바라봐야 한다. 사실 데이트레이딩이 지루하지 않다면 과도하게 매매하고 있을 가능성이 높다.

트레이딩에서 인내의 중요성을 상기시켜줄 말이 필요하다면 해주겠다. 세상에는 과매매라는 실수를 저지르는 트레이더가 많다. 과매매는 하루에 20번, 30번, 40번, 심지어 60번 매매하는 것이다. 그때마다 증권사에 체결 작업을 맡겨야 하므로, 돈과 수수료를 모두 잃게 된다. 많은 증권사는 거래당 4.95달러(미국 기준)를 부과한다. 따라서 40번 거래하면 하루 200달러를 증권사에 지불하게 된다. 이는 상당한 금액이다. 과매매를 하면 증권사는 더 부자가 되고 당신은 더 가난해질 것이다! 알렉산더 엘더 박사가 《Trading for a Living》에서 말한 대로 "당신의 목표는 자주 매매하는 것이 아니라 잘 매매하는 것임을 명심하라."

과매매의 또 다른 문제점은 리스크다. 포지션을 갖고 있으면 리스크에 노출된다. 거래할 가치가 있는 진입구도가 나왔음을 증명하지 못하는 한 리스크에 노출되어서는 안 된다.

나의 다음 황금률이다.

> **규칙 8: 경험 많은 트레이더는 게릴라와 같다. 그들은 딱 맞는 시점에 튀어나와 이익을 취하고 빠져나간다.**

주식시장은 기계와 대단히 고도화된 알고리즘이 통제한다. 그 결과 상당한 초단타매매가 이뤄진다. 초단타매매는 주가 변동에 많은 잡음을 초래하며, 특히 우리 같은 개인 트레이더들을 털어내도록 설계되어 있다. 그래서 똑똑하게 대응해야 한다. 그들에게 자신을 노출시키지 마라. 수익을 내는 트레이더는 대개 하루에 두세 번만 거래한다. 그리고 현금을 확보한 다음, 남은 하루를 즐긴다.

앞서 언급한 대로 검색 프로그램, 특히 실시간 검색 프로그램은 대체로 비싸다. 신규 트레이더뿐 아니라 경험 많은 트레이더도 비용을 낮추고 싶다면 대개 커뮤니티가 공유하는 검색 프로그램을 쓸 수 있다. 내가 운영하는 커뮤니티의 경우 매일 유튜브 채널(https://www.youtube.com/BearBullTraders/)을 통해 검색 프로그램을 보여주고 활성화 종목으로 구성된 관심종목을 공유한다. 돈을 아껴야 하므로 트레이딩을 시작하는 단계에서 검색 프로그램에 투자할 필요가 없다. 데이트레이더로서 경력을 이어가고 싶다는 확신이 들 때까지 기다려라.

CHAPTER 5

도구와 플랫폼
활용하기

다른 모든 사업이나 직업을 시작할 때처럼 데이트레이딩을 시작하려면 몇 가지 중요한 도구가 필요하다. 무엇보다 증권사와 주문 체결 플랫폼이 필요하다.

나에게 맞는 증권사 선택 기준

지금까지 이 책을 읽으며 '어떻게 하면 실제로 주식을 사고팔 수 있지?'라는 명백한 의문이 머릿속에 떠올랐을지도 모른다.

개인 트레이더나 투자자는 증권거래소에서 직접 거래할 수 없다. 그래서 '증권사' 또는 '증권 계좌'가 필요하다. 증권사는 단지 사람들이 증권거래소에 접근할 수 있도록 중개한다. 그들은 부동산 거래를 성사시키고 그 대가로 수수료를 받는 부동산 중개인과 아주 비슷하다. 그들은 필요악이다. 누구도 그들에게 수수료를 지불하고 싶어 하지 않는다. 그러나 그들은 필수적인 서비스를 제공한다. 과거에는 증권사에 전화를 걸어 주문을 넣어야 했다. 지금은 모든 것이 인터넷으로 처리된다. 그냥 증권사 웹사이트(또는 온라인 플랫폼이나 모바일 앱)에 로그인만 하면 된다. 또한 은행 계좌에서 증권 계좌로 돈을 이체할 수 있고, 그 반대로 증권 계좌에서 은행 계좌로 돈을 인출할 수 있다.

데이트레이딩을 하려면 좋은 직접 접속 증권사가 필요하다. 사실 그냥 좋은 수준으로는 부족하다. 최고의 증권사여야 한다. 증권사는 거래 수단이다. 증권사가 안 좋으면 적절하고 정확하게 매매해도 돈을 잃는다. 결국에는 증권사가 제때, 좋은 가격에 주문을 체결해야 하기 때문이다. 세상에는 다양한 가격의, 다양한 소프트웨어를 갖춘 증권사가 많다. 그중 다수는 좋지만 비싸고, 나머지는 형편없지만 싸다. 그리고 일부는 형편없는 동시에 비싸다. 주요 증권사를 따로 소개하지는 않겠다. 인터넷으로 검색하면 여러 증권사의 정보가 아주 잘 나온다. 대신 나와 우리 회원 중 다수가 어떤 증권사를 쓰는지 그리고 그 이유는 무엇인지 알려주겠다. 그 전에 패턴 데이트레이더 규칙pattern day trader rule[PDT rule]을 설명할 필요가 있다.

패턴 데이트레이더 규칙

미 증권거래위원회 및 금융산업규제청Financial Industry Regulatory Authority은 트레이더의 자금이 부족한 경우 거래 횟수를 제한하는 법을 실행한다. 이 규칙은 '패턴 데이트레이더'라는 용어를 쓴다. 거기에는 5일 동안 4회 이상 데이트레이딩(당일 매수 후 매도하거나 공매도 후 매수하는 것)을 한 모든 사람이 포함된다. 이 규칙에 따라 패턴 데이트레이더는 데이트레이딩을 하는 모든 날에 최소 2만 5000달러의 자금을 유지해야 한다. 최소 요구 자금은 모든 데이트레이딩 활동 전에 계좌에 있어야 한다. 계좌 잔액이 2만 5000달러 아래로 줄어들면 패턴 데이트레이더는 최소 자금 기준인 2만 5000달러를 채울 때까지 다시 데이트레이딩을 할 수 없다.

계좌에 2만 5000달러 이상의 자금이 없는 많은 신규 트레이더는 이규칙을 좋아하지 않으며, 일종의 장벽으로 여긴다. 그러나 이 규칙은 사실 아마추어 트레이더가 한정된 자금을 증권사의 높은 수수료로 잃지 않도록 보호하기 위한 것이다. 즉 트레이딩을 막으려는 게 아니라 트레이더를 보호하기 위해 만들어졌다.

이 규칙은 최소 요건을 말하며, 일부 증권사-딜러는 고객이 '패턴 데이트레이더'에 해당하는지 파악하는 기준으로 약간 더 폭넓은 정의를 활용한다. 따라서 증권사에 연락해 자신의 트레이딩 활동이 패턴 데이트레이더 지정 조건에 해당하는지 확인해야 한다.

이 규칙은 금융산업규제청의 규제 때문에 미국 내 증권사에서 엄격하게 실행된다. 미국 밖에 본사를 두고 활동하는 역외 증권사는 이규칙의 적용을 받지 않는다. 그들은 고객을 대상으로 패턴 데이트레이더 규칙을 실행하지 않는다. 그래서 계좌 잔액이 2만 5000달러 이하인 신규 트레이더도 역외 증권사에 계좌를 열면 데이트레이딩을 할 기회가 생긴다. '캐피털 마케츠 엘리트 그룹 리미티드Capital Markets Elite Group Limited'(이하 CMEG, 트리니다드 토바고 소재)와 '얼라이언스 트레이더Alliance Trader'(자메이카 소재) 등이 역외 증권사다. 이 증권사들은 자금이 부족한 트레이더들에게 패턴 데이트레이더 제한을 적용하지 않는다. 대신 약간 더 높은 수수료를 받는다.

이런 증권사를 쓸 때는 약간의 고려가 필요하다. 미 증권거래위원회와 금융산업규제청은 자국 증권사들을 엄격하게 감시하고 규제를 실행해 고객과 트레이더를 보호한다. 반면 역외 증권사는 미 당국의 규제를 받지 않는다. 소재지 정부의 규제를 받기는 하지만 미국만큼 규제가 엄격하거나 규제당국이 성실하지 않은 경우가 많다. 따라서 그들을 쓸 때는 본질적으로 더 높은 리스크가 따른다. 나는 역외 증권사를 쓰지만 위에서 언급한 이유로 계좌에 거액을 넣어두기가 불안하다. 가령 5달러에서 1만 달러까지는 편하게 넣어둘 수 있지만 5만 달러를 넣어두지는 않는다. 자금이 2만 5000달러 이상이면 역외 증권사를 쓸 이유가 없다. 그냥 미국 소재 증권사를 통해 데이트레이딩을 하면 된다.

역외 증권사를 쓰는 트레이더는 정기적으로 자금을 인출할 것을 권한다. 또한 패턴 데이트레이더 규칙을 충족할 만큼 계좌를 불리고 나면 미국 소재 증권사에 계좌를 열어야 한다.

다른 나라나 사법권도 주민을 대상으로 비슷한 패턴 데이트레이더 규칙을 실행할 수 있다. 신규 트레이더는 현지 증권사에 연락해 해당 사법권에서 데이트레이딩을 할 수 있는 최소 요건을 문의할 것을 권한다.

전통적인 증권사 대 직접 접속 증권사

전통적인 온라인 증권사는 일반적으로 고객의 주문을 사전 협의된 주문 처리 절차에 따라 시장조성자나 다른 유동성 공급자에게 넘긴다.

이 다단계 절차를 진행하려면 종종 몇 초에서 몇 분까지 시간이 걸린다. 이 증권자들은 신속한 체결보다 리서치와 펀더멘털 분석에 더 초점을 맞춘 서비스를 제공한다. 그래서 주문 체결이 아주 **빠르게** 이뤄지지 않는다. 때로 '종합 증권사'로 불리는 이 증권사들은 리서치와 자문, 은퇴계획 수립, 세무자문 외에 많은 서비스를 제공한다. 물론 이 모든 서비스는 대가를 요구한다. 종합 증권사의 수수료는 직접 접속 증권사의 수수료보다 훨씬 비싸다. 종합 증권사는 대개 투자자와 개인 스윙트레이더에게 적합하다. 주문 체결이 신속하지 않기 때문에 데이트레이더에게는 좋은 선택지가 아니다.

앞서 수차례 언급했듯이 데이트레이더에게는 빠르고 완벽한 주문 체결 시스템이 필요하다. 진입과 탈출이 말 그대로 1, 2초 사이에 이뤄지는 경우가 많기 때문이다. 나는 종종 몇 초 만에 포지션을 드나든다. 사람들은 어떻게 그리 **빠르게** 할 수 있는지 궁금해한다. 그 답은 직접 접속 증권사다. 이 증권사들은 속도와 주문 체결에 집중한다. 즉 투자자를 위한 리서치와 자문에 초점을 맞추는 종합 증권사와는 다르다. 직접 접속 증권사는 대개 복잡한 컴퓨터 프로그램을 활용한다. 그래서 트레이더들이 나스닥이나 뉴욕증권거래소 또는 증권거래통신망을 통해 다른 개인과 직접 거래할 수 있도록 해준다. 직접 접속 트레이딩 시스템에서는 거래가 순식간에 이뤄지며, 확인 결과가 트레이더의 컴퓨터 화면에 바로 나온다. 이는 우리 같은 개인 트레이더들에게 새로운 여지를 열어주었다. 수십 년 전에는 개인 트레이더가 홈 오피스에서 거래소에 접근해 거래하는 것이 거의 불가능했다. 그래서 증권사에 전화를 걸어 주문했다. 이 과정은 몇 분 내지 몇 시간이 걸렸다.

지금은 활발한 트레이더는 신속한 거래뿐 아니라 호가 게시, 시장 데이터, 인터랙티브 차트, 레벨 2 나스닥 호가 같은 다른 서비스를 누릴 수 있다. 이밖에도 이전에는 월가 전문가들만 접근할 수 있었던 다른 실시간 기능을 활용할 수 있다. 지난 몇 년 동안 이 증권사들은 비용을 크게 낮추고 효율성을 높였다. 그 결과 우리 같은 트레이더들에게 전통적인 종합 증권사보다 훨씬 낮은 수수료를 제공하게 되었다.

직접 접속 증권사는 데이트레이딩에 필수적이다. 다만 거래량 요건과 기술적 지식을 비롯한 약간의 단점도 있다. 가령 일부 증권사는 최소 월 거래량 요건을 충족하지 않으면 무거래 수수료를 물린다. 그러나 모든 직접 접속 증권사가 최소 월 거래량 요건을 적용하는 것은 아니다. 또한 금융산업에서 새롭게 수수료 면제 움직임이 일어나고 있다. 이제는 갈수록 많은 증권사가 트레이더들을 자사 서비스로 끌어들이기 위해 더 나은 패키지와 인센티브를 제공하는 것 같다. 지금은 트레이더가 되기 아주 좋은 때다!

또 다른 난관은 경험이 많지 않은 신규 트레이더는 직접 접속 트레이딩에 익숙해지기 어렵다는 것이다. 매매 결정과 주문 전달 같은 절차와 과정에 대응하려면 지식이 필요하다. 항상 트레이더들에게 증권사의 모의투자 플랫폼으로 연습하고 거기에 익숙해진 다음, 실제 계좌를 열라고 권하는 이유다. 직접 접속 트레이딩에서는 클릭 한 번만 잘못해도 위험한 실수를 저질러서 계좌를 날릴 수 있다. 반면 종합 증권사에 전화로 주문하는 경우에는 직원이 당신의 실수를 알아채고 주문을 실행하기 전에 조언할 수 있다.

많은 증권사가 직접 접속 서비스와 (자문 및 리서치 같은) 종합 서비스를 모두 제공하기 시작했다는 점을 참고하라. 그러니 그들의 웹사이트를 확인하고 서비스를 알아보는 것이 좋다.

가령 캐나다의 경우 'BMO(몬트리올 은행-편집자주)의 인베스터라인InvestorLine', 'RBC(캐나다 왕립은행-편집자주)의 다이렉트 인베스팅Direct Investing', 'CIBC의 인베스터스 엣지Investor's Edge'가 대체로 데이트레이딩에는 적합지 않은 종합 증권사의 사례다. 반면 '인터랙티브 브로커스 캐나다Interactive Brokers Canada Inc.'와 '퀘스트레이드Questrade'는 직접 접속 트레이딩과 종합 증권 서비스를 모두 제공한다.

미국의 경우 유명한 직접 접속 증권사로는 '센터포인트 시큐리티스CenterPoint Securities', '라이트스피드 트레이딩Lightspeed Trading', '이트레이드E*TRADE', '인터랙티브 브로커스'가 있다.

인터랙티브 브로커스

나는 현재 인터랙티브 브로커스(이하 IB, www.interactivebrokers.com)를 쓴다. 할인 수수료를 제공하는 저렴하고 탄탄한 증권사이기 때문이다. 실제로 2020년에 '배런스Barron's'(투자전문 매체-편집자주)는 IB를 최고의 온라인 증권사로 꼽았다. IB는 수많은 요건에 따른 미국 최대의 전자 트레이딩 플랫폼인 동시에 최대 외환시장(포렉스Forex) 중개사다. 또한 나는 그들의 세계적인 영업망도 마음에 든다. 그들의 고객 중 절반 이상은 미국 밖에 있다. 1983년에 IB의 로비로 거래소 장내에 처음 컴퓨터가 허용되었다는 사실은 흥미롭다. 요즘은 컴퓨터에 접근하지 않고 거래하거나 다른 활동을 하는 걸 상상하기 어렵다.

IB는 2019년부터 두 종류의 계좌를 제공한다. 하나는 IBKR 라이트

(앱과 웹 기반 플랫폼에 수수료 없이 접근 가능)이고, 다른 하나는 IBKR 프로(할인 수수료에 앱과 웹 기반 플랫폼뿐 아니라 직접 접속 플랫폼에도 접근 가능)다. 데이트레이더는 빠른 체결 서비스를 제공하는 IBKR 프로나 비슷한 서비스를 골라야 한다.

IB는 활발한 트레이더에게 최저 주당 0.005달러의 수수료를 부과한다. 이는 엄청나게 낮은 수준이다. 그들은 또한 대다수 트레이더에게 3.3:1 마진을 제공한다.

어느 증권사가 좋을지 조사할 때 잠시 시간을 내서 www.BearBull Traders.com에 올라와 있는 여러 증권사에 관한 의견을 읽어보기 바란다.

캐피털 마케츠 엘리트 그룹 리미티드

CMEG(www.cmelitegroup.com)를 옵션선물거래소를 운영하는 미국의 유명 금융시장 기업인 CME 그룹과 혼동해서는 안 된다. CMEG는 역외 증권사로서 트레이더들에게 대다수 증권사보다 높은 6:1의 아주 좋은 마진을 제공한다. 그들은 미국 밖에 소재지를 두고 있어 고객에게 패턴 데이트레이더 규칙을 적용하지 않는다. 그래서 데이트레이딩 자금이 2만 5000달러 미만인 사람들이 선택할 수 있는 대안이다. 당신이 미국에 살고 데이트레이딩 자금이 2만 5000달러 미만이라면 CMEG를 증권사로 이용할 수 있다.

증권사는 3~6배의 레버리지를 제공한다는 점을 기억하라. 가령 3만 달러를 계좌에 넣으면 18만 달러의 매수 한도(이 경우 6:1 레버리지)가 생긴다. 이 레버리지를 '마진margin'이라 부른다. 마진으로도 거래가 허용된다. 다만 거기에 책임을 져야 한다. 마진으로 매수하기도 쉽지만 돈을 잃기도 아주 쉽다. 마진 거래로 돈을 잃으면 증권사는 당신의 주 계좌에서 손실액을 빼간다. 따라서 마진은 양날의 검이다. 즉 더 많이 매수할 수 있는 기회를 제공하지만 동시에 더 많은 리스크에 노출시킨다. 마진 매수가 잘못된 것은 아니다. 다만 책임을 져야 한다.

마진은 집을 담보로 돈을 빌리는 것과 같다. 당신은 상당한 돈을 빌려 집을 산다. 은행은 주택담보대출을 제공하지만 거기에 대한 책임이나 리스크를 지지 않는다. 가령 10만 달러의 계약금을 내고 은행에서 90만 달러를 빌려(10:1 레버리지) 100만 달러짜리 집을 산다고 가정하자. 집값이 120만 달러로 올라도 은행에 갚아야 할 돈은 여전히 대출 원금인 90만 달러에 이자뿐이다. 여분의 20만 달러는 마진 레버리지에서 실제로 얻은 이익이다. 당신은 주택담보대출을 통해 레버리지를 쓰지 않았다면 이 집을 사지 못했을 것이다. 이제 집값이 90만 달러로 떨어졌다고 가정하자. 여전히 은행에 90만 달러와 이자를 갚아야 한다. 즉 집값 하락은 당신의 10만 달러에 타격을 입힌다. 그 결과 계약금으로 낸 10만 달러를 모두 잃게 된다. 이것이 레버리지 활용의 또 다른 면이다. 따라서 마진을 언제, 얼마나 쓸지에 대해 책임을 져야 한다.

증권사는 당신이 레버리지를 썼는데 돈을 잃고 있다는 사실을 인지하면 '마진콜margin call'을 한다. 마진콜은 심각한 경고이므로 데이트레이더는 피해야 한다. 마진콜은 이제 손실이 계좌에 원래 있던 금액과 같아졌다는 것을 뜻한다. 그래서 계좌에 돈을 더 넣지 않으면 증권사가 계좌를 동결한다. 마진이나 레버리지 또는 마진콜에 관해 더 알고 싶다면 증권사 웹사이트를 확인하거나, 인터넷에서 자료를 조사하거나, 챗방에 있는 다른 트레이더들에게 물어라.

　나를 포함한 대다수 데이트레이더는 2만 달러에서 20만 달러 정도의 매수 한도를 활용한다. '매수 한도'는 당신의 자본에 증권사가 제공하는 레버리지를 더한 것이다. 내가 쓰는 인터랙티브 브로커스는 3.3:1 마진을 제공한다. 레버리지는 수익을 늘리지만 동시에 손실도 키운다. 다만 나는 포지션을 오래 유지하지 않고 거의 언제나 장중에 빠져나온다. 또한 손실을 최소화하려고 최선을 다한다. CMEG는 6:1 마진을 제공하는 소수의 증권사 중 하나다. CMEG 계좌에 5000달러를 넣으면 활발한 트레이딩에 쓸 수 있는 3만 달러의 매수 한도가 생긴다.

로빈후드와 수수료 무료 증권사

2013년 4월, 블라디미르 테네프Vladimir Tenev와 바이주 바트Baiju Bhatt가 '로빈후드 마케츠Robinhood Markets, Inc.'를 설립했다. 두 사람은 이전에 뉴욕시에서 금융기관을 위해 초단타트레이딩(월가의 컴퓨터 프로그래머들이 작업하는 유형의 트레이딩이다. 그들은 시장을 조종하기 위한 알고리즘과 비밀 공식을 만든다) 플랫폼을 구축하는 일을 했다. 이 회사의 이름은 '부자뿐 아니라 모든 사람이 금융시장에 접근할 수 있도록 해준다provide everyone with access to the financial markets, not just the wealthy'는 사명에서 나왔다. 테네프는 한 인터뷰에서 "기관들은 트레이딩과 거래에 아주 작은 비용만 지불한다는 사실을 알게 되었다"고 말했다. 반면 개인 투자자는 대개 거래당 5~10달러를 지불해야 했다. 게다가 최소 500~5000달러의 잔액을 유지해야 했다. 그들의 판단은 옳았다. 증권사 수수료는 그때까지 아주 비쌌다. 또한 메인스트리트 사람들(당신과 나 같은 사람들) 사이에 월가와 비교해 보다 낫고 저렴한 도구에 접근하려는 수요가 있었다. 로빈후드는 실리콘 밸리에 본사를 두고 있고, 다른 많은 기술 대기업과 철학이 비슷하다. 그들은 수수료 없이, 오프라인 영업점 없이 전적으로 온라인 영업으로 비용을 줄이기로 결정했다. 이는 실리콘밸리의 매우 중요하고도 획기적인 접근법이다. 세계 최대의 택시 회사인 '우버 테크놀로지스Uber Technologies Inc.'(종목코드: UBER)는 택시를 보유하지 않는다. 세계에서 가장 인기 있는 미디어 기업인 '페이스북'은 콘텐츠를 제작하지 않는다. 세계적으로 가치 있는 소매업체로서 중국에 기반한 '알리바바 그룹 홀딩스Alibaba Group Holdings Ltd.'(미국예탁증권ADR, 종목코드: BABA)는 재고를 보유하지 않는다. '에어비앤비Airbnd, Inc.'(종목코드: ABNB)도 부동산을 보유하지 않는다. 실로 획기적이다.

로빈후드 앱은 2015년 3월에 공식적으로 출시되었다. 한 조사에 따르면 고객의 80%가 '밀레니엄 세대'(1980년대부터 1990년대 중반 사이에 태어난 사람)인 평균 연령 26세다. 2020년 3월까지 총 계좌 수는 1000만 개를 넘어섰다. 비교하자면 대형 증권사인 TD 아메리트레이드Ameritrade와 찰스 슈왑Charles Schwab Corporation의 사용자 수는 모두 합쳐 2400만 명이다(2020년 4월 기준이며, 그 후 두 기업은 합병했다-편집자주).

로빈후드는 고객의 현금 잔고에서 나오는 이자, 사용자가 계좌에 보유한 주식의 대여, 초단타트레이더들에게 주문 내역 판매를 통해 대부분의 수익을 올린다.

로빈후드와 트레이드제로TradeZero (미국 거주자는 계좌 보유 불가) 같은 수수료 무료 증권사는 스윙트레이딩과 장기 투자에 적합하며, 데이트레이딩에는 적합하지 않다. 때로 뭔가가 공짜인 데는 그럴 만한 이유가 있다! 로빈후드는 출시 이후 꾸준히 앱과 웹 플랫폼을 개선했다. 그러나 이 글을 쓰는 지금도 여전히 데이트레이딩을 하기에는 안정적인 중개 서비스를 제공하지 못한다. 주문 체결이 빨리 되지 않거나 플랫폼이 다운되어 생기는 기회비용이나 손실은 좋고 안정적인 증권사에게 지불해야 하는 수수료보다 훨씬 비쌀 수 있다. 로빈후드의 고객들은 실제로 2020년에 수차례 이런 일을 겪었다. 코로나 팬데믹으로 주식시장의 변동성이 유례없는 수준에 이르렀던 2020년 3월 로빈후드 앱은 몇 번이나 다운되었다. 결국 사용자들은 계좌에 접근하지 못하는 바람에 심각한 손실과 기회비용을 치러야 했다. 한 분노한 사용자는 즉각 플로리다주 탬파의 연방법원에 잠정 집단소송을 제기했다. 그는 로빈후드가 계약상의 의무를 지키지 않았고, 보장사항을 어겼으며, 부주의했다고 고발했다.

나는 데이트레이딩 목적으로 로빈후드를 추천하지 않는다. 그래도 로빈후드가 고루한 트레이딩 산업에 혁신을 일으킨 공로는 인정한다. 그들은 기성 업체들이 수수료를 없애거나 크게 낮추도록 만들었다. 또한 찰스 슈왑과 TD 아메리트레이드 사이의 초대형 합병을 촉발했다.

다른 많은 증권사도 신규 고객을 끌어들이기 위해 수수료 무료 프로그램을 선보였다. 그러나 내가 조사한 바로는 대부분 활발한 데이트레이더에게는 적합하지 않다. 데이트레이더는 스윙트레이더나 장기 투자자와 달리 빠른 체결이 필요하다.

프롭 투자사

특히 트레이딩에 대한 열의가 있지만 자금(자본)이 충분치 않은 사람들에게 아주 좋은 또 다른 트레이딩 방식이 있다. 바로 '프롭 투자사'로 불리는 자기자본 트레이딩 회사에 들어가는 것이다. 프롭 투자사는 트레이더에게 트레이딩에 필요한 자본을 제공한다. 또한 최고의 서비스와 도구뿐 아니라 트레이딩에 성공하는 데 필요한 교육과 훈련까지 제공한다. 그들은 트레이더와 수익을 나눈다. 근본적으로 트레이더는 한 푼도 필요치 않다. 꾸준한 수익에 관한 회사의 요건만 통과하면 매니저가 부여하는 매수 한도를 쓸 수 있다. 또한 트레이딩 실력이 나아지는 만큼 매수 한도가 점차 높아진다.

나는 2020년에 캐나다 밴쿠버에 기반한 프롭 트레이딩 회사인 '피크 캐피털 트레이딩Peak Capital Trading'을 창립했다. 우리는 첨단 트레이딩 플랫폼을 갖춘 청산clearing 회사와 대단히 좋은 조건으로 수수료를 협상했다. 신규 트레이더에게는 10만 달러의 매수 한도를 제공한다. 그리고 경험이 쌓이는 대로 조금씩 늘려준다. 가령 현재 주니어 트레이더 중 1명은 1달 동안 트레이딩한 후 50만 달러의 매수 한도를 쓸 수 있게 되었다. 뛰어난 트레이딩 실력을 보여주었기 때문이다. 수익 분배도 점진적으로 이뤄진다. 1달에 1만 달러 이상 버는 트레이더는 수익의 85퍼센트를 가질 수 있다. 회사는 15퍼센트를 갖는다. 기술이 발전한 덕분에 트레이더는 사무실이나 회사의 트레이딩실에 나올 필요가 없다. 가령 우리 회사의 트레이더들은 전 세계에 흩어져 있으며,

집에서 트레이딩 한다.

가장 오래된 프롭 투자사 중 하나인 'SMB 캐피털'(www.smbcap.com)은 탁월한 교육과 코칭을 제공한다. 이미 말했지만 이 회사를 창립한 사람은 나의 친구이자 멘토인 마이크 벨라피오레와 그의 트레이딩 파트너인 스티브 스펜서Steve Spencer다. 또 다른 유명 프롭 투자사는 '세븐 포인츠 캐피털Seven Points Capital'(www.sevenpointscapital.com)이다.

정말로 트레이딩에 열의가 있지만 아직 자금을 충분히 모으지 못했다면 프롭 투자사에 들어가는 것을 고려해보라.

트레이딩 플랫폼

온라인 트레이딩 플랫폼은 데이트레이딩을 위해 주문을 넣는 데 쓰는 컴퓨터 프로그램이다. 트레이딩 플랫폼은 직접 접속 증권사와 다르다. 이 둘을 혼동하는 트레이더들이 많다. 트레이딩 플랫폼은 거래소에 주문을 전송하고 입력한다. 그러면 직접 접속 증권사가 그 주문을 청산한다. 대개 직접 접속 증권사는 고객에게 자사의 트레이딩 플랫폼을 제공한다. 소프트웨어의 질, 차트 제작 능력, 속도, 다른 많은 기능이 크게 다르다. 물론 이는 수수료에 영향을 미친다. 많은 증권사는 월 정액제를 받고 플랫폼을 제공한다. 다만 충분한 수수료를 내면 사용료를 면제받을 수 있다. 가령 '인터랙티브 브로커스'는 트레이더 워크스테이션Trader Workstation[TWS]이라는 트레이딩 플랫폼을 제공한다. 또한 DAS 트레이더 플랫폼도 쓸 수 있도록 해준다. '라이트스피드 트레이딩'도 라이트스피드 트레이더라는 자체 플랫폼을 제공한다. 'TD 아메리트레이드'의 자체 소프트웨어는 씽크오어스윔thinkorswim 으로 불린다.

다음 표는 데이트레이딩을 위한 일부 유명 직접 접속 증권사들을 정리한 것이다. 여기에 포함되지 않은 회사도 많다.

증권사	트레이딩 플랫폼	PTD 제약	소재지
인터랙티브 브로커스	TWS 또는 DAS 프로	유	미국
라이트스피드 트레이딩	라이트스피드 트레이더	유	미국
TD 아메리트레이드	씽크오어스윔/TOS	유	미국
얼라이언스 트레이더	DAS 프로	무	자메이카
CMEG	DAS 프로	무	트리니다드 토바고

*PTD(pattern day trader)

이 중에서 나는 증권사는 '인터랙티브 브로커스'(이하 IB), 트레이딩 플랫폼은 DAS 트레이더(www.dastrader.com)를 선호한다. 인터랙티브 브로커스는 트레이더 워크스테이션 또는 TWS라는 자체 플랫폼을 제공한다. 그러나 데이트레이딩용으로 추천하지 않는다. DAS 트레이더 플랫폼은 9개의 나스닥 플래티넘 파트너Nasdaq Platinum Partner 주문 입력 플랫폼 중 하나로, 온라인 트레이더를 위해 최고 수준의 효율적인 체결과 시장 기능을 제공한다. 앞서 언급한 대로 DAS 트레이더는 증권사가 아니라 트레이딩 플랫폼일 뿐이다. 그래서 나는 IB 계좌를 DAS 트레이더에 연결시켰다. DAS는 내가 주문을 입력하면 나스닥 데이터 센터와 인터랙티브 브로커스로 보낸다. 그러면 인터랙티브 브로커스는 청산 회사로서 나의 주문을 체결한다. 나는 플랫폼을 사용하고, 실시간 데이터 피드 및 레벨 2를 제공받는 대가로 IB에는 수수료, DAS 트레이더에는 월 사용료를 낸다.

빠른 주문 체결은 데이트레이더가 성공하는 데 필수적이다. 데이트레이더는 포지션을 빠르게 드나들 수 있어야 한다. 증권사가 활용하는 플랫폼이나 소프트웨어에 단축키가 없으면 충분히 빠르게 포지션을 드나들 수 없다. 나는 갑자기 주가가 급등한 덕분에 1000달러를 번 적이 얼마나 많은지 모른다. 주가가 급등하면 재빨리 돈을 넣어 수익을 올려야 한다. 주문을 하다 버벅대서는 안 된다. 빨리 체결되어야 한다. 좋은 증권사와 빠른 주문 체결이 가능한 플랫폼을 추천하는 이유다.

실시간 시장 데이터

스윙트레이더는 며칠 또는 몇 주에 걸쳐 포지션에 진입하고 탈출한다. 그래서 인터넷에서 무료로 구할 수 있는 장 마감 데이터로 충분하다. 그러나 데이트레이더는 실시간 일중 데이터가 필요하다. 몇 시간 또는 종종 몇 분 안에 포지션에 진입하고 탈출하기 때문이다. 아쉽게도 실시간 시장 데이터는 공짜가 아니다. 증권사나 DAS 트레이더 같은 플랫폼 제공업체에 월 사용료를 내야 한다. 어느 시장 데이터를 구매해야 하는지는 거래하는 시장에 좌우된다. 캐나다 시장에서 거래할 계획이라면 실시간 토론토증권거래소TSX 데이터가 필요하다. 나는 주로 미국 시장에서만 거래한다. 거래량이 많고(유동성) 변동성이 크기 때문이다. 그래서 내게는 실시간 나스닥 토털뷰Nasdaq TotalView 레벨 2 데이터 피드가 필요하다. 실시간 시장 데이터가 없으면 데이트레이딩을 제대로 할 수 없다.

나스닥 레벨 2와 매수호가 및 매도호가

내가 보기에 미국 시장에서 데이트레이딩을 하려면 나스닥 레벨 2에 접근하는 것이 사실상 필수적이다. 레벨 2는 어떤 유형의 트레이더가 주식을 매수하거나 매도하는지, 단기적으로 주가가 어디로 향할지 등 주가 변동에 관한 중요한 통찰을 제공한다. 레벨 2는 '선행지표'로 불린다. 즉 거래가 이뤄지기 전에 트레이더들의 행동을 보여준다. 이동평균선과 차트 그리고 다른 지표는 '후행지표'로 불린다. 즉 거래가 이뤄진 후 그 정보를 제공한다.

레벨 2는 근본적으로 나스닥 종목에 대한 주문서다. 주문은 수많은 시장 조성자 및 기타 시장 참여자를 거친다. 레벨 2는 각 참여자의 최고 매수호가 및 매도호가를 순서대로 보여준다. 그래서 주가 동향에 관해 자세한 통찰을 제공한다. 누가 해당 종목에 관심을 가졌는지 아는 것은 특히 데이트레이딩을 할 때 대단히 유용하다.

그림 5.1은 레벨 2 호가창을 보여준다.

시장이 열리면 언제나 모든 거래 종목에 2가지 호가가 붙는다. 바로 '매수호가BID'와 '매도호가ASK'다. 매수호가는 지금 해당 종목에

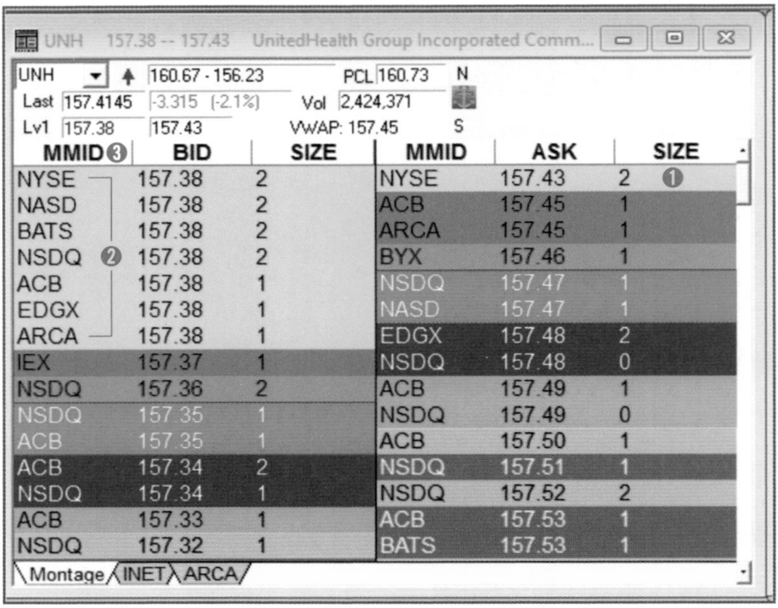

그림 5.1: 장중 UNH의 나스닥 레벨 2 호가창. 참고로 거래단위(SIZE)는 100주(×100)다.

매수자가 지불하려는 금액이다. 매도호가는 주식을 팔려는 사람들이 요구하는 금액이다. 매수호가는 언제나 더 낮고, 매도호가는 언제나 더 높다. 그 차이를 호가 스프레드bidask spread라 한다. 호가 스프레드 는 종목마다 다르며, 심지어 같은 종목이라도 시간대별로 다르다.

그림은 누군가가 뉴욕증권거래소(시장조성자)를 통해 '유나이티 드헬스 그룹UnitedHealth Group Inc.'(종목코드: UNH) 종목의 200주(2× 100주, SIZE는 거래단위의 수를 가리킨다)를 157.43달러에 팔겠다고 제시 했음을 보여준다(❶). 매수 측면에서는 UNH 주식을 157.38달러에 사려는 다양한 시장 참여자들이 있다(❷). 다양한 가격에 UNH 주식 을 사려는 트레이더들이 시장조성자를 통해 호가를 보내고 있는 것이 다. 이는 레벨 2의 매수 측면(❸)에 표시된다(NYSE, NASD, BATS, NSDQ,

ACB, EDGX, ARCA는 모두 해당 주식을 활발하게 거래하는 시장조성자다).

레벨 2에서 취해야 할 가장 중요한 정보는 호가 스프레드다. 스프레드는 거래량이 적은 종목에서 더 크다. 이런 종목을 지배하는 시장조성자가 파티에 들어오려는 사람들에게 더 높은 입장료를 요구하기 때문이다.

활발하게 거래되는 종목의 경우 호가 스프레드는 크지 않다. 조용한 날에는 1센트밖에 안 될 수도 있다. 그러다가 주가가 오르내리는 속도가 빨라지며 점점 커진다. 급락이나 급등이 나오면 대단히 커질 수도 있다(2달러까지 벌어지는 것을 봤다).

차트 지표

나는 최소한의 지표만 표시해 차트를 비교적 깔끔하게 만든다. 데이트레이딩에서는 정보를 신속하게 처리해야 하며, 결정을 매우 신속하게 내려야 한다. 따라서 너무 많은 지표를 확인할 수 없다. 다음은 내가 쓰는 지표들이다.

1. 봉으로 표시된 주가
2. 거래량
3. 9일 지수이동평균Exponential Moving Average [9EMA]
4. 20일 지수이동평균20EMA
5. 50일 단순이동평균Simple Moving Average [50SMA]

6. 200일 단순이동평균200SMA

7. 거래량가중평균가격Volume Weighted Average Price [VWAP]

8. 전일 종가

이 지표들은 모두 내가 쓰는 DAS 트레이더 프로 플랫폼에 자동으로 계산되고 표시된다. 내가 수동으로 찾거나, 계산하거나, 표시할 필요가 없다.

9. 일간 지지선/저항선

일간 지지선/저항선의 경우 나의 플랫폼이 자동으로 찾아서 표시해주지 않는다. 이 선들은 트레이더가 수동으로 파악해야 한다. 나는 장전에 관심종목에 오른 활성화 종목을 훑어보거나, 신규 종목이 검색 조건에 걸릴 때 대개 이 선들을 찾아서 표시한다. 나는 주요 일중 지지선이나 저항선이 근처에 있지 않으면 거래하지 않는다.

모든 이동평균 지표는 회색으로 표시한다. 다만 VWAP는 파란색으로 표시한다. **VWAP는 가장 중요한 데이트레이딩 지표이며, 다른 이동평균선과 쉽고 빠르게 구분할 수 있어야 한다.** 나는 차트에 많은 색을 넣는 것을 싫어한다. 그래서 흰색 바탕에 대개 빨간색과 파란색만 쓴다. 색이 많이 들어간 차트는 혼란스러우며, 장기적으로 눈을 어지럽히고 시야를 제한한다. 검은색 바탕은 피한다. 장시간 어두운 색을 보면 눈이 아프고 피곤해지기 때문이다. 그림 5.2는 내가 쓰는 지표들이 표시된 차트의 스크린샷이다.

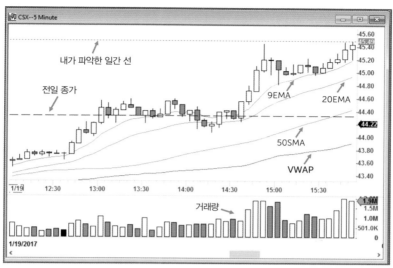

그림 5.2: 내가 쓰는 지표들이 표시된 차트의 스크린샷. 범위를 좁히느라 가격 범위를 벗어났기 때문에 200SMA만 표시되지 않았다.

매수 주문과 매도 주문

• 이하 139쪽 여덟째 줄까지의 주문 방식은 미국 주식장에서만 가능합니다.

데이트레이딩을 할 때 3가지 중요한 주문 형태가 있다.

1. 시장가 주문Market Order

2. 지정가 주문Limit Order

3. 지정 시장가 주문Marketable Limit Order

시장가 주문

"얼마든 매수해! 당장!"

"얼마든 매도해! 당장!"

'시장가 주문'을 사용하면 증권사에게 가격이 얼마든 즉시 매수/매도하라고 요청하는 것이다. 다시 말하지만 가격이 얼마든 **상관없다**. 시장가 주문을 넣으면 얼마든 현재 가격에 체결된다. 반면 지정가 주문은 당신이 받아들일 수 있는 최고/최저 가격을 지정할 수 있다.

시장가 주문의 경우 기본적으로 호가 스프레드의 나쁜 쪽에서 체결된다. 즉 매도호가(높은 쪽)에 매수하고, 매수호가(낮은 쪽)에 매도한다. 시장가 주문의 문제점은 시장이 빨리 바뀔 수 있고, 호가 스프레드도 마찬가지라는 것이다. 그래서 아주 안 좋은 가격에 주문이 체결될 수 있다. 가령 호가 스프레드가 10.95달러-10.97달러일 때 시장가 매수 주문을 넣으면 10.97달러에 바로 매수되어야 한다. 그렇지 않은가? 그러나 당신의 시장가 매수 주문이 거래소에 전달되었을 때 호가 스프레드가 11.10달러-11.15달러로 금세 바뀌면 11.15달러에 매수가 이뤄진다. 결국 18센트의 슬리피지가 발생한다. 이런 상황은 정말 좋지 않다.

시장 조성자와 많은 전문 트레이더는 시장가 주문을 채워주며 넉넉하게 산다. 그러니 어느 때고 시장가 주문을 하지 말 것을 권한다. 시장가 주문은 백지수표와 같다. 대부분의 경우 시장가 주문은 제시된 매수호가나 매도호가와 아주 가까운 가격에 체결된다. 그러나 때로는 깜짝 놀랄 일이 생긴다. 그러므로 가능하다면 항상 지정가 주문을 써라.

지정가 주문

"이 가격에만 매수해! 더 높은 가격은 안 돼!"

"이 가격에만 매도해! 더 낮은 가격은 안 돼!"

'지정가 주문'은 시장가 주문과 달리 해당 종목에 지불하려는 가격을 제한한다. 즉 당신이 매수하려는 주식 수와 지불하려는 가격을 지정한다. 가령 그림 5.3에 나오는 레벨 2 스크린샷을 보면 내가 2건의 지정가 주문을 넣은 것을 볼 수 있다. 구체적으로는 34.75달러에 '테바 제약Teva Pharmaceutical Industries Limited'(종목코드: TEVA) 주식 100주, 34.74달러에 추가 100주를 매수하려고 주문을 넣었다(앞서 말한 대로 'SIZE'는 거래단위의 수를 가리키며, 표준 거래단위는 100주다). 보는 바와 같이 나의 주문은 현재 레벨 2에 올라와 체결되기를 기다리고 있다. 해당 가격에 체결된다는 보장은 없다. 주가가 올라가면 체결되지 않을 것이다. 그러면 나의 주문은 주가가 다시 내려올 때까지 레벨 2에 남을 것이다. 가끔 주가가 내려왔다가 너무 빨리 반등하는 바람에 주문이 일부만 체결되는 때도 있다.

참고로 스윙트레이더들도 주로 지정가 주문을 쓴다.

지정 시장가 주문

"지금 이 가격까지만 매수해! 더 높은 가격은 안 돼!"
"지금 이 가격까지만 매도해! 더 낮은 가격은 안 돼!"

데이트레이더에게 가장 중요한 주문 유형은 '지정 시장가 주문'이다. 지정 시장가 주문을 넣으면 설정한 가격 범위 안에서 최대한 많은 주식을 매수한다. 지정 시장가 주문의 경우 즉시 매수하되 지불할

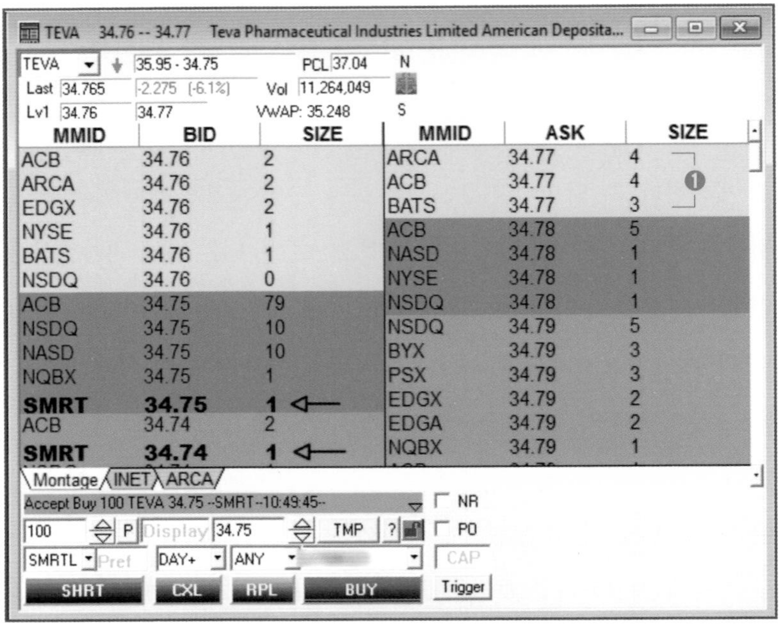

그림 5.3: 장중 TEVA의 나스닥 레벨 2 스크린샷. 나는 총 200주에 대한 지정가 매수 주문을 넣었다. 주식 수는 100주 단위(×100)다. SMRT는 내가 쓰는 증권사인 IB의 기본 청산 경로다.

의사가 있는 최고 가격을 지정한다. 가령 TEVA 종목의 레벨 2를 보여주는 그림 5.3에서 100주를 '매도호가＋5센트'로 매수하겠다고 주문할 수 있다. 그러면 증권사는 매도호가를 보고 주문을 체결한다. 그림 5.3의 오른편 3개 행(❶)을 보면 현재 1,100주에 대한 매도호가가 나와 있다([4＋4＋3＝11]×100). 따라서 주문이 (시장가 주문처럼) 즉시 체결되어야 한다. 매도호가가 체결 전에 급등하는 경우에도 최고 34.82달러(매도호가 34.77달러＋5센트)까지는 매수하도록 이미 승인되어 있다. 그래서 증권사는 34.82달러 이하 가격으로 TEVA 주식 100주를 매수한다.

　매수호가에 대해 매도나 공매도를 하는 경우도 마찬가지다. 매도호가를 내는 경우 팔고자 하는 가격 범위를 지정할 수 있다. 가령 '매수 호가−5센트'로 설정하면 매수호가에서 5센트가 빠진 가격 밑으로는 팔지 않겠다는 뜻이다.

나는 모든 데이트레이딩에 지정 시장가 주문을 쓴다. 대개 '매도호 가+5센트'로 매수하고, '매수호가−5센트'로 매도한다.

단축키

단축키hotkey는 키 조합을 통해 주문을 자동으로 전송하도록 설정된 키 명령어다. 전문 트레이더는 포지션 진입, 탈출, 가격역지정주문stop order, 주문 취소에 단축키를 쓴다. 마우스나 다른 수동 주문 입력 시스 템은 쓰지 않는다. 단축키를 쓰면 수동 입력에 따른 시간 지체가 사라 진다. 시장의 변동성, 특히 개장 무렵의 변동성을 적절하게 활용하면 큰 수익이 생긴다. 그러나 신속하게 행동하지 못하면 상당한 손실로 이어질 수도 있다. 종종 단축키를 적절하게 사용하는 능력은 승자와 패자를 가른다.

내가 쓰는 대다수 데이트레이딩 전략은 고속 매매를 요구한다. 데 이트레이딩에서 시장은 아주 빨리 움직인다. 특히 장이 열릴 때는 더 욱 그렇다. 주가는 종종 몇 초 만에 진입 가격 또는 탈출 가격에 이른 다. 그러므로 효과적으로 매매하려면 단축키 기능을 제공하는 트레이 딩 플랫폼을 쓰는 것이 중요하다. 고속 매매를 위해서는 가능한 모든 조합의 단축키가 필요하다. 내가 보기에 단축키를 쓰지 않고는 데이 트레이딩으로 수익을 내기가 거의 불가능하다.

그림 5.4는 DAS 플랫폼에서 내가 쓰는 단축키 목록이다. 다른 플랫

폼은 구성이 다를 수 있다. 증권사나 트레이딩 플랫폼 고객지원팀에 연락해 단축키를 적절하게 구성하는 법을 익히는 것이 좋다.

나는 매수 포지션(기억하겠지만 '롱 매수'는 더 높은 가격에 팔 생각으로 특정 가격에 주식을 매수하는 것이다)의 경우 400주, 200주, 100주 단위로 주

기능	단축키
1분 차트	F1
5분 차트	F2
일간 차트	F4
주간 차트	F5
월간 차트	F6
– 매수 –	
매도호가+0.05에 지정가 주문으로 400주 매수	Alt+1
매도호가+0.05에 지정가 주문으로 200주 매수	Alt+Q
매도호가+0.05에 지정가 주문으로 100주 매수	Alt+A
매수호가−0.05에 지정가 주문으로 포지션 ½ 매도	Alt+2
매수호가−0.05에 지정가 주문으로 포지션 전체 매도	Alt+3
– 공매도 –	
매수호가−0.05에 지정가 주문으로 400주 공매도	Alt+4
지정가 주문으로 매도호가에 400주 SSR 공매도	Alt+5
매수호가−0.05에 지정가 주문으로 200주 공매도	Alt+R
지정가 주문으로 매도호가에 200주 SSR 공매도	Alt+T
매수호가−0.05에 지정가 주문으로 100주 공매도	Alt+F
지정가 주문으로 매도호가에 100주 SSR 공매도	Alt+G
지정가 주문으로 매도호가+0.05에 포지션 절반 커버용 매수	Alt+6
지정가 주문으로 매도호가+0.05에 포지션 전체 커버용 매수	Alt+7

그림 5.4: DAS 플랫폼에서 내가 쓰는 단축키 목록. www.BearBullTraders.com에서 각 단축키를 자세히 설명한 내용을 찾을 수 있다.

문한다. 이때 '매도호가+5센트'에 지정 시장가 주문을 넣는다. '매도' 단축키는 '매수호가−5센트'에 포지션 전체나 절반을 매도하겠다는 지정 시장가 주문이다. 이렇게 매수호가와 그보다 5센트 낮은 가격까지 받아들이면 주문이 즉시 체결된다. DAS 플랫폼은 포지션 절반이 몇 주에 해당하는지 자동으로 계산한다. 또한 현재 매수호가와 매도호가를 계산하여 내가 지정한 가격에 주문을 넣는다.

나는 공매도 포지션(기억하겠지만 '공매도'는 나중에 더 싼 가격에 매수해 상환할 생각으로 증권사로부터 주식을 빌려서 매도하는 것이다)의 경우에도 매수호가나 그보다 5센트 낮은 가격에도 공매도를 한다. '숏 커버용 매수' 단축키는 '매도호가+5센트'에 포지션 전체나 절반을 매수하는 지정 시장가 주문이다. 즉 주문이 즉시 체결되도록 매도호가보다 높은 가격(최대 5센트)도 지불한다.

목록에서 공매도 제한Short Selling Restriction(이하 SSR) 모드에 걸린 종목에 다른 단축키를 지정한 것을 확인할 수 있다. SSR 모드는 주가가 전일 종가 대비 10퍼센트 이상 떨어졌을 때 발동된다. 이 경우 규제 당국과 거래소는 주가 하락 시 공매도를 제한한다. 그래서 매도호가에만 공매도가 가능하며, (매수호가에) 매수자에게 직접적으로 공매도를 할 수 없다. 즉 하락 움직임에서 이득을 보려는 공매도자들이 아니라 현재 포지션을 갖고 있는 매도자들이 매도 우선순위를 얻는다. 이때 공매도를 하려면 매도호가 쪽에 줄을 서서 매수자가 나오기를 기다려야 한다. 반면 실제 매도자는 매수자의 매수호가를 받아들여서 포지션을 정리할 수 있다.

SSR은 시장에서 공매도자보다 주식을 갖고 있는 실제 매도자에게 우선순위를 주기 위한 것이다. 따라서 주식이 SSR 모드에 들어가면 나는 매도호가에 매도하도록 주문을 넣은 다음, 체결될 때까지 기다린다. 공매도 제한이 걸리면 지정 시장가 주문으로 공매도를 할 수 없다.

　단축키의 가장 중요한 장점은 갑자기 주가가 움직일 때 단축키만 누르면 매수호가에 포지션 전체나 절반을 매도할 수 있다는 것이다. 일일이 새로 매수호가나 주식 수를 입력할 필요가 없다. 단축키를 능숙하게 쓸 줄 모르면 데이트레이딩으로 꾸준한 수익을 내기 불가능하다. 데이트레이딩 공부는 두어 달 동안 모의계좌로 매매하는 과정을 포함해야 한다. 그동안 단축키에 숙달되어야 한다. 나는 단축키를 쓰며 많은 실수를 했다. 분명 당신도 그럴 것이다. 이는 데이트레이딩을 공부하는 과정의 일부다. 트레이딩 전략을 익힐 때 실시간 모의투자를 하면서 단축키로 연습하는 것이 대단히 중요한 이유가 거기에 있다. 단축키는 훌륭한 도구다. 다만 실수를 저지르지 않도록 신중하게, 충분한 연습을 거쳐 사용해야 한다. 데이트레이딩은 충분히 어렵다. 단축키 때문에 더 어렵게 만들지 마라.

　단축키에 익숙해지는 동안 약간의 실수를 저지르는 것은 흔한 일이다. 나는 단축키를 연습할 때 다양한 키 조합을 확인할 수 있도록 키보드에 스티커를 붙였다. 또한 새로운 단축키를 설정하면 모의계좌에서만 연습했다. 그러기 위해서는 시간이 걸리지만 결국에는 단축키를 외워서 효율적으로 쓰게 된다. 명심해야 할 또 다른 중요한 사실은 항상 컴퓨터에 연결된 유선 키보드를 써야 한다는 것이다. 무선 키보드는 중복 신호나 오류 신호를 보낼 수 있으며, 특히 배터리 전력이 낮을 때 아예 주문을 전송하지 않을 수도 있다. 그러면 지장이 생겨서 거래를 망칠 수 있다. 무선 마우스나 키보드가 배터리 전력 부족으로 제대로 작동하지 않는 바람에 난처한 상황에 처해 돈을 잃는 트레이더들이 많다. 나는 심지어 키보드에 문제가 생길 경우에 대비해 바로 쓸 수 있는 여분의 키보드를 사무실에 둔다. 실제로 트레이딩 도중에 물을 쏟는 바람에 키보드가 고장 난 적이 있었다. 다행히 당시에는 어떤 포지션에도 들어가지 않은 상태였다. 나는 즉시 2개의 키보드와 마우스를 새로 샀다. 그리고 하나는 트레이딩 데스크 옆에 예비용으로 보관해두었다.

관심종목과 검색 조건

나는 거의 매일 신규 트레이더와 이야기를 나눈다. 그 수가 매달 수백 명에 이른다. 그들이 언급하는 공통된 난관 중 하나는 어떤 종목을 거래해야 할지 모른다는 것이다. 시장에서는 매일 수천 개의 주식이 움직인다. 그러나 꾸준하면서 양호한 적합성을 지닌 진입구도를 찾기는 실로 어렵다. 뒤에서 검색 조건뿐 아니라 트레이딩 전략을 통해 내가 어떤 종목을 찾는지 자세히 설명할 것이다.

트레이더 커뮤니티

혼자 트레이딩하는 것은 아주 힘들고 감정적으로도 벅차다. 누구에게 궁금한 점을 물을 것인가? 트레이더 커뮤니티에 가입해서 질문을 하고, 필요하면 이야기를 나누고, 새로운 투자법과 전략을 배우고, 주식시장에 관한 약간의 힌트와 경보를 얻고, 직접 기여하는 것은 좋은 일이다. 온라인 트레이딩 사이트는 비슷한 성향을 가진 트레이더들을 만나기에 아주 좋은 곳이다. 또한 강력한 학습 도구가 되어주기도 한다.

역사가 오래된 2개의 교육적인 커뮤니티가 있다. 하나는 돈 카우프만Don Kaufman의 '테오트레이드TheoTrade (www.theotrade.com)'다. 이 커뮤니티는 선물, 옵션 같은 여러 시장에 걸친 기술적 트레이딩을 강조한다. 다른 하나는 저술가인 존 카터John Carter와 그의 동료들이 운영하는 트레이딩 사이트(www.simplertrading.com)다. 알렉산더 엘더 박사와 케리 로본Kerry Lovvorn이 제공하는 교육 프로그램(www.spiketrade.com)도 비슷한 성향의 트레이더들과 소통할 수 있는 곳이다.

또 다른 2개의 유명한 트레이딩 포럼은 네이선 미쇼Nathan Michaud가 만든 '인베스터스 언더그라운드Investors Underground (www.investorsunderground.com)'와 로스 캐머런Ross Cameron이 운영하는 '워리어 트레이딩Warrior Trading (www.warriortrading.com)'이다. 또한 트레이딩을 공부하고 같이 실력을 키울 수 있는 여러 좋은 온라인 포럼이 있다. '엘리트 트레이더Elite Trader (www.elitetrader.com)'와 '트레이드투윈Trade2Win (www.trade2win.com)'이 거기에 포함된다.

좋아하는 트레이딩 플랫폼이나 앱이 있다면 같은 것을 쓰는 트레이더들과 소통하는 일이 대단히 유익하다. 앞서 몇 번 거론한 '트레이드 아이디어스(www.trade-ideas.com)'는 사용자들에게 유용한 교육 프로그램과 온라인 챗방을 운영한다.

나는 베어 불 트레이더스의 챗방에서 친구나 가족 그리고 일군의 진지한 트레이더들과 같이 트레이딩한다. 우리는 서로 대화를 나눌 수 있으며, 모두가 나의 거래 화면과 플랫폼을 통해 실시간으로 내가 트레이딩하는 내용을 볼 수 있다. 이런 교류는 재미있으며, 모두 서로에게 배운다. 또한 종종 다른 트레이더의 질문에도 답변해준다. 내가 잘 모르는 게 있으면 다른 트레이더에게 질문하기도 한다. 챗방에는 있는 경험 많은 트레이더들에게 많은 것을 배운다. 또한 잠재적인 좋은 종목과 진입구도를 서로에게 알려준다. 이 책을 읽는 사람은 누구나 챗방에 환영한다. 내가 트레이딩하거나, 당신의 질문을 포함해 사람들의 질문에 답변하는 내용을 보면 도움이 될 것이다. 쑥스러워 하지 말고 질문하라!

신규 및 초보 트레이더는 멘토와 경험 많은 트레이더의 지식을 스펀지처럼 흡수한다. 이는 보다 빠르고 효율적으로 올바른 트레이딩 습관을 기르는 데 도움을 준다. 다른 전문가들과 같이 당신의 트레이딩 결과와 손익을 공유하면 사회적 상호작용은 사회적 학습이 된다. 당신이 실수하면 주저 없이 지적할 경험 많은 트레이더들을 찾아라. 다른 트레이더들과의 상호작용을 통해 자신을 가르치는 법을 배우게 될 것이다.

챗방에 가입하면 매우 숙련된 트레이더도 돈을 잃는 것을 상당히 자주 보게 될 것이다. 자신만 돈을 잃는 게 아니며, 경험 많은 트레이더를 비롯한 모두가 손실을 피할 수 없다는 사실을 아는 것은 언제나 기분이 좋다. 손실은 트레이딩의 일부다.

또한 다른 사람들을 따라가면 안 된다는 것을 명심해야 한다. 독립적으로 생각할 줄 알아야 한다. 맹목적으로 대중을 따라가지 마라. 대신 당신의 성향에 맞는 트레이딩 커뮤니티에 속하는 데 따른 혜택을 취하라. 사람은 집단에 속하면 바뀌는 경우가 많다. 즉 아무 의심 없이 충동적으로 무리를 따르게 된다. 손실로 스트레스를 많이 받은 트레이더는 온라인 커뮤니티에서 보고 따라할 수 있는 리더를 불안하게 찾는다. 그러다가 손실이 나면 그 사람을 탓한다. 그들은 자신의 상식과 이성을 활용하지 않고 대중과 함께 충동적으로 반응한다. 챗방 회원들은 같이 몇 개의 추세를 잡아낼 수 있을지 모른다. 그러나 추세가 반전되면 다 같이 죽을 것이다.

성공적인 트레이더는 독립적으로 생각한다는 사실을 절대 잊지 마라. 그저 자신의 판단력으로 언제 거래하고 안 할지를 결정하라.

CHAPTER 6

봉차트
읽기

다음 장에서 소개하는 전략들을 이해하려면 '가격 변동'이라는 개념과 봉차트의 기본적인 내용을 간략하게 살펴볼 필요가 있다. 일본인들은 17세기에 쌀을 거래하기 위해 기술적 분석과 봉의 초기 버전을 활용하기 시작했다. 봉 개발과 차트 제작에 관한 대부분의 공로는 사카타라는 도시에 사는 전설적인 쌀 거래상인 혼마 무네히사라는 사람에게 돌아간다. 이 초기 버전의 기술적 분석과 봉차트는 오늘날의 버전과 다르다. 그래도 지침이 되는 원리는 아주 비슷하다. 현재 우리가 아는 봉차트는 1850년 이후 처음 등장했다. 그가 처음 고안한 아이디어는 오랜 거래를 거치며 수정되고 다듬어졌다. 그 결과물이 현재 우리가 쓰는 봉차트 시스템이다.

봉차트를 만들려면 '(1) 시가, (2) 해당 기간 최고가, (3) 해당 기간 최저가, (4) 종가'를 포함하는 데이터 세트가 필요하다. 기간은 일간, 1시간, 5분, 1분 또는 선호하는 다른 기간이 될 수 있다. 봉의 비어 있는(흰색) 부분 또는 채워진(빨간색) 부분은 '몸통'이라 불린다. 몸통 위

아래에 붙은 길고 가느다란 선은 고가/저가의 범위를 나타내며, '꼬리'(또는 '심지'나 '그림자')로 불린다. 고가는 위꼬리의 상단으로 표시되고, 저가는 아래꼬리의 하단으로 표시된다. 그림 6.1에 2가지 사례가 나온다. 주가가 시가보다 높은 가격에 마감하면 비어 있는 봉이 그려진다. 이때 몸통 하단은 시가를, 상단은 종가를 나타낸다. 반대로 주가가 시가보다 낮은 가격에 마감하면 채워진(대개 빨간색) 봉이 그려진다. 이때 몸통 상단은 시가를, 하단은 종가를 나타낸다.

봉차트 말고도 막대차트, 선차트, 포인트 앤드 피겨point and figure차트를 비롯 가격 변동을 표시하는 다른 유형의 차트들이 있다. 그러나 나는 봉차트가 시각적으로 더 보기 좋고 해석하기 쉽다고 생각한다. 각 봉은 쉽게 이해할 수 있는 가격 변동의 그림을 제공한다. 트레이더는 시가와 종가뿐 아니라 고가와 저가의 관계를 즉시 파악할 수 있다.

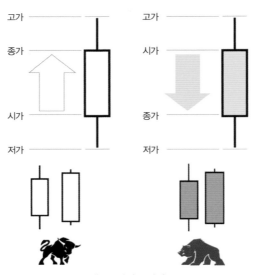

그림 6.1. 봉차트 사례

시가와 종가의 관계는 매우 중요한 정보로서 봉의 핵심을 이룬다. 다음은 9번째 트레이딩 규칙이다.

> 규칙 9: 종가가 시가보다 높은 양봉은 매수 압력을 나타낸다. 종가가 시가보다 낮은 음봉은 매도 압력을 나타낸다.

가격 변동과 집단심리

시장의 모든 순간에는 기본적으로 세 범주의 트레이더가 있다. 바로 매수자와 매도자 그리고 미결정자undecided다. 거래의 실제 가격은 매수자, 매도자, 미결정자가 특정한 시점에 한 행동의 결과다.

매수자는 살 종목을 찾고 최대한 돈을 적게 쓰고 포지션에 진입하고 싶어 한다. 반대로 매도자는 최대한 높은 가격에 주식을 팔고 싶어한다. 이는 기본적인 인간의 본성이다. 일부 국가와 문화에서는 가게에서 물건을 살 때 가격을 깎고 협상하는 것이 아주 흔하다. 물건을 파는 사람은 최대한 많은 돈을 벌고 싶어 하고, 물건을 사는 사람은 최대한 적은 돈을 쓰고 싶어 한다. 데이트레이딩에서 둘의 차이는 '호가 스프레드'라 부른다. '매도호가'는 상인이 부르는 가격이고, 당연히 '매수호가'는 손님이 부르는 가격이다. 쇼핑과 데이트레이딩에서 모두 가격에 영향을 미치는 제3의 요소가 있다. 바로 미결정 쇼핑객과 미결정 트레이더다. 미결정 트레이더는 어느 쪽이 이길지 알기 위해 참을성 있게(때로는 별로 참을성 없이) 컴퓨터 모니터를 바라보는 사람들이다.

미결정 트레이더는 주가를 위나 아래로 밀어붙이는 핵심이다. 다른 모든 트레이더는 그들을 두려워한다. 앞서 소개한 장터의 사례로 돌아가보자. 매수자인 당신은 가게에 들어가 마음에 드는 물건을 보고 낮은 가격을 제시한다. 매도자는 당신이 제안한 가격을 그다지 마음에 들어하지 않는다. 그래서 제안한 가격보다 높은 가격을 부른다. 당신이 어떤 가격으로 역제안을 할지 결정하는 와중에 관광버스가 서더니 관광객들이 가게로 들어온다. 당신은 그 물건을 정말로 사고 싶다. 더 높은 가격을 주고 사야 할까 아니면 관광객(미결정자) 중 누구도 사지 않기를 바라야 할까? 시간은 흘러가고 당신은 압박감을 느낀다.

마찬가지로 당신이 매도자라고 잠시 가정해보자. 이 가상의 장터에서 많은 가게가 똑같은 제품을 판매한다는 사실을 안다. 당신은 기민한 상인이다. 다른 가게들보다 30분 일찍 가게 문을 연다. 이 이른 아침의 쇼핑객(매수자)이 당신이 부른 가격에 물건을 사기를 바라야 할까? 아니면 이 손님은 다른 가게들(다른 미결정 매도자)이 문을 열 때까지 기다렸다가 같은 제품을 더 싸게 사려고 할까? 시간은 흘러가고 당신은 압박감을 느낀다.

각 시나리오에서 미지의 결과에 대한 두려움, 미결정에 따른 두려움이 말하자면 매수와 매도를 '촉구'한다.

매수자는 가격이 오를 것이라고 예상하기 때문에 매수한다. 강세파의 매수는 주가를 밀어올린다. 또는 내가 좋아하는 표현으로 '매수자들이 주도권을 쥔다'. 그 결과, 매수자들은 점점 더 높은 가격을 기꺼이 지불하려는 의지를 가지며, 서로 호가 경쟁을 벌인다. 그들은 지금 사지 않으면 결국 더 높은 가격을 지불하게 될 것이라고 생각한다. 미결정 트레이더는 매수자들 사이에서 빨리 사야 한다는 분위기를 조장해 주가 상승을 가속시킨다. 매수자들은 급히 매수에 나서서 주가가 더 오르게 만든다.

매도자는 가격이 내릴 것이라고 예상하기 때문에 매도한다. 약세파의 매도는 주가를 떨어트린다. 또는 내가 좋아하는 표현으로 '매도자들이 주도권을 쥔다'. 그 결과, 매도자들은 점점 더 낮은 가격을 기꺼이 받아들이려는 의지를 가진다. 그들은 지금보다 더 높은 가격에는 팔 수 없으며, 지금 팔 기회를 놓치면 결국 더 낮은 가격에 팔게 될 것이라고 생각한다. 미결정 트레이더는 매도자들 사이에서 빨리 팔아야 한다는 분위기를 조장해 주가 하락을 가속시킨다. 매도자들은 급히 매도에 나서서 주가가 더 떨어지게 만든다.

성공적인 데이트레이더의 목표는 매도자가 결국 주도권을 쥘지, 매수자가 그럴지 파악하는 것이다. 그 다음 적절한 시기에 빠르고 은밀하게 계산된 움직임에 나서야 한다. 2장과 규칙 8에서 설명한 게릴라전과 게릴라 트레이딩을 기억할 것이다. 이는 그 내용을 실전에 활용하는 것이다. 당신이 할 일은 매수자와 매도자 사이에 형성된 힘의 균형을 분석하고 이기는 쪽에 베팅하는 것이다. 다행히 봉차트는 이 싸움과 집단심리가 진행되는 양상을 반영한다.

봉 패턴은 주가의 전반적인 추세와 매수자 또는 매도자의 힘에 관한 많은 것을 말해준다. 봉은 언제나 중립적으로 태어난다. 출생 후에는 강세나 약세 또는 드물게는 중립적으로 성장한다. 봉이 태어났을 때는 커서 무엇이 될지 알 수 없다. 추정할 수는 있지만 봉이 죽을 때 (마감할 때)까지는 무엇인지 진정으로 알지 못한다. 봉이 태어나면 싸움이 시작된다. 강세파와 약세파는 끝까지 싸운다. 봉은 누가 이기고 있는지 보여준다. 매수자가 주도권을 쥐면 봉이 상승하며 강세 봉을 형성한다. 매도자가 주도권을 쥐면 봉이 하락하며 약세 봉을 형성한다. 너무 뻔한 이야기라고 생각하지 모르지만 많은 트레이더는 봉을 매수자와 매도자 사이의 싸움으로 보지 않는다. 이 작은 봉은 현재 강세파(매수자)와 약세파(매도자) 중에서 누가 싸움에서 이기고 있는지 말해주는 뛰어난 지표다.

　다음 단락에서는 데이트레이딩을 위해 가장 중요한 3가지 봉(강세, 약세, 미결정)을 간략하게 살펴볼 것이다.

강세 봉

그림 6.2와 6.3에서 보듯 윗방향으로 향하는 큰 몸통을 지닌 봉은 강한 상승세를 말해준다. 강세 봉은 매수자가 가격 변동을 주도하고 있으며, 주가를 계속 밀어올릴 것임을 뜻한다. 또한 주가를 알려줄 뿐 아니라 강세파가 이기고 있으며, 힘을 지녔음을 말해준다.

약세 봉

약세 봉은 약세에 따른 몸통을 보여준다. 이것은 무엇을 말해줄까? 바

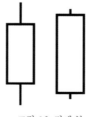

그림 6.2: 강세 봉

대단한 강세를 보이는 봉.
매수세가 매도세보다 강하며,
가격 변동의 주도권을 쥐었음을 뜻한다.

그림 6.3: 일련의 강세 봉은 강세파(매수자)가 주가를 주도한다는 것을 보여준다.

로 매도자가 시장에서 가격 변동의 주도권을 쥐었으며, 매수 또는 '롱'
포지션은 좋은 생각이 아님을 말해준다.

그림 6.4와 6.5처럼 큰 몸통을 가진 봉은 시가가 고점이고, 종가가
저점임을 뜻한다. 이는 약세를 나타내는 좋은 지표다.

봉을 읽는 법만 배워도 해당 종목의 전반적인 태도에 대한 의견을
가질 수 있다. 이 태도를 '가격 변동'이라 한다. 누가 주가를 주도하는지

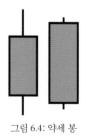

그림 6.4: 약세 봉

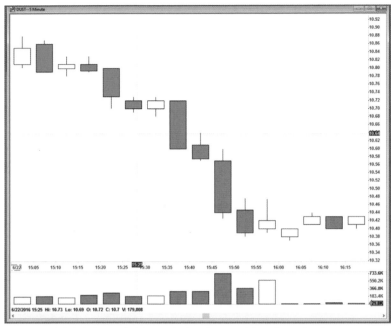

그림 6.5: 일련의 약세 봉은 약세파(매도자)가 주가를 주도한다는 것을 보여준다.

이해하는 능력은 데이트레이딩에서 대단히 중요하다. 앞서 언급한 대로 성공적인 트레이더는 실로 컴퓨터와 트레이딩 프로그램으로 무장한 사회심리학자다. 데이트레이딩은 결국 집단심리에 관한 연구다.

　정리하자면 성공적인 데이트레이더가 되기 위해서는 매도자가 결국 주도권을 쥘지, 매수자가 그럴지 파악해야 한다. 2장에서 학교 운동장에 있는 모래밭을 예로 든 적이 있다. 혼자 모래밭에서 놀아서는 안 된다. 거기는 잘못된 장소다. 매수세가 강하면 사서 들고 있어야 한다. 매도세가 강하면 매도나 공매도를 해야 한다. 절대 혼자 모래밭에 있으면 안 된다. 액션이 나오는 곳으로 가야 한다. 액션의 정체를 파악할 수 없다면, 동전 던지기처럼 보인다면, 아무것도 하지 마라. 시간을 갖고 가망성 있는 다른 종목을 찾아라. 성공적인 데이트레이더는 게릴라와 같다는 사실을 절대 잊지 마라. 즉 적절한 시기에 빠르고 은밀하게 계산된 움직임에 나서야 한다.

누가 싸움에서 이기고 있는지 파악할 수 없다면 옆으로 물러서라. 강세파와 약세파가 서로 싸우게 둔 다음, 어느 쪽이 이길 것 같은지 어느 정도 확신이 들 때만 진입하라.

절대 지는 쪽에 서면 안 된다. 그래서 봉을 읽는 법과 거래하는 동안 가격 변동을 계속 해석하는 법을 배우는 것이 중요하다.

미결정 봉에 주목하라

지금부터는 데이트레이딩에서 가장 중요한 2가지 미결정 봉(팽이형과 도지형)을 알아보자.

팽이형

팽이형Spinning Tops 봉은 그림 6.6과 6.7에 나오듯 위꼬리와 아래꼬리가 거의 비슷한 크기를 지니는 봉이다. 두 꼬리는 대개 몸통보다 크다. 이런 봉은 방향을 확정하지 못한 것으로, "미결정 봉indecision candles"이라 부르기로 하자. 이런 봉이 형성된 경우 매수자와 매도자의 힘은 거의 같다. 누구도 주가를 주도하지 못하는 가운데 싸움이 계속된다. 대개 거래량은 작다. 트레이더들이 매도자와 매수자 중에서 누가 이길지 지켜보기 때문이다. 미결정 봉이 나온 이후 주가 추세는 즉시 바

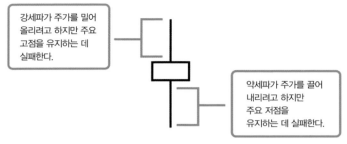

강세파가 주가를 밀어 올리려고 하지만 주요 고점을 유지하는 데 실패한다.

약세파가 주가를 끌어 내리려고 하지만 주요 저점을 유지하는 데 실패한다.

그림 6.6: 팽이형 봉이 의미하는 매수세와 매도세

낄 수 있다. 따라서 가격 변동 안에서 미결정 봉을 파악하는 일이 중요하다.

도지형: 단순형 도지, 유성형 도지, 망치형 도지

도지형Dojis은 또 다른 중요한 봉 패턴으로 다양한 형태와 모양을 지닌다. 그러나 모두 몸통이 없거나 아주 작은 것이 특징이다. 도지형은 팽이형과 비슷한 미결정 봉이다. 차트에 도지형이 보이면 강세파와 약세파 사이에 격렬한 싸움이 벌어지고 있다는 뜻이다. 누구도 아직 싸움에서 승리하지 못했다.

다음 그림에서 도지형은 팽이형과 같은 이야기를 들려준다. 사실 대다수 미결정형(반전) 봉은 기본적으로 같은 말을 한다. 이 부분은 다음 단락에서 자세히 설명할 것이다.

때로 도지형은 위꼬리와 아래꼬리의 길이가 다르다. 위꼬리가 더 길면 매수자들이 주가를 밀어올리려다가 실패했다는 뜻이다. 유성형을 비롯한 이런 도지형은 여전히 미결정 봉이다. 다만 매수자들이 힘을 잃어가고, 매도자가 주도권을 쥘 수 있음을 나타낸다.

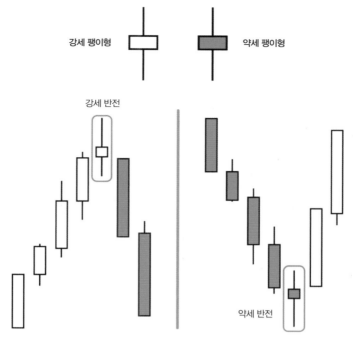

그림 6.7: 반전 추세에서의 팽이형 봉 형성

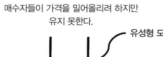

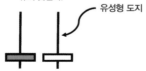

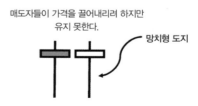

그림 6.8: 도지형 봉 사례

망치형 도지처럼 아래꼬리가 더 길면 매도자들이 주가를 끌어내리려다가 실패했다는 뜻이다. 이는 곧 강세파가 가격 변동을 주도할 수 있음을 나타낸다.

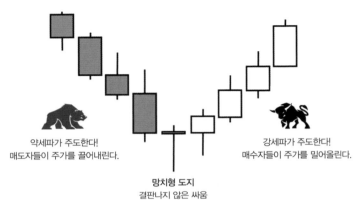

약세파가 주도한다!
매도자들이 주가를 끌어내린다.

망치형 도지
결판나지 않은 싸움

강세파가 주도한다!
매수자들이 주가를 밀어올린다.

그림 6.9: 진입 신호로서 미결정 망치형 봉이 형성된 바닥 반전 전략

모든 도지형은 추세 안에서 형성될 경우 '미결정'과 반전 가능성을 나타낸다. 강세 추세에서 도지형이 형성되면 강세파가 지쳤으며, 약세파가 가격 주도권을 되찾기 위해 싸우고 있음을 뜻한다. 마찬가지로 약세 하락 추세에서 도지형이 형성되면 약세파가 지쳤으며, 강세파(매수자)가 가격 주도권을 되찾기 위해 싸우고 있음을 뜻한다. 그림 6.9와 6.10에서 그 예를 볼 수 있다.

이런 봉들을 인식하는 법을 배운 다음, 너무 쉽사리 흥분하지 않는 것이 중요하다. 봉은 완벽하지 않다. 추세에 도지형이 형성될 때마다 거래하면 결국 큰 손실을 입을 것이다. 이런 봉은 미결정을 나타낼 뿐 확실한 반전을 나타내지 않는다는 사실을 항상 명심하라. 미결정 봉을 효과적으로 활용하려면 확정 봉을 찾아야 한다. 또한 확정 봉은 지

그림 6.10: 진입 신호로서 미결정 유성형 봉이 형성된 천장 반전 전략

지선과 저항선 같은 다른 형태의 분석과 같이 활용하는 것이 이상적이다.

다양한 봉 패턴에 얽매이지 마라

많은 트레이더는 복잡한 차트 패턴을 인식하고 그것을 토대로 거래 결정을 내리길 좋아한다. 인터넷에서 검색해보면 상상력 넘치는 수백 가지 이름이 붙은 봉 패턴이 나온다. 가령 기아형Abandoned Baby, 흑운형(먹구름형)Dark Cloud Cover, 하락 타스키 갭형Downside Tasuki Gap, 잠자리형Dragonfly, 샛별형Morning Star, 금성형Evening Star, 하락 삼법형Falling Three Methods, 잉태형Harami, 막대 샌드위치형Stick Sandwich, 흑삼병Three Black Crows, 적삼병Three White Soldiers 외에 수많은 종류가 있다. 내가 이런 이름을 지어낸 게 아니라 실제로 존재한다. 이름이 흥미롭기는 하지만 이런 패턴은 쓸모없고 혼란스럽다. 또한 대단히 자의적이고 비현실적이다. 비현실적인 차트 패턴의 최대 문제점은 알렉산더 엘더 박사가 말한 대로 "희망회로"에 불과하다는 것이다. 그래서 당신이 사고 싶은지, 팔고 싶은지에 따라 강세 패턴이나 약세 패턴을 파악하게 된다. 가령 사고 싶은 기분이 들 때는 결국 어딘가에서 강세 패턴을 '찾을' 것이다. 반대로 공매도를 하고 싶을 때는 차트의 어딘가에서 약세 패턴을 '인식할' 것이다.

나는 가장 유명한 패턴도 잘 믿지 않는다. 대신 다음 장에서 'ABCD 패턴'이라는 단순한 형태에 기반한 데이트레이딩 전략을 소개하겠다.

CHAPTER 7

데이트레이딩
전략 세우기

이 장에서는 다음의 3가지 요소에 기반한 몇 가지 전략을 소개할 것이다. '(1) 가격 변동, (2) 기술적 지표, (3) 봉과 차트 패턴'이다. 이 요소들을 동시에 배우고 연습하는 것이 중요하다. 일부 전략(이동평균선 및 VWAP)은 기술적 지표만 있으면 된다. 그래도 성공적인 데이트레이더가 되려면 가격 변동과 차트 패턴의 이해가 도움이 된다. 특히 가격 변동에 관한 이해는 연습과 경험을 통해서만 얻을 수 있다.

데이트레이더는 기업과 실적을 신경 쓰지 말아야 한다. 데이트레이더는 해당 기업이 어떤 사업을 하고 무엇을 만드는지 신경 쓰지 않는다. 오로지 가격 변동과 기술적 지표, 차트 패턴에만 주의를 기울여야 한다. 나는 실제 기업명보다 종목코드를 더 많이 안다. 나는 거래할 때 기술적 분석과 기본적 분석을 혼용하지 않는다. 오직 기술적 지표에만 초점을 맞춘다. 나는 장기 투자자가 아니라 데이트레이더이기 때문에 기업의 기본적 측면을 신경 쓰지 않는다. 우리는 아주 빠르게 거래한다(게릴라 트레이딩!). 때로는 그 시간이 10초에서 30초 밖에 되지 않는다.

세상에는 수백만 명의 트레이더와 수백 가지 전략이 있다. 모든 트레이더는 자신에게 맞는 자신만의 전략을 필요로 한다. 우리는 이를 '우위'라 부른다. 시장에서 당신이 편안하게 느끼는 자신의 자리를 찾아야 한다. 내가 이런 전략에 초점을 맞추는 이유는 나에게 잘 맞기 때문이다.

나는 트레이더로서 경력을 쌓으며 9가지 전략이 최선의 진입구도를 제공한다는 사실을 깨달았다(각 전략은 뒤에서 설명할 것이다). 이 전략들은 이론적으로는 간단하지만 신호를 비교적 드물게 내보내기 때문에 마스터하기 어렵다. 그래서 많은 연습이 필요하다.

명심해야 할 또 다른 중요한 사실은 현재 시장에서 최대 60퍼센트를 차지하는 대다수 거래량은 알고리즘에 따른 초단타매매로 구성된다는 것이다. 즉 당신은 컴퓨터와 기계를 상대로 거래해야 한다. 컴퓨터를 상대로 체스를 둔 적이 있다면 결국 진다는 사실을 알 것이다. 한두 번 운이 좋을 수는 있지만 충분한 시간을 플레이하면 질 수밖에 없다. 같은 규칙이 알고리즘 매매에도 적용된다. 당신은 컴퓨터 시스템을 상대로 주식을 거래한다. 한편으로 이는 문제다. 당신이 보는 대다수 변화는 단지 컴퓨터들이 주식을 돌린 결과일 뿐이다. 다른 한편으로, 이는 또한 매일 (기관의 알고리즘 매매와 달리) 개인 트레이더들이 많이 거래하는 소수의 종목이 있다는 것을 뜻한다. 이 종목에서 당신은 알고리즘 매매를 압도할 것이다. 그래서 우리 같은 개인 트레이더들이 주가를 주도할 것이다. 매일 이런 특정 종목을 집중적으로 거래해야 한다. 이런 종목이 바로 4장에서 말한 활성화 종목, 즉 대개 실적에 따라 갭상승하거나 갭하락한 종목이다. 개인 트레이더들이 관심을 많이 갖고 많이 거래하는 종목을 찾아야 한다. 이런 종목을 거래해야 한다. 우리 개인 트레이더들은 힘을 합쳐 컴퓨터를 압도할 것이다. 다음에 나올 〈터미네이터〉 속편의 줄거리처럼 말이다.

나는 개인적으로 6장에서 설명한 봉차트를 쓴다. 각 봉은 일정한 기간(1분, 5분 등)을 나타낸다. 앞서 언급한 대로 성향과 트레이딩 스타일에 따라 1시간 차트나 5분 차트, 심지어 1분 차트 등 어떤 일중 시간 기준이라도 선택할 수 있다. 트레이딩 스타일에 다소 좌우되기는 하지만 대다수 성공적인 데이트레이더는 한 번에 최소 2가지 시간 기준을 확인한다. 긴 시간 기준은 전략적인 측면을 위한 것으로서 주가 움직임의 전반적인 추세와 큰 그림을 보여준다. 짧은 시간 기준은 전술적인 측면을 위한 것으로 적절한 진입과 탈출을 뒷받침한다. 내가 선호하는 것은 1분 차트이지만 동시에 5분 차트도 확인한다.

두어 개의 확실한 진입구도만 마스터하면 꾸준히 수익을 낼 수 있다는 것이 나의 트레이딩 철학임을 명심하라. 실제로 단순한 투자법을 따르면 혼란과 스트레스가 줄어든다. 또한 승자와 패자를 가르는 트레이딩의 심리적 측면에 더 집중할 수 있다.

포지션 관리 및 규모 결정

나의 전략을 설명하기 전에 진입, 탈출, 포지션 규모 결정 및 관리 방식부터 이해시키고자 한다.

2명의 트레이더가 하나의 전략을 토대로 포지션에 진입한다고 가정하자. 주가는 상승하다가 조금 하락한다. 한 트레이더는 수익을 잃을까 두려워한다. 그래서 작은 수익만 내고 빠르게 빠진다. 다른 트레이더는 주가가 하락할 때 포지션을 추가해 큰 수익을 낸다. 같은 전략을 따랐는데 다른 결과가 나온 것이다. 이는 모두 다른 마음가짐과 포지션 관리 스타일의 결과다.

앞서 설명한 대로 데이트레이딩은 하나의 사업이다. 다른 모든 사업과 마찬가지로 그 성공은 제품과 서비스로만 좌우되지 않는다. 성공의 큰 부분은 뛰어난 경영의 결과다. 가령 사업에 필요한 올바른 사람들을 뽑지 않거나, 그들을 제대로 감독하지 않으면 최고의 제품과 서비스를 갖추고도 돈을 벌지 못할 것이다.

데이트레이딩 사업도 마찬가지다. 포지션 관리는 성공의 열쇠다. 포지션 관리란 활성화 종목을 찾아서 전략을 실행하는 것과 다르다. 그보다는 포지션에 진입한 후 탈출하기 전에 하는 일을 말한다.

포지션 관리는 거래 계획만큼이나 중요하다. 적절한 포지션 관리는 꾸준하게 수익을 내는 트레이더와 결국 실패하는 트레이더를 가른다.

초보 트레이더는 포지션에 진입하면 주가가 수익 목표나 손절 지점에 이를 때까지 참을성 있게 기다려야만 한다고 생각한다. 이는 전문 트레이더들이 하는 일과 상반된다. 그들은 그것만으로는 충분치 않다는 사실을 안다. 거래를 계획하고 포지션에 진입할 때는 시장과 거래 계획의 타당성에 관해 최소한의 정보만 가진 상태다. 그러다가 진입 후 시장이 움직이면 새로운 가격 변동 내역 및 원래의 투자 아이디어에 따른 데이터를 얻게 된다. 해당 종목의 가격 변동은 포지션을 취한 이유를 뒷받침할 수도 있고 아닐 수도 있다. 그에 따라 포지션을 관리할 필요가 있다.

가령 강력한 지지선이 하방으로 뚫릴 것이라고 예상되는 종목을 공매도 포지션으로 수익을 내고 싶다고 가정하자. 당신은 일단 100주를 공매도하고 싶어한다. 모멘텀에 따라 거래하는 스캘퍼scalper들은 대개 지지선이 하방으로 뚫릴 때 스캘핑(분·초 단위로 거래하며 박리다매식으로 매매차익을 얻는 기법-편집자주)을 하기 시작할 것이다. 이 스캘퍼들이 수익을 취하고 나면 주가는 종종 지지선으로 반등해 새로운 저항선이 될지 시험한다. 주가가 (이제는 저항선이 된) 지지선 아래로 유지되면 하락하는 동안 공매도 포지션을 추가할 수 있다. 반대로 저항선이 깨지고 주가가 반등하면 작은 손실을 보고 손절해야 한다. 100주밖에 되지 않기 때문이다. 포지션 관리를 하려면 포지션을 안고 있는 동안 정보를 적극적으로 처리해야 한다. 그냥 포지션을 바라만 보고 있거나 익절 주문이 체결되기를 바라며 컴퓨터 앞을 떠나서는 안 된다. 스캘핑과 스캘퍼에 관해서는 강세 깃발형 모멘텀 전략에서 보다 자세히 설명할 것이다.

안타깝게도 포지션 관리는 꾸준히 수익을 내는 법을 배우기 위한 가장 중요한 요소인 동시에 신규 트레이더에게, 특히 책으로 가르치기 가장 어려운 요소다. 포지션 관리는 경험과 실시간 의사결정을 요구한다. 챗방에 가입해서 2주 정도 경험 많은 트레이더들이 어떻게 매매하는지 지켜보고, 포지션 관리를 위한 그들의 사고 과정을 들어보라고 권하는 이유가 거기에 있다.

경험 많은 2명의 트레이더가 같은 종목을 반대 포지션으로, 즉 1명은 롱 포지션, 다른 1명은 숏 포지션으로 들어가는 경우는 항상 흥미롭다. 종종 장 마감 무렵이 되면 둘 다 수익을 낸다. 이는 트레이더가 선택하는 종목과 그 방향보다 매매 경험과 리스크 관리 그리고 적절한 포지션 규모 결정이 더 중요하다는 사실을 증명한다. 가령 나는 친구인 브라이언 페짐과 종종 동시에 실시간으로 커뮤니티에서 같이 트레이딩을 한다. 그러면 가끔 서로 반대 포지션을 잡는 경우가 있다. 그래도 하루를 마감할 때 둘 다 수익을 낸다. 어떻게 그런 일이 가능할까? 이는 연습과 절제력 그리고 열띤 트레이딩 와중에도 감정을 다스리는 능력을 토대로 삼는다. 내 실력이 친구보다 낫다고 생각하고 싶기는 하지만 말이다!

포지션 규모 결정은 거래당 포지션의 크기를 결정하는 것을 말한다. 어떤 거래는 너무 뻔해서 큰 포지션을 잡을 수 있다. 그것을 '배를 가득 채운다'라고 표현하기도 한다. 이런 진입구도는 "날 붙잡아!"라고 소리친다. 어떤 거래 기회는 '대규모' 포지션을 취하기에 충분할 만큼 너무나 매력적이다. 다른 거래의 경우 일단 '맛'만 보고 나중에 포지션을 추가하고 싶을 수 있다. 포지션을 최대로 키울 때를 아는 것은 신규 트레이더가 반드시 습득해야 하는 능력이다. 부실한 포지션 규모 결정은 꾸준하지 못한 결과로 이어질 수 있다. 다만 3장에서 언급한 2퍼센트 규칙을 명심하라. 아무리 기회가 좋아도 한 번의 거래에 계좌의 2퍼센트 이상을 리스크에 노출하지 말아야 한다. 다른 날에도 거래할 수 있도록 살아남아라.

신규 트레이더는 의미 있는 수익을 내려면 큰 포지션을 취해야 한다고 생각한다. 나는 가끔 리스크/보상 구도가 유리할 때 대규모 포지션을 취한다. 그래도 리스크를 관리할 수 있어야 한다는 사실을 안다. 적절한 규모로 거래해도 충분히 돈을 벌 수 있다. 특히 활발하게 거래되는 활성화 종목에서는 더욱 그렇다. 활발한 종목을 소규모로 드나들면서 거래해도 많은 돈을 벌 수 있다. 마찬가지로 활발한 종목을 너무 큰 규모로 드나들며 거래해도 상당한 돈을 잃을 수 있다. 가령 유통주식 수가 적어서 몇 초 만에 10퍼센트나 20퍼센트씩 움직이는 종목의 경우 절대 대규모 포지션을 취하지 않는다. 주가가 대체로 싸서(1~10달러) 나의 매수 한도로 아주 큰 포지션을 취할 수 있다고 해도 말이다. 트레이딩 실력을 기르고 계좌를 불린 다음, 서서히 포지션을 키워라.

나의 거래 규모는 주가와 계좌 규모 그리고 리스크 관리 규칙(3장에서 제시)에 좌우된다. 다만 대개 주가가 10~50달러인 종목의 경우 2000주씩 거래한다.

1. 1000주를 매수한다.
2. 주가가 유리한 방향으로 움직이면 1000주를 더한다(손실 포지션이 아니라 수익 포지션을 키운다는 점에 주목하라).
3. 첫 목표 지점에서 400주를 매도하고, 손절 지점을 손익분기점(진입 지점)에 맞춘다.
4. 다음 목표 지점에서 600주를 매도한다.
5. 대개 나머지 1000주는 손절될 때까지 갖고 있다. 주가가 유리한 방향으로 계속 움직이면 항상 일부 주식을 계속 보유한다.

보다 비싼 종목(50~100달러)의 경우 총 포지션 규모를 400주로 줄인다. 주가가 100달러 이상인 종목은 거의 매매하지 않는다. 비싼 종목은 개인 트레이더에게 덜 매력적이며, 종종 컴퓨터와 기관 트레이더에게 지배당한다.

앞서 설명한 대로 일부 경험 많은 트레이더는 절대 한 번에 포지션에 진입하지 않는다. 즉 다양한 지점에서 매수하며 점차 포지션을 키운다. 최초 포지션 규모는 비교적 작을 수 있다. 그러나 가격 변동이 생각한 대로 이뤄지면 포지션을 키운다. 가령 100주로 출발했다가 다양한 단계에서 포지션을 키울 수 있다. 1000주를 매매할 경우 '500주, 500주' 또는 '100주, 200주, 700주'씩 진입한다. 이는 정확하게 실행하면 리스크와 포지션을 관리하는 탁월한 방법이다. 다만 이런 시스템으로 포지션을 관리하는 일은 대단히 어렵다. 또한 당연히 수수료가 싼 증권사가 필요하다. 많은 신규 트레이더는 수수료와 슬리피지 그리고 손실 포지션에 대한 물타기로 돈을 잃는다.

나는 '물타기'를 거의 하지 않는다. 언제나 '불타기'를 한다. 즉 수익 포지션에 주식을 추가한다. 포지션을 키우는 일은 양날의 검임을 명심하라. 초보자는 대개 손실 포지션에 물타기를 하는 용도로 이를 잘못 활용한다. 이는 나쁜 포지션에 귀한 자금을 허비하는 것이다. 나는 초보자에게는 포지션 키우기를 추천하지 않는다. 포지션 키우기와 물타기는 비슷해 보이지만 큰 차이가 있다. 물타기는 아마도 초보자가 저지르는 가장 흔한 실수일 것이다. 또한 거의 확실하게 짧은 트레이딩 경력의 끝으로 이어질 것이다.

물타기란 무엇일까?

당신이 주요 일중 지지선인 10달러에서 어떤 종목을 1000주 매수했다고 가정하자. 다음 저항선인 12달러 부근에서 매도하기를 바란다. 그러나 주가가 지지선을 깨고 8달러까지 떨어진다. 당신은 이 거래에서 손실을 입었고, 손절해야 마땅하다. 애초의 계획은 지지선 위에서 롱 포지션을 취하는 것이었다. 이제 지지선이 깨졌으니 계속 포지션을 유지할 이유가 없다. 그러나 당신은 손실을 받아들이고 넘어가는 대신 8달러에서 1000주를 더 산다. 이제 평균 9달러에 매수한 2000주를 보유하게 되었다. 주가가 목표 지점인 12달러에 이를 가능성은 낮다. 다만 9달러까지 반등할 가능성은 높다. 이 경우 본전에 2000주를 모두 팔고 손실 포지션에서 손실 없이 빠져나올 수 있다. 더 낫게는 주가가 9.50달러로 오르는 경우 2000주를 팔아서 1000달러의 수익을 낼 수 있다. 이는 매우 유혹적이지만 희망회로에 불과하다.

초보자에게 물타기는 계좌를 날리는 지름길이다. **데이트레이더에게 물타기는 통하지 않는다**는 사실을 명심하라. 나도 물타기를 해봤다. 85퍼센트의 경우는 물타기로 이득을 볼 수 있다. 그러나 판단이 틀린 15퍼센트의 경우 계좌를 날리게 된다. 이 15퍼센트의 거래로 발생한 손실은 85퍼센트의 거래로 발생한 수익을 훨씬 능가할 것이다. 마이크 벨라피오레의 《One Good Trade》 내용 대로 "물타기는 그냥 잊어라. 정신적 에너지를 낭비하는 것에 불과하다." 한 번만 거래를 잘못해도 계좌를 날릴 수 있고, 데이트레이딩 경력이 영원히 끝날 수 있음을 명심하라.

2015년에 나는 바이오테크 종목의 상승세를 타고 돈을 많이 벌었다. 그러나 10월이 되자 바이오테크 종목의 대량 투매가 시작되었다. 투매가 벌어지면 이후 차트로 보기 전에는 대규모 약세장이 될지 알 수 없다. 그리고 슬프게도 이미 늦었을 때가 되기 전에는, 투매가 끝나기 전에는 차트로 그 사실을 확인할 수 없다. 나는 투매가 정상적인 소폭 조정이 분명하다고 생각했다. 그 무렵 '다이렉시온 데일리 S&P 바이오테크 불 3X 셰어스Direxion Daily S&P Biotech Bull 3X Shares'(종목코드: LABU) 투매도 시작되었다. 주가는 148달러에서 60달러 아래로 떨어졌다. 나는 148달러로 반등하기를 바라며 120달러에서 100주를 매수했다. 주가는 반등하지 않았다. 오히려 100달러 아래로 떨어졌다. 나는 100주를 추가했다. 이제 평균 매수가는 110달러가 되었다. 주가는 80달러까지 더 떨어졌다. 나는 200주를 추가했다. 평균 매수가는 95달러가 되었다. 주가는 60달러까지 더 떨어졌다. 나는 400주를 추가했다(그리고 돈도 거의 떨어졌다). 평균 매수가는 77.50달러가 되었다. 나는 800주라는 큰 포지션을 안고 있었다. 주가는 58달러까지 더 떨어졌다. 나는 롱 포지션만 취했고, 완전히 틀리고 말았다. 증권사에서 마진콜이 들어왔다. 그래도 돈이 없어서 추가 입금을 할 수 없었다. 결국 증권사는 나의 계좌를 동결하고 포지션을 청산해버렸다. 이는 지금까지 트레이딩 경력에서 가장 심각한 손실이었다. 이틀 후 LABU의 주가는 100달러 위로 반등했다.

나는 '계좌에 자금만 더 있었다면…'이라며 아쉬워했다.

내가 LABU로 심각한 손실을 입은 이유가 과도한 매수와 부적절한 리스크 관리가 아니라 계좌 규모 때문이라고 생각하는가? 그렇다면 천연가스 선물에 관한 도박이 잘못된 캐나다 트레이더의 이야기를 들려주겠다. 인터넷으로 브라이언 헌터Brian Hunter를 검색하면 보다 자세한 내용을 확인할 수 있다.

그는 2006년 당시 90억 달러가 넘는 자산을 운용하는 거대 헤지펀드인 '아마란스 어드바이저스Amaranth Advisors'에서 인상적인 투자성적을 낸 슈퍼스타 트레이더였다. 캐나다 앨버타주 캘거리 출신의 1974년생 트레이더는 2006년 초에 천연가스 트레이딩으로 약 20억 달러를 벌었다. 그러나 여름이 되면서 천연가스 가격은 끔찍하고 이례적인 급락으로 4달러 아래로 떨어졌다. 수십억 달러의 자금을 가진 헌터는 시장을 무시했고, 계속 위험하고 변동성 심한 강세 포지션으로 물타기를 반복했다. 그가 거래하던 증권사인 JP모건은 엄청난 포지션을 뒷받침할 담보를 계속 요구했다. 그러나 담보를 제공할 수 없었던 헌터는 포지션을 강제로 청산당했다. 아마란스 어드바이저스의 운용 자산은 100억 달러에서 45억 달러로 줄어들었다. 무려 66억 달러의 손실 때문에 아마란스 어드바이저스는 완전히 사업을 접어야 했다.

그로부터 불과 2주 후 천연가스 가격은 반등했으며, 실제로 이전보다 더 올랐다. '브라이언 헌터의 계좌에 자금만 더 있었다면' 어땠을까? 내가 보기에는 100억 달러가 들어 있었어도 충분하지 않은 것 같다.

수십억 달러보다 훨씬 적은 자금으로 집에서 거래하는 트레이더는 이런 손실을 견딜 수 없다. 브라이언 헌터는 천연가스 가격이 하락하는 것이 아니라 상승해야 한다고 믿었다. 그러나 그의 생각은 틀렸다. 그 이유는 모르지만 브라이언 헌터 같은 트레이더는 돈을 버는 것보다 자신의 결정이 옳다는 것을 고집스레 우선시하는 때가 있다. 그들은 자신이 게임에서 생존할 수 있는 기간보다 시장이 더 오래 비합리적으로 지속될 수 있다는 사실을 편리하게 잊어버린다. 자존심에 휘둘리지 말아야 한다. 나쁜 결정을 내렸다면 손실을 감수하고 일찍 빠져나와라. 예측과 추정은 나름의 역할이 있다. 그러나 트레이더에게 가장 중요한 지표는 주가 변동이다. 반박할 수 없는 트레이딩 의견을 믿었지만 주가 변동이 그 믿음을 확증하지 않는다면 거래를 하지 마라. 긴 트레이딩 경력을 누리고 싶다면 주가 변동으로 입증되지 않은 예측을 믿어서는 안 된다. 당신이 할 일은 예측과 예상이 아니라 추세를 '인지'한 다음, 성공적으로 올라타는 것이다.

이제 데이트레이딩과 관련된 위험을 경고했으니 중요한 전략을 살펴보자.

전략 1: ABCD 패턴

ABCD 패턴은 거래에 활용할 수 있는 가장 기본적이고 쉬운 패턴 중 하나다. 그래서 초급 및 중급 트레이더에게 아주 좋은 선택지다. 이 패턴은 단순하고 오랫동안 알려졌지만 여전히 효과적으로 통한다. 지금도 참고하는 트레이더들이 아주 많기 때문이다. 당신은 무엇이든 다른 모든 트레이더가 하는 일을 해야 한다. 추세는 당신의 친구이기 때문이다. 어쩌면 시장에서 당신의 유일한 친구일지도 모른다. 그러면 그림 7.1에 나오는 패턴을 살펴보자.

ABCD 패턴은 강력한 상승 움직임으로 시작된다. 매수자들은 A지점에서 공격적으로 매수한다. 그에 따라 주가는 꾸준히 당일 신고점(B지점)을 찍는다. 당신은 포지션에 진입하고 싶어한다. 그러나 추격 매수를 해서는 안 된다. B지점은 이미 많이 상승한 고점이기 때문이다.

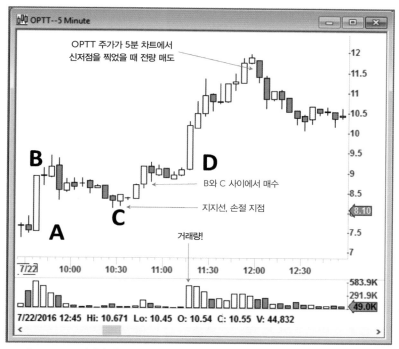

OPTT--5 Minute

OPTT 주가가 5분 차트에서
신저점을 찍었을 때 전량 매도

B

D

A

C

B와 C 사이에서 매수

지지선, 손절 지점

8.10

거래량!

7/22   10:00   10:30   11:00   11:30   12:00   12:30

583.9K
291.9K
49.0K

7/22/2016 12:45 Hi: 10.671 Lo: 10.45 O: 10.54 C: 10.55 V: 44,832

그림 7.1: ABCD 패턴의 예

또한 어디서 손절해야 하는지도 알 수 없다. 손절 지점을 모르는 채로 절대 포지션에 진입해서는 안 된다.

앞서 매수한 트레이더들은 B지점에서 서서히 매도해 이익을 실현하기 시작한다. 그에 따라 주가가 하락한다. 그래도 아직 진입하면 안 된다. 어디가 바닥이 될지 모르기 때문이다. 주가가 C지점 같은 특정 지점 아래로 내려가지 않으면 잠재적 지지선을 찾았다고 볼 수 있다. 따라서 거래 계획을 세우고 손절 지점 및 수익 실현 지점을 정할 수 있다.

그림 7.1은 '오션 파워 테크놀로지스Ocean Power Technologies Inc.'(종목코드: OPTT)의 2016년 7월 22일 자 차트다. 그날 유상증자 및 워런

트warrant(미래에 정해진 가격으로 주식을 매입할 수 있는 증권) 발행을 통해 약 400만 달러의 자금을 마련한다는 계획이 발표되었다. (주요 재료가 나왔다! 2장의 내용을 기억하는가?)

OPTT의 주가는 9시 40분 무렵에 7.70달러(A지점)에서 9.40달러(B지점)로 급등했다. 나는 첫 상승을 놓친 다른 많은 트레이더와 같이 주가가 B지점을 지나 특정 가격(C지점) 아래로는 떨어지지 않는다는 사실이 확인될 때까지 기다렸다. 나는 C지점이 지지선으로 주가를 떠받치며, 매수자들이 주가를 8.10달러(C지점) 아래로는 떨어트리지 않는다는 것을 확인했다. 그래서 C지점 근처에서 1000주를 매수했다. 또한 C지점이 뚫리는 곳을 손절 지점으로 정했다. 나는 주가가 더 올라서 B지점 가까이 가면 매수자들이 대규모로 올라탈 것임을 알았다. 앞서 언급한 대로 ABCD 패턴을 활용하는 것은 매우 고전적인 전략이다. 그래서 많은 개인 트레이더가 ABCD 패턴을 찾는다. D지점 근처에서 갑자기 거래량이 급등했다. 더 많은 트레이더가 뛰어들었다는 뜻이다.

나의 익절 지점은 주가가 5분 차트에서 신저점을 찍으면서 약세를 드러낼 때다. 주가는 12달러 근처까지 잘 상승하다가 11.60달러 근처에서 5분 차트 기준 신저점을 찍으면서 약세를 드러냈다. 이 지점에서 나는 모든 포지션을 정리했다.

그림 7.2는 다른 예로 종목코드 SPU의 2016년 8월 29일 자 차트다. 이 사례에는 사실 2개의 ABCD 패턴이 있다(두 번째 패턴은 abcd 패턴으로 표시했다). 대개 장이 진행될수록 거래량은 줄어든다. 그래서 두 번째 패턴은 규모가 작다. B지점과 D지점(그리고 이 사례에서는 b지점과 d

지점)에서는 언제나 거래량이 많을 것임을 참고하라.

　나는 이 2020년 판을 위해 ABCD 패턴을 활용하는 전략이 여전히 유효하다는 사실을 확실하게 해두고 싶었다. 나는 조사의 일환으로 커뮤니티의 최고참 트레이더 중 1명인 아이만Aiman에게 근래 거래한 일부 종목의 차트를 부탁했다. 그는 러시아에 사는 의대생으로 저녁에 미국 시장에서 트레이딩을 하며, ABCD 패턴 전략의 천재로 알려져 있다. 그는 그림 7.3과 7.4에 나오는 두 사례를 제공했다.

　그림 7.3은 아이만이 '피지앤이PG&E Corp.'(종목코드: PCG)를 2020년 4월 8일에 거래한 내역을 표시한 1분 차트다. 이 차트에는 ABCD 지점을 표시하지 않았다. 제대로 알고 있는지 확인하고 싶다

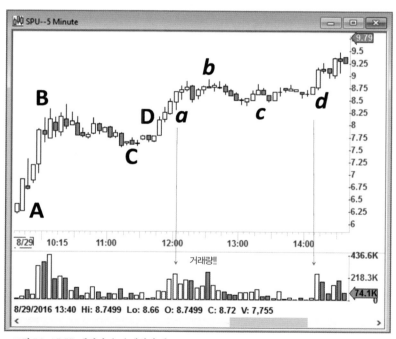

그림 7.2: ABCD 패턴과 abcd 패턴의 예

면 나의 이메일 주소인 andrew@bearbulltraders.com이나 아이만의 aiman@bearbulltraders.com으로 답을 보내주기 바란다. 답에는 다음 사항이 포함되어 있어야 한다. 그러면 답이 맞는지 알려주겠다!

- 진입 가격 및 시점
- 손절 가격

그림 7.3: 2020년 4월 8일에 PCG 차트에 나타난 ABCD 패턴. 진입 가격, 진입 시점, 손절 가격은 어디여야 할까? 답을 이메일로 보내주기 바란다.

또 다른 사례는 아이만이 '아메리칸 항공 그룹American Airlines Group Inc.'(종목코드: AAL)을 2020년 6월 15일에 거래한 내역이다. 코로나 팬데믹 발생 초기에 여행의 미래가 매우 불확실해지면서 항공 업종과 크루즈 업종의 변동성이 심해졌다. 아메리칸 항공 그룹은 우리가 선호하

그림 7.4: 2020년 6월 15일 AAL 차트에 나타난 ABCD 패턴

는 거래종목 중 하나였다. 그림 7.4는 그 종목의 5분 차트다. 당신이 참고할 수 있도록 3개의 ABCD 패턴을 표시했다. 흥미롭게도 C지점은 아이만이 거래하는 동안 강력한 지지선이 되어준 VWAP에 닿는다.

ABCD 패턴의 트레이딩 전략을 요약하자면 다음과 같다.

1. 나는 종목 검색이나 우리 챗방에 올라온 내용을 토대로 어떤 종목이 A지점에서 급등해 당일 주요 신고점(B지점)에 도달하고 있다는 사실을 인지한다. 이 경우 주가가 A지점보다 높은 가격에서 지지선을 형성하는지 확인한다. 해당 지지선이 C지점이다. 이 지점에서도 바로 뛰어들지는 않는다.
2. 나는 보합 국면 동안 계속 주가를 지켜본다. 그리고 포지션 규모와 손절 및 탈출 전략을 선택한다.

3. 주가가 C지점에서 지지되면 D지점이나 그 위까지 오를 것을 예상하고 C 지점 근처에서 진입한다.

4. 손절 지점은 C지점이 뚫릴 때다. 주가가 C지점 아래로 떨어지면 손절한다. 따라서 손실을 최소화하기 위해 C지점 근처에서 매수하는 것이 중요하다. 일부 트레이더는 ABCD 패턴이 정말로 통한다는 것을 확인하기 위해 더 기다렸다가 주가가 D지점에 이르러서야 매수한다. 이 방식은 기본적으로 보상을 줄이는 동시에 리스크를 키운다.

5. 주가가 오르면 D지점에서 포지션의 절반을 매도하고 손절 지점을 진입 지점(손익분기점)으로 올린다.

6. 주가가 수익 목표에 이르렀을 때 또는 상승세가 약해졌거나 매도자가 가격 변동의 주도권을 잡았다고 생각될 때 남은 포지션을 매도한다. 주가가 5분 차트에서 신저점에 이르는 것은 매수자들이 거의 지쳤다는 좋은 지표다.

전략 2: 강세 깃발형 모멘텀

데이트레이딩에서 강세 깃발형은 대개 10달러 이하의 유통주식수가 적은 종목에서 대단히 잘 통한다. 이 트레이딩 전략은 리스크를 관리하기 어려우며, 빠른 체결이 가능한 플랫폼을 필요로 한다.

그림 7.5에 나오는 패턴은 '강세 깃발형'이라 부른다. 깃대에 달린 깃발을 닮았기 때문이다. 강세 깃발형 패턴에서는 여러 개의 (깃대 같은) 대형 양봉과 함께 (깃발처럼) 횡보하는 일련의 작은 봉들 또는 데이트레이더들의 표현으로는 '보합 국면'이 나온다. 보합은 더 낮은 주

보합 국면(깃발)

강세 봉(깃대)

그림 7.5: 하나의 보합 국면을 지닌 강세 깃발형 차트의 예

가에 매수한 트레이더들이 이제 수익을 실현하고 있다는 뜻이다. 그래도 주가가 급락하지는 않는다. 매수자들이 여전히 진입하고 있으며, 매도자들은 아직 주도권을 잡지 못했기 때문이다. 강세 깃발형이 시작되기 전에 매수하지 못한 많은 트레이더는 이제 포지션을 취할 기회를 노린다. 현명한 트레이더는 주가가 크게 올랐을 때 매수하는 것이 위험하다는 사실을 안다. 이를 '추격 매수'라 한다. 프로 트레이더는 조용한 시기에 진입해 주가가 요동칠 때 수익을 실현하려든다. 이는 아마추어들이 매매하는 방식과 완전히 상반된다. 그들은 주가가 달리기 시작할 때 뛰어들거나 뛰어나오고, 주가가 잠잠해지면 지루해하며 흥미를 잃는다.

그림 7.6: 두 번의 보합 국면을 지닌 RIGL의 강세 깃발형

시간	종목 코드	주가	금일 거래량	상대 거래량	유통 주식수	5분 거래량	
12:45:00 PM	CELP	8.68	53,491	2.70	4.26M	4,059	강한 소형주 강세 깃발형 모멘텀
12:38:51 PM	RESN	5.66	88,841	3.78	5.63M	2,168	강한 소형주 강세 깃발형 모멘텀
12:36:15 PM	RIGL	3.94	42.49M	120.83	89.1M	4,111	중형주 강세 깃발형 모멘텀
12:34:59 PM	ITEK	7.16	659,979	7.18	13.2M	19.3K	중형주 강세 깃발형 모멘텀
12:31:52 PM	RIGL	3.91	41.87M	120.97	89.1M	3,994	중형주 강세 깃발형 모멘텀
12:29:30 PM	KPTI	9.42	1.47M	22.72	3.93M	1,450	소형주 강세 깃발형 모멘텀
12:29:30 PM	KPTI	9.39	1.47M	22.72	3.93M	1,445	소형주 강세 깃발형 모멘텀
12:12:37 PM	AMID	12.08	2.62M	28.09	20.7M	55.5K	+10달러 강한 강세 깃발형 모멘텀
11:57:44 AM	LNTH	9.96	604,695	4.84	11.3M	543.7	중형주 강세 깃발형 모멘텀
11:56:42 AM	LNTH	9.95	599,426	4.83	11.3M	569.0	중형주 강세 깃발형 모멘텀
11:51:04 AM	BIOL	1.81	224,633	6.43	32.4M	2,353	중형주 강세 깃발형 모멘텀

검색 기록: 일간 강세 깃발형 모멘텀 스캘핑 전략

그림 7.7 나의 일중 강세 깃발형 전략 검색창

추격 매수는 초보자들에게 계좌 킬러다. 주가가 신고점을 찾은 다음 보합이 나올 때까지 기다려야 한다. 주가가 보합 구간에서 흩어지는 순간 매수를 시작할 수 있다. 인내는 실로 미덕이다.

강세 깃발형은 대개 여러 보합 국면을 보여준다. 나는 첫 번째와 두 번째 보합 국면에만 진입한다. 세 번째 이후의 보합 국면은 위험하다. 보합 국면이 너무 길게 이어져서 매수자들이 곧 주도권을 잃을 것임을 나타내기 때문이다. 그림 7.6의 사례를 살펴보자. 이는 2016년 8월 30일에 RIGL 종목에 나타난 강세 깃발형이다.

이 차트는 두 개의 강세 깃발형 패턴을 담고 있다. 대개 첫 번째 강세 깃발을 잡아내기는 어렵기 때문에 놓칠 확률이 높다. 그래도 검색창을 통해 포착할 수는 있어야 한다. 그래야 다음 강세 깃발에 대비할 수 있다. 그림 7.7은 이 기간에 해당 종목을 검색한 나의 검색창이다.

보다시피 나의 검색창은 오후 12:31:52와 오후 12:36:15에 모두 '리겔 제약Rigel Pharmaceuticals'(종목코드: RIGL)을 보여주었다. 나는 이를 보자마자 상대 거래량도 상당히 높다는(통상 거래량의 120배) 사실을 깨달았다. 그에 따라 데이트레이딩을 위한 완벽한 진입구도가 만들어졌다. 나는 첫 번째 보합 국면이 끝나기를 기다렸다. 그리고 주가가 당일 고점을 향해 오르기 시작하는 순간 뛰어들었다. 손절 지점은 보합 구간이 뚫리는 지점으로 설정했다. 진입 및 탈출 지점은 그림 7.8에 표시했다.

모든 짧은 시간 기준, 즉 1분, 2분, 5분 차트에서 강세 깃발형 패턴을 볼 수 있다. 그러면 이제 OPTT 종목의 2016년 6월 1일 자 2분 차트인 그림 7.9를 보자. 보다시피 장이 열리자 바로 강력한 강세 깃발이

그림 7.8: RIGL의 강세 깃발형 전략에 따른 진입, 손절, 탈출

나온 데 이어 보합 국면이 뒤따른다. 1차 보합 국면이 완성되자마자 또 다른 작은 강세 깃발이 형성된다. 보합 이후 거래량이 크게 늘며 진입 기회임을 확증한다.

또한 이 차트에서 또 다른 보합 국면에 이어 다시 강세 깃발이 나온 것을 확인할 수 있다. 2차 보합 국면 이후 거래량이 크게 높아지며 다시 진입 기회가 나왔음을 확증한다. 그러나 나는 한 종목에서 2번 이상 강세 깃발형 패턴에 거래하지 않는다. 보다시피 (7달러 근처에서) 3차 강세 깃발이 나온 후 하락이 시작된다. 이 전략과 별개로 OPTT의 주가가 단 35분 만에 1.50달러에서 7달러까지 오른 것을 인지했는가? 10달러 이하의 소형주 종목은 이런 움직임을 기대할 수 있다. 강세 깃발형 패턴에 관한 트레이딩 전략을 요약하자면 다음과 같다.

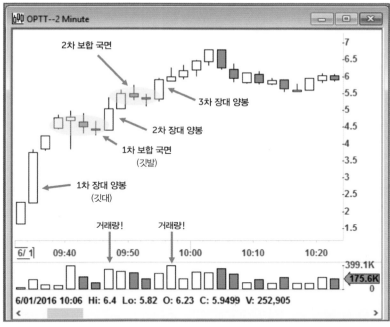

그림 7.9: OPTT 차트에 나타난 세 번의 보합 국면. 각 보합 국면 이후 거래량이 늘어난 것에 주목하라.

1. (검색창이나 챗방에 올라온 내용을 보고) 주가가 급등하는 종목을 확인하면 보합 국면이 나올 때까지 참을성 있게 기다린다. 바로 포지션에 뛰어들지 않는다(이 위험한 행동을 '추격 매수'라고 한다는 것을 기억하라).

2. 보합 국면이 전개되는 동안 주가를 지켜본다. 포지션 규모와 손절 및 탈출 전략을 선택한다.

3. 주가가 보합 구간의 고점을 넘어서는 순간 진입한다. 손절 지점은 보합 구간의 하단이 뚫리는 지점이다.

4. 상승 구간에서 포지션의 절반을 매도해 이익을 실현한다. 손절 지점은 보합 구간의 하단에서 진입 가격(손익분기점)으로 올린다.

5. 주가가 수익 목표에 이르렀을 때 또는 상승세가 약해졌거나 매도자가 가

강세 깃발형 패턴은 근본적으로 소형주에서 보다 자주 발생하는 하나의 ABCD 패턴이다. 다만 10달러 이하 종목에 강세 깃발형 전략을 쓸 때 많은 트레이더는 돌파 지점이나 그 근처에서만 매수한다(중형주에 대한 ABCD 패턴 전략의 반대). 그 이유는 소형주의 경우 주가 변동 속도가 빨라서 금세 상승세가 사라지기 때문이다. 그래서 강세 깃발형 전략은 어느 정도 **모멘텀 및 스캘핑 전략**이다. 스캘퍼는 주가가 달릴 때 매수한다. 보합 국면(대기 및 보유 국면)에서 매수하는 경우는 드물다. 이런 종목은 대개 빠르고 가차없이 하락한다. 그래서 돌파가 확증되었을 때만 뛰어드는 것이 중요하다. 보합 구간의 상단을 돌파할 때까지 기다리는 것은 소형주를 거래할 때 리스크와 노출 시간을 줄이는 방법이다. 매수 후 보유 상태로 기다리면 노출 시간이 늘어난다. 스캘퍼들은 그냥 돌파가 나오기를 기다렸다가 주문을 전송한다. 진입 후에는 작은 이익을 취하고 빠르게 빠져나온다. 이것이 모멘텀 스캘퍼의 철학이다.

- 돌파 지점에서 들어간다.
- 이익을 실현한다.
- 빠져나온다.

강세 깃발형 패턴은 상승 추세에서 발견되며, 롱 포지션 기반 전략이다. 강세 깃발형 패턴을 토대로 공매도를 해서는 안 된다. 나는 개인적으로 모멘텀 전략을 많이 쓰지 않는다. 이 전략은 위험하므로 초보자의 경우 매우 신중하게 활용해야 한다. 만약 활용하기로 했다면 모의투자로 충분히 연습한 후 소규모로 해야 한다. 또한 스캘핑을 하려면 체결 속도가 아주 빠른 시스템이 필요하다.

전략 3, 4: 반전 매매

천장 및 바닥 반전은 데이트레이더들이 애용하는 2개의 다른 전략이다. 그 이유는 진입 지점 및 탈출 지점이 분명하기 때문이다. 이 단락에서는 검색창을 활용해 반전 진입구도를 찾는 법, 미결정 봉 또는 도지형 봉을 활용해 진입하는 법, 손절 지점 및 수익 목표를 설정하는 법, 수익이 난 거래에서 빠져나오는 법을 설명할 것이다.

나는 챗방 회원들에게 올라간 것은 반드시 내려온다고 거듭 말한다. **너무 길게 추세가 이어지면 추격 매수하지 마라.** 그 반대의 경우도 성립된다. 내려간 것은 반드시 어느 정도 돌아오게 되어 있다. 어떤 종목에서 투매가 나오는 경우 그 이면에 2가지 이유가 있다.

1. 기관 트레이더와 헤지펀드가 대규모 포지션을 시장에서 매도하기 시작해 주가가 하락한다.
2. 트레이더들이 펀더멘털과 관련된 악재 때문에 공매도를 시작한다. 그러나 그들은 조만간 숏 포지션을 커버해야 한다. 이 지점에서 진입을 기다려야 한다. 공매도자들이 숏 포지션을 커버할 때 주가는 빠르게 반전한다. 이를 '숏 스퀴즈'라 한다. 그 흐름을 타야 한다.

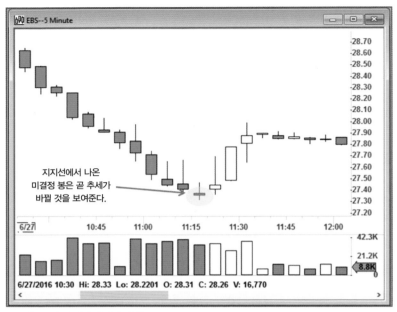

그림 7.10: EBS의 반전 전략 사례

정확하게 무엇을 찾아야 하는지 알 수 있도록 사례들을 바탕으로 설명하겠다. 그림 7.10은 장 개시 후 심한 투매가 나온 '이머전트 바이오솔루션Emergent BioSolutions Inc.'(종목코드: EBS)의 사례다. 이런 움직임이 나오면 숏 포지션을 잡기 대단히 어렵다. 해당 종목을 발견했을 때는 이미 공매도를 하기에는 너무 늦었기 때문이다. 그래도 '올라간 것은 반드시 내려온다'는 주문을 기억해주기 바란다. 이 주문에 따라 반전 기회를 기다릴 수 있다.

각 반전 전략에는 4가지 중요한 요소가 있다.

1. 5분 차트에서 최소한 5개의 봉이 위나 아래로 움직인다.
2. 극단적인 5분 RSI(상대강도지수Relative Strength Index)가 나온다. 90 이상 또

는 10 이하의 RSI가 관심을 끈다. 유명한 기술적 분석가인 웰리스 와일
더 주니어Welles Wilder Jr.가 처음 개발한 RSI는 일정한 기간에 걸쳐 근래
의 상승 및 하락의 규모를 비교해 가격 변동의 속도와 정도를 측정하는
지표다. RSI 수치는 0에서 100까지다. 반전 전략을 따르는 트레이더들은
RSI 수치를 활용해 과매수나 과매도 상태를 파악하고, 매수 신호나 매도
신호를 찾는다. 가령 RSI 수치가 90 이상이면 과매수 상태이며, 10 이하
이면 과매도 상태다. 트레이딩 플랫폼이나 검색 소프트웨어가 RSI를 자
동으로 계산해준다.

이 두 요소는 해당 종목의 주가가 실로 과도한 수준까지 나아갔다
는 사실을 말해준다. 검색창을 보고 이 모든 데이터 포인트에 주의를
기울여야 한다. 나는 RSI가 20보다 낮거나 80보다 높으면 따로 표시
하도록 검색 조건을 설정했다. 그래야 빨리 인지할 수 있기 때문이다.
특정한 RSI 수준과 특정한 수준의 연속 봉을 동시에 찾아야 한다.

3. 주요 일중 지지선이나 저항선 또는 그 근처에서 거래된다. 지지선이나
   저항선을 찾는 구체적인 방법은 뒤에 나오는 지지선 및 저항선 트레이딩
   부분을 읽어라. 나는 주가가 (바닥 반전의 경우) 주요 지지선이나 (천장
   반전의 경우) 주요 저항선 근처에 있을 때만 반전 전략을 따른다.
4. 추세가 끝나가면 대개 팽이형이나 도지형 같은 미결정 봉이 형성된다.
   이때 거래를 준비해야 한다.

반전 트레이딩을 할 때는 6장에서 살핀 미결정 봉들 중 하나를 찾
아야 한다. 이런 봉은 추세가 곧 바뀐다는 표시다. 도지는 꼬리가 몸통

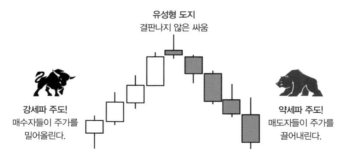

그림 7.11: 천장 반전 전략에 따른 진입 신호로서 미결정 유성형 봉이 형성된 사례

보다 긴 봉이다. 그림 7.11에서 약세 도지형 봉을 볼 수 있다. 위꼬리가 긴 도지는 '위꼬리형' 또는 '유성형'으로 불린다. 봉은 시가, 종가, 고가, 저가의 4가지 사항을 말해준다. 위꼬리가 달린 봉이 나오면 해당 기간에 주가가 올랐다가 그 수준을 유지하지 못하고 밀렸음을 알 수 있다. 즉 매수세와 매도세가 약간 싸우다가 매수자들이 주가를 밀어 올리는 데 실패했음을 보여준다. 이는 매도자들이 곧 주도권을 잡아 주가를 끌어내릴 것임을 말해주는 좋은 표시다.

강세 도지의 경우도 마찬가지다. 그림 7.12에서 약세 도지를 볼 수

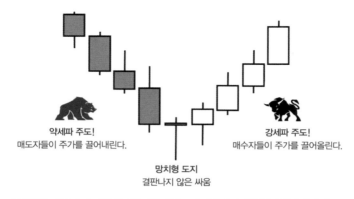

그림 7.12: 바닥 반전 전략에 따른 진입 신호로서 미결정 망치형 봉이 형성된 사례

있다. 아래꼬리가 긴 도지는 '아래꼬리형' 또는 '망치형'으로 불린다. 아래꼬리가 달린 망치형 봉이 나오면 해당 기간에 주가가 내렸다가 그 수준을 유지하지 못하고 반등했음을 알 수 있다. 즉 매수세와 매도세가 싸우다 매도자들이 주가를 끌어내리는 데 실패했음을 보여준다. 이는 매수자들이 이제 주도권을 잡아 주가를 밀어올릴 것임을 말해주는 좋은 표시다.

반전 트레이딩을 할 때는 도지형 봉 내지 미결정 봉을 찾아야 한다. 이런 봉은 추세가 곧 바뀐다는 표시다. 또한 반전 전략을 활용하기 위해서는 패턴이 뒤집히기 시작했다는 분명한 증거를 찾아야 한다. 절대 반전 트레이딩의 잘못된 쪽에 서면 안 된다. 이를 다른 말로 '떨어지는 칼날을 잡는다'고 한다. 이는 주가가 심하게 급락할 때(떨어지는 칼날) 반등할 것이라고 짐작하고 매수하지 말아야 한다는 뜻이다. 주가가 떨어지면 반전의 증거가 나오기를 기다려야 한다. 그 증거는 대개 '(1) 도지형 봉 또는 미결정 봉이 형성되고, (2) 첫 1분 봉 또는 첫 5분 봉이 주요 일간 지지선 근처의 신고점에 이르는 것'이다. 거기가 나의 진입 지점이다. 손절 지점은 이전 봉의 저점 또는 지지선이 뚫리는 지점으로 정한다.

반전 트레이딩에서는 RSI가 극단(90 이상, 10 이하)에 있는 것이 가장 좋다. 이 수치를 확인했다면 (바닥 반전의 경우) 강력한 일간 지지선이나 (천장 반전의 경우) 저항선 근처에서 실제로 진입할 지점을 찾아야 한다. 앞서 말한 대로 나의 진입 지점은 첫 1분 봉이나 5분 봉이 (바닥 반전의 경우) 신고점에 이르거나, (천장 반전의 경우) 신저점에 이를 때다. 또한 주요 일중 지지선 또는 저항선 근처에서 거래가 이뤄져야 한다.

바닥 반전의 경우 연속으로 신저점을 찍는 음봉들이 길게 이어진 후 주요 지지선 근처에서 신고점을 찍는 첫 양봉이 대단히 중요하다. 그때가 나의 진입 지점이다. 가끔 1분 차트를 쓰지만 대개 5분 차트에서 신호가 나오기를 기다린다. 그것이 훨씬 나은 증거이기 때문이다. 5분 차트는 더 명확하다. 일중 지지선 근처에서 신고점을 찍은 첫 5분 봉이 나올 때가 반전 전략에 따른 나의 진입 지점이다. 손절 지점은 당일 저점으로 잡는다.

반전 트레이딩에서 탈출 지표는 아주 단순하다. 주가가 이동평균선(9EMA나 20EMA 또는 VWAP)이나 다른 주요 일중 선에 닿을 때 이익을 실현한다.

나는 바닥 반전 전략을 따를 때 주가가 반등했다가 갑자기 다시 하락하면 손절한다. 또한 롱 포지션에 뛰어들어 주가가 더 오르기를 바랐는데 결국 횡보하는 경우도 있다. 이런 경우는 주가 하락을 앞두고 보합 국면이 전개되고 있을 가능성이 높다. 즉 주가가 계속 떨어질 것이라는 표시다. 나는 포지션을 잡고 몇 분 동안 기다렸지만 주가가 횡보하면 나중에 어떻게 되든 일단 빠져나온다. 내가 틀릴 수도 있지만 미지의 결과에 계좌를 노출시키고 싶지 않다. 나는 올바른 진입구도에 들어가야 한다. 상황이 아직 준비되지 않았다면 빠져나온다. 또한 수익 구간에 들어서면 손절 지점을 조정하기 시작한다. 즉 처음에는 손익분기점으로 맞추고, 그 다음에는 마지막 5분 봉의 저점으로 맞춘다. 이런 식으로 주가가 오르는 동안 계속 조정한다.

반전 전략에서 트레이더가 해야 할 핵심 과제 중 하나는 주가가 급등하거나 급락하는 종목을 지켜보는 것이다. 이때 일간 차트에서 반전 전략을 따를 좋은 기회를 제공하는 지지선이나 저항선 또는 구간을 파악해야 한다. 그러면 충동적으로 포지션에 뛰어드는 것을 방지할 수 있다. 즉 정체 구간이 나올 때까지 기다리게 된다. 시간을 갖고 주가 변동이 전개되는 양상을 지켜보며 반전이 시작되기를 기다리는 것이다.

바닥 반전

다음 그림 7.13에 나오는 멋진 차트는 EBS 차트다. 이 차트는 내가 종목 검색을 통해 찾은 완벽한 반전 트레이딩 기회를 보여준다. 하락 추세의 바닥에 있는 미결정 봉은 잠재적 반전을 알려준다. 보다시피 그

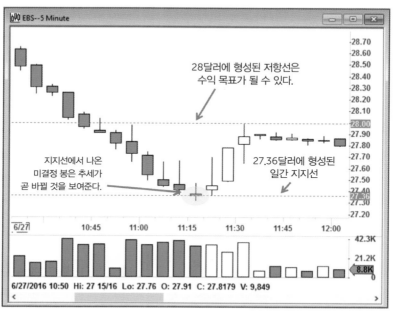

그림 7.13: 바닥 반전 전략에 따라 분석한 EBS 차트

직후에 커다란 반등이 나온다. 나는 미결정 도지형 봉을 본 직후 포지션을 잡았다. 손절 지점은 해당 미결정 봉의 저점으로 유지했다. 나는 EBS 종목이 검색창에 올랐을 때 즉시 차트를 일간 차트로 바꿨다. 그리고 각각 27.36달러와 28달러인 주요 지지선 및 저항선을 찾아냈다. 앞서 말한 대로 지지선과 저항선을 찾는 방법은 뒤에 나오는 내용을 읽어라.

반전 전략이 지닌 가장 중요한 장점은 주가가 크게 움직일 때를 예측해야 하는 어려움을 극복한다는 것이다. 주가가 급락하기 시작하는 때는 놓치기 쉽다. 그래서 공매도로 수익을 낼 시간이 없을 것이다. 반면 반전 거래는 항상 준비할 수 있다. 그림 7.14는 바닥 반전 전략의 또 다른 사례다.

그림 7.14: ALR 차트로 본 바닥 반전 전략

종목코드	시간	연속봉	주가	유통주식수	ATR	10분거래량	상대거래량
GWRE	10:57	-6	57.49	72.45M	1.50	48.7	2.35
PHG	10:57	-8	23.04	912.49M	0.66	163.9	3.18
BXP	10:57	-10	125.53	152.55M	1.91	82.6	1.68
ALR	10:57	-7	40.70	82.21M	0.77	142.9	1.21
BOFI	10:57	-7	15.51	57.57M	0.65	105.6	1.63
IMAX	10:57	-6	27.62	58.75M	0.90	77.6	1.02
DIS	10:57	-6	94.19	1.49B	1.41	141.8	1.45
COP	10:57	-10	41.29	1.24B	1.47	84.4	1.65
YELP	10:57	-9	26.57	54.92M	1.09	138.0	1.61
P	10:57	-4	11.25	188.46M	0.48	245.0	1.23
UHS	10:57	-11	129.57	87.99M	2.75	99.0	1.29
AYI	10:57	-8	234.47	43.02M	5.03	172.2	1.73
RNG	10:57	-6	19.04	56.45M	0.60	60.7	1.98
YNDX	10:57	-10	19.78	264.00M	0.81	496.1	2.02
CAB	10:57	-6	46.42	45.13M	0.99	112.5	1.46
ETN	10:57	-8	54.36	456.47M	1.33	485.9	5.74
FSIC	10:57	-5	8.55		0.17	89.7	0.83
EZPW	10:56	-5	6.77	45.20M	0.34	106.3	1.50
ZOES	10:56	-6	34.60	17.22M	1.18	733.1	2.85

그림 7.15: ALR 종목에서 음봉이 7개 연속으로 나왔음을 보여주는 트레이드 아이디어스 실시간 바닥 반전 검색창

2016년 6월 27일 오전 10시 57분에 트레이드 아이디어스 실시간 바닥 반전 검색창에서 '엘리어Alere Inc.'(종목코드: ALR)를 발견했다. 그림 7.15를 보라.

오전 10시 57분에 나의 검색창은 ALR 종목에서 음봉이 7개 연속으로 나왔음을 보여주었다. 이 종목은 유통주식수가 중간 정도(8000만 주)였고, 상대 거래량은 1.21로서 통상적인 수준보다 많이 거래되고 있었다. 사실 나는 진입 지점을 놓쳤기 때문에 포지션을 취하지는 않았다. 그래도 바닥 반전을 노리는 전반적인 트레이딩 전략이 어떤 양상인지 보여주고 싶었다. ALR 종목의 5분 차트인 그림 7.14를 다시

보면 40.67달러에 주요 일중 지지선이 형성된 것을 알 수 있다. 주가는 통상적인 수준보다 많은 거래량과 함께 이 선에서 반전했다. 다만 미결정 봉은 나오지 않았다는 점에 주목하라. 대신 장대 양봉이 반전을 알렸다. 때로는 반전이 너무 빨리 이뤄져서 미결정 봉이 형성되지 않는다. 따라서 주요 일중 지지선이나 저항선 근처에서 가격 변동을 관찰하는 것이 중요하다. 물론 평소보다 많은 거래량을 토대로 반전의 증거를 확인해야 한다.

반전 전략을 쓸 때는 극단적인 경우에 속하는 종목만 거래해야 한다. 앞에서 본 사례는 주가가 반전하기 전에 극단적인 하락 움직임을 보였다. 하루 종일 천천히 하락하는 종목은 대개 반전 전략에 적합하지 않다. 그런 종목은 이동평균 추세 전략을 위한 좋은 후보다. 짧은 시간에 하방으로 과도하게 또는 공매도를 위해서는 상방으로 과도하게 나아갔으며, 반전 지점에서 높은 거래량이 나온 종목을 찾아라. (그림 7.15가 보여주는 검색창에서 바닥 반전이 나온 ALR 종목처럼) 큰 움직임에 이어 반전 지점에서 상당한 거래량이 나오는 종목을 찾아라. 해당 종목을 찾으면 주가가 반전할 것임을 말해주는 두어 개의 핵심 지표를 확인해야 한다. 그 다음에 포지션을 취해야 한다. 이미 여러 번 말했지만 올라간 것은 반드시 내려온다. 종종 이런 종목은 며칠, 몇 주, 몇 년 동안의 상승폭을 몇 분 만에 되돌린다. 그래서 반전 시점을 정확하게 찾아내는 것이 매우 중요하다.

다시 말하지만 천장 반전 및 바닥 반전 전략을 성공시키는 핵심은 주요 일간 지지선 또는 저항선이나 그 근처에서 극단적인 움직임이 나온 종목을 거래하는 것이다. 극단적인 움직임은 어떤 기준으로 판단할까? 다음은 내가 참고하는 기준이다.

1. RSI가 90 이상이나 10 이하로 극단적인 수치가 나오면 흥미가 생긴다.
2. 거래량이 매우 많다. 거래량은 대개 가격 변동의 방향으로 늘어나며, 반전 지점에서 최대치에 이른다.
3. 끝으로 5개 이상의 연속 양봉 또는 음봉 이후 미결정 봉 또는 도지형으로 끝나는 종목은 확실히 관심을 끈다. 이런 전개는 대개 매도자와 매수자 사이에 싸움이 벌어졌으며, 이전까지 힘이 더 세던 쪽이 더 이상은 그렇지 않다는 것을 말해준다. 위에 나오는 ALR 종목의 사례(그림 7.14와 7.15)에서 보았듯이 때로는 미결정 봉 없이 반전이 이뤄진다. 이런 경우 강한 반전 봉, 즉 바닥 반전은 장대 양봉, 천장 반전은 장대 음봉을 찾아야 한다.

이 마지막 요점과 관련해 주의할 점이 하나 있다. 가끔 5개에서 10개의 연속 봉이 나와도 주가가 별로 움직이지 않을 때가 있다. 이런 경우 주가가 서서히 하락하지만 반전 전략을 쓸 좋은 대상으로 보기에는 그 속도가 충분히 빠르지 않다. 동시에 발생하는 이 모든 지표들을 종합적으로 살펴야 한다. 단지 주가가 너무 높다는 이유로 공매도하려 들지 마라. 설령 말이 되지 않더라도 대중의 결정 또는 시장에 맞서지 말아야 한다. 대중을 따라갈 필요는 없다. 그러나 그들을 거스르지 마라.

이 모든 요소를 조합하면 매력적인 손익비 덕분에 내가 성공적으로 활용한 전략이 만들어진다. 손익비는 평균 수익과 평균 손실을 비교한 것이다. 많은 신규 트레이더는 대단히 부실한 손익비를 기록하고 만다. 수익 종목을 너무 빨리 팔고, 손실 종목을 너무 오래 안고 있기 때문이다. 이는 신규 트레이더들 사이에 매우 흔한 습관이다. 반전 전략은 신규 트레이더들에게 더 나은 손익비를 제공한다. 바닥 반전 트레이딩 전략을 요약하자면 다음과 같다.

1. 장대 음봉이 4개 이상 나온 종목을 보여주도록 검색 조건을 설정한다. 검색창에 종목이 뜨면 빠르게 거래량과 현재가 근처의 일간 지지선이나 저항선을 살펴서 반전 거래를 하기 좋은 종목인지 파악한다.
2. 바닥 반전 전략을 쓸 수 있는 근거가 나오기를 기다린다. 그것은 '(1) 강세 도지형 봉이나 미결정 봉 또는 장대 양봉 형성, (2) 주요 일중 지지선 또는 그 근처에서의 거래, (3) RSI 10 이하'다.
3. 1분 차트나 5분 차트에서 신고점을 찍으면 매수한다.
4. 손절 지점은 이전 음봉의 바닥이나 당일 저점이다.
5. 수익 목표는 '(1) 다음 저항선, (2) VWAP(거래량가중평균가격)나 9EMA, 20EMA(더 가까운 것)을 선택, (3) 주가가 5분 차트에서 신저점을 찍을 때'다. 이는 매수자들이 지쳤으며, 매도자들이 다시 주도권을 잡고 있음을 뜻한다.

천장 반전

앞서 살핀 대로 천장 반전 전략은 바닥 반전 전략과 비슷하다. 다만 공매도 측면에 속한다. '베드 배스 앤드 비욘드Bed Bath & Beyond Inc.' (종목코드: BBBY)의 2016년 6월 23일 거래 내역을 예로 들어보자. 그림 7.16에 나온 나의 검색창은 BBBY 종목이 오전 10시 18분에 6개의 연속 양봉을 만들며 상승하고 있음을 보여주었다. 상대 거래량은 21.60으로 통상적인 수준보다 훨씬 많았다(개인 트레이더들은 이례적인

종목코드	시간	연속봉	주가	유통주식수	ATR	15분 거래량	당일 거래량	상대 거래량
KEX	10:18	4	68.52	52.5M	1.66	94.1	58,955	1.11
KEX	10:18	4	68.51	52.5M	1.66	93.6	58,855	1.11
BBBY	10:18	6	44.60	149M	1.18	1.1K	5.28M	21.60
BBBY	10:18	6	44.58	149M	1.18	1.1K	5.28M	21.59
BBBY	10:18	6	44.57	149M	1.18	1.1K	5.28M	21.59
BBBY	10:18	6	44.56	149M	1.18	1.1K	5.28M	21.59
BBBY	10:18	6	44.55	149M	1.18	1.1K	5.27M	21.59
BBBY	10:18	6	44.55	149M	1.18	1.1K	5.27M	21.59
BBBY	10:18	6	44.53	149M	1.18	1.1K	5.27M	21.58
BBBY	10:18	6	44.51	149M	1.18	1.1K	5.27M	21.58
BBBY	10:18	6	44.50	149M	1.18	1.1K	5.27M	21.57
BBBY	10:18	6	44.49	149M	1.18	1.1K	5.27M	21.57
THC	10:17	5	29.04	79.8M	0.95	139	174K	1.37
KSS	10:17	4	37.77	182M	1.09	70.6	330K	0.45
INCY	10:17	5	80.22	174M	3.03	108	188K	1.29
INCY	10:17	5	80.22	174M	3.03	108	188K	1.29
KSS	10:17	4	37.75	182M	1.09	69.8	329K	0.45
SSYS	10:17	4	22.85	51.2M	1.01	172	158K	0.87
THC	10:17	5	29.03	79.8M	0.95	138	174K	1.38
THC	10:17	5	29.03	79.8M	0.95	138	174K	1.38
SSYS	10:17	4	22.84	51.2M	1.01	171	158K	0.87
BBBY	10:17	6	44.48	149M	1.18	1.1K	5.23M	21.67
KSS	10:17	4	37.74	182M	1.09	68.1	327K	0.44
KSS	10:17	4	37.72	182M	1.09	67.7	327K	0.44
BBBY	10:17	6	44.47	149M	1.18	1.1K	5.22M	21.66

그림 7.16: 천장 반전 전략을 위해 실시간으로 BBBY를 보여주는 검색창

거래량을 찾아야 한다는 점을 명심하라).

나는 이 종목에 들어가 양호한 수익을 냈다. 우선 일간 차트를 빠르게 살펴 44.40달러에 주요 저항선이 있음을 파악했다. 그래서 해당 지점 근처에서 공매도를 위한 좋은 진입 기회가 나올지 기다리기로 결정했다. 곧 실제로 양호한 도지형 봉이 형성되었기 때문에 포지션을 취했다. 나는 새로운 5분 봉이 만들어졌을 때 44.10달러에 800주를 공매도했다. 손절 지점은 마지막 5분 봉의 고점이 돌파당하는 지점으로

정했다. 이 지점은 그림 7.17에 나오듯이 당일 신고점이기도 했다. 나는 43.10달러 근처의 VWAP선에서 숏 포지션을 커버했다. 이 거래에서 주가가 VWAP선에 이른 덕분에 800달러의 수익이 났다. 천장 반전 트레이딩 전략을 요약하자면 다음과 같다.

1. 양봉이 4개 이상 나온 종목을 보여주도록 검색 조건을 설정한다. 검색창에 종목이 뜨면 빠르게 거래량과 현재가 근처의 일간 지지선이나 저항선을 살펴 거래하기에 좋은 종목인지 파악한다.
2. 천장 반전 전략을 쓸 수 있는 근거가 나오기를 기다린다. 그것은 '(1) 약세 도지형 봉이나 미결정 봉 또는 장대 음봉 형성, (2) 높은 거래량과 함께 주요 저항선 또는 그 근처에서 거래, (3) RSI 90 이상'이다.

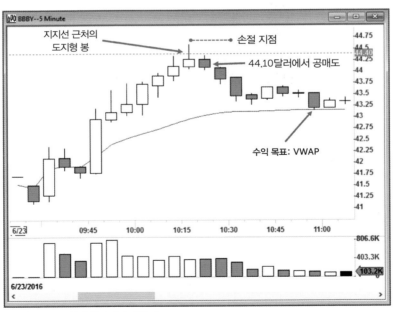

그림 7.17: BBBY의 천장 반전 전략 예

3. 5분 차트에서 신저점을 찍으면 약세의 신호로 간주한다. 그에 따라 가능할 경우 공매도를 시작한다.
4. 손절 지점은 이전 봉의 고점이나 당일 고점이다.
5. 수익 목표는 '(1) 다음 지지선, (2) VWAP나 9EMA, 20EMA(더 가까운 것을 선택), (3) 주가가 5분 차트에서 신고점을 찍을 때'다. 이는 매도자들이 지쳤으며, 매수자들이 다시 주도권을 잡고 있음을 뜻한다.

일부 데이트레이더는 반전 거래에만 집중하며, 실제로 전체 트레이딩 경력의 토대로 삼는다. 반전 거래는 다양한 전략 중에서 분명 가장 고전적인 전략으로서 매우 뛰어난 손익비를 지닌다. 흥미롭게도 사실상 모든 거래일에서 반전 거래의 좋은 후보 종목을 찾을 수 있다. 나도 요즘 갈수록 반전 거래를 많이 하고 있다. 특히 오전장 후반이나 오후장에 더욱 그렇다. 그래도 반전 트레이딩이 아직 나의 트레이딩 전략의 주축은 아니다. 근래까지 나는 VWAP와 지지선 및 저항선을 더 많이 활용했다. 다만 지금은 1분 장 초반 구간 돌파Opening Range Breakouts 전략이 내가 주로 쓰는 전략 중 하나다. 이 모든 전략은 뒤에서 설명할 것이다.

전략 5: 이동평균 추세 트레이딩

일부 트레이더는 이동평균선을 데이트레이딩을 위한 잠재적 진입 지점 및 탈출 지점으로 삼는다. 많은 종목은 뉴욕 시간 11시 무렵에 상승 또는 하락 추세를 시작한다. 이때 1분 차트나 5분 차트로 일종의 이동하는 지지선 내지 저항선 역할을 하는 이동평균선을 볼 수 있다. 트레이더는 이런 양상을 활용할 수 있다. 즉 이동평균선을 따라 추세를 탈수 있다(이동평균선 위에서 매수하거나 아래에서 공매도).

앞서 5장에서 나의 지표를 설명한 대로 나는 9EMA와 20EMA, 50SMA와 200SMA를 쓴다. 이동평균이 무엇이고, 단순이동평균과 지수이동평균의 차이점은 무엇인지 자세히 설명하지 않겠다. 책 끝부분의 용어 설명을 참고하라. 차트 프로그램은 대다수 이동평균을 내재하고 있다. 그래서 쉽게 활용할 수 있으며, 기본 설정을 바꿀 필요가 없다.

그림 7.18에 나오는 '다이렉시온 데일리 골드 마이너스 인덱스 불 2X

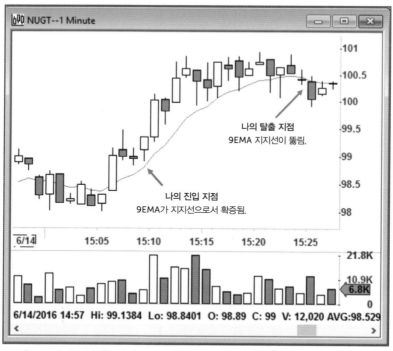

그림 7.18: NUGT 1분 차트에 따른 이동평균 추세 매수 전략

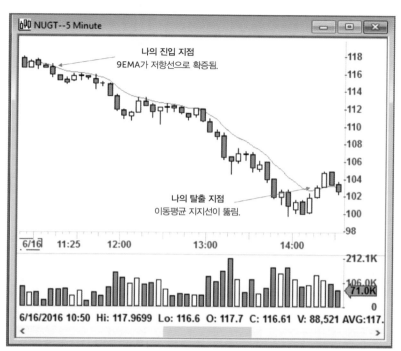

나의 진입 지점
9EMA가 저항선으로 확증됨.

나의 탈출 지점
이동평균 지지선이 뚫림.

그림 7.19: NUGT 5분 차트에 따른 이동평균 추세 공매도 전략

셰어스 ETF'(종목코드: NUGT)의 차트를 보자. 이 차트는 1분 차트에서 9EMA를 토대로 거래하는 방법을 보여준다.

보다시피 오후 3시 6분에 NUGT 종목에서 강세 깃발형이 포착되었다. 또한 9EMA 위에서 보합 국면이 전개되는 것도 확인되었다. 나는 9EMA가 지지선 역할을 하는 것을 보자마자 포지션을 잡고 추세에 올라탔다. 그리고 오후 3시 21분에 이동평균선이 깨지기 전까지 포지션을 유지했다. 차트에 나의 진입 지점과 탈출 지점을 표시해두었다.

이동평균 추세는 모든 일중 시간 기준에서 발생할 수 있다. 나는 1분 차트와 5분 차트로 주가를 살피며, 이 2시간 기준만 거래의 토대로 삼는다.

그러면 NUGT의 또 다른 이동평균 추세를 보여주는 그림 7.19를 보자. 이 차트는 2016년 6월 16일 자 5분 차트다.

보다시피 주가는 가파른 하락 추세를 타고 116달러에서 100달러 근처까지 급락했다. 2.5시간 만에 약 14퍼센트나 하락한 것이다. 나는 오전에 115달러 근처에서 공매도 했으며, 손절 지점은 5분 차트에서 9EMA가 뚫리는 지점으로 설정했다. 오후 2시 20분 무렵, 주가가 9EMA를 돌파해 104달러에서 마감하며 손절이 이뤄졌다.

또 다른 사례로 2016년 6월 23일 자 '셀진 코퍼레이션Celgene Corp.' (종목코드: CELG)의 차트를 보자. 그림 7.20에 나오는 차트에 나의 진

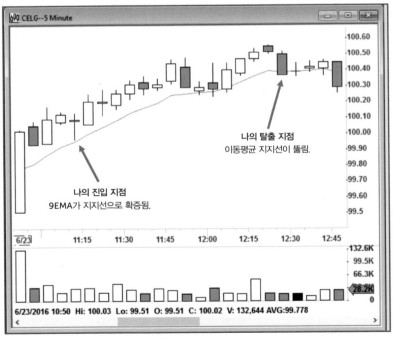

그림 7.20: CELG의 이동평균 추세 전략

입 지점과 탈출 지점을 표시했다. 이 그림을 보면 5분 차트에 나오는 9EMA를 토대로 거래하는 방법을 알 수 있다. 나는 9EMA가 99.90달러 근처에서 강력한 지지선으로 유지되는 것을 보고 롱 포지션에 진입했다. 그리고 100.40달러에서 9EMA가 뚫릴 때까지 상승 추세를 타서 주당 약 50센트의 수익을 냈다.

그림 7.21은 '이그젝트 사이언시스Exact Sciences Corp.'(종목코드: EXAS)의 2016년 7월 28일 자 5분 차트로 9EMA 추세 전략의 또 다른 사례를 보여준다.

그림 7.22는 '에이엠에이지 제약AMAG Pharmaceuticals, Inc.'(종목코드: AMAG) 차트이며 9EMA 추세 전략의 또 다른 멋진 사례를 보여준다.

그림 7.22: AMAG의 이동평균 추세 전략

2017년 1월 9일에 AMAG의 주가는 두어 시간 만에 31달러에서 23달러까지 급락했다. 그 과정에서 9EMA가 강력한 저항선 역할을 했다. 이 경우 공매도를 하고 9EMA가 뚫리는 지점에서 손절하는 것이 좋다. 차트에 표시된 세 지점에서 주가가 9EMA를 뚫고 약간 더 상승한다. 그러나 5분 봉은 사실 9EMA 위에서 마감하지 않았다. 이런 가짜 돌파는 대개 낮은 거래량을 수반한다. 경험 많은 트레이더는 5분 봉이 9EMA 위에서 '마감'하는 것을 보고 빠져나온다. 낮은 거래량과 함께 갑작스레 9EMA을 뚫는 것은 추세가 끝나간다는 좋은 지표가 아니다.

보다 근래의 사례는 '우버 테크놀로지스Uber Technologies Inc.'(종목 코드: UBER)다. 그림 7.23은 2020년 4월 6일 자 우버 차트다. 1분 차트

그림 7.23: UBER의 이동평균 추세 전략

에서 주가가 VWAP 위로 올라가고 20EMA에서 지지되는 순간 롱 포
지션을 잡으면 24.70달러에서 25.60달러까지 추세를 탈 수 있다. 탈출
지점은 12시 40분 무렵 이동평균 추세선이 깨지는 지점이다. 이동평
균 추세 트레이딩 전략을 요약하면 다음과 같다.

1. 활성화 종목을 살피다가 이동평균(대개 9EMA) 근처에서 추세가 형성되는
   것이 확인되면 거래를 검토한다. 먼저 전일 트레이딩 데이터(1분 차트 및
   5분 차트)를 빠르게 훑어서 주가가 이동평균에 반응하는지 본다.
2. 어느 이동평균이 주가의 움직임에 더 적합한지 파악한 후 이동평균이 지
   지선 역할을 한다는 것이 확증되면 매수한다. 이때 (손절폭을 줄이기 위

해) 최대한 이동평균선에 가까운 지점에서 매수한다. 손절 지점은 대개 이동평균선보다 5~10센트 아래 또는 (롱 포지션의 경우) 봉이 이동평균선 아래에서 마감하는 지점으로 설정한다. 숏 포지션은 봉이 이동평균선 위에서 마감할 때 손절된다.

3. 이동평균이 뚫릴 때까지 추세를 탄다.

4. 대개 추적 손절 기능은 쓰지 않으며, 추세를 계속 확인한다.

5. 주가가 이동평균보다 위로 많이 올라가서 아주 좋은 미실현 수익이 나면 대개 포지션의 절반만큼 이익을 실현한다. 항상 이동평균이 뚫릴 때까지 기다렸다가 탈출하지는 않는다. 트레이더들은 적절히 수익을 실현하면 절대 망할 일이 없다고 말한다. 주가가 이동평균선으로 밀리면 포지션을 추가해 추세 트레이딩을 이어나갈 수도 있다.

　　나는 이동평균을 토대로 자주 거래하지 않는다. 잠재적 지지선이나 저항선을 찾기 위해 참고하기는 하지만 추세를 보고 거래하는 경우는 드물다. 추세 트레이딩 전략을 쓰면 대개 포지션이 시장에 상당히 오래 노출되기 때문이다. 어떤 때는 몇 시간 동안 추세 트레이딩이 지속될 수도 있다. 내게는 너무 긴 시간이다. 나는 몇 분 만에 이익을 실현하고 싶다. 거의 1시간도 기다리지 않는다. 내가 이 전략을 자주 쓰지 않는 또 다른 이유는 장 중반이나 마감 시에 가장 잘 통하기 때문이다. 변동성이 높은 장 초반 때(오전 장)는 이동평균 추세를 파악하기 어렵다. 이런 느린 추세는 오전장 후반이나 장 중반에 변동성이 더 낮을 때 잘 파악된다. 또한 월가의 전문 트레이더들이 거래를 장악하기 시작하는 장 마감 무렵(뉴욕 시간 오후 3시 무렵)에 끝나곤 한다.

　　그렇기는 해도 이동평균 추세 전략은 아주 좋은 트레이딩 전략이다. 대개 아주 빠른 의사결정 과정과 주문 체결을 요구하지 않기 때문이다. 또한 단축키를 쓸 필요가 없다. 수동으로 주문을 입력해도 성공할 수 있다. 게다가 진입 지점과 손절 지점을 차트에 나온 이동평균선을 바탕으로 분명하게 파악할 수 있다. 이는 높은 수수료(때로는 거래 당 최대 4.95달러)를 내야 하며, 많은 비용을 지불하지 않고는 포지션을 단계적으로 드나들 수 없는 트레이더들에게 특히 중요하다. 이동평균 추세전략은 명확한 진입 지점 및 탈출 지점을 가진다. 또한 대개 진입할 때와 탈출할 때, 두 번의 주문만으로 좋은 수익을 낼 수 있다.

앞서 말한 대로 전략은 계좌 규모, 성향, 매매 심리와 리스크 감수도 뿐 아니라 소프트웨어와 도구 그리고 증권사에도 좌우된다. 다만 트레이딩 전략은 단지 책을 읽거나, 멘토에게 배우거나, 강의를 들어서 모방할 수 있는 것이 아님을 강조하고 싶다. 당신이 선호하는 방법을 천천히, 체계적으로 개발한 다음 그것을 고수해야 한다. 당신에게 잘 맞다면 어떤 전략이든 잘못된 것은 없다. 전략 자체가 좋거나 나쁜 것은 아니다. 이는 실로 개인적인 선택의 문제다.

전략 6: VWAP 트레이딩

거래량가중평균가격(이하 VWAP)는 데이트레이더에게 가장 중요한 기술적 지표다. VWAP는 근본적으로 거래량을 고려한 이동평균이라고 말할 수 있다. 다른 이동평균은 가격만 토대로 계산된다. 반면 VWAP는 모든 가격에서 거래된 주식 수도 고려한다. 당신의 트레이딩 플랫폼에는 VWAP가 내재되어 있을 것이다. 그래서 기본 설정을 바꾸지 않아도 활용할 수 있다.

VWAP는 매수자 또는 매도자 중 누가 가격 변동을 주도하는지 말해주는 지표다. 주가가 VWAP 위에 있으면 매수자가 전반적인 주도권을 잡고 있으며, 매수세가 있다는 뜻이다. 반면 주가가 VWAP 아래로 내려가면 매도자가 주가 변동의 주도권을 잡고 있다고 봐도 무방하다.

VWAP는 종종 기관 트레이더들의 트레이딩 효율을 측정하기 위해 활용된다. 투자은행이나 헤지펀드에서 일하는 전문 트레이더는 매일 대량의 주식을 거래해야 한다. 그들은 한 번의 주문만으로 포지션에 진입하거나 탈출할 수 없다. 100만 주 매수 주문을 넣기에는 유동성이 부족하기 때문이다. 그래서 하루 종일 천천히 주문 물량을 유동화해야 한다. 그들은 대규모 포지션을 매수/매도한 후 해당 주가를 VWAP 수치와 비교한다. VWAP 밑에서 체결된 매수 주문은 잘된 것으로 간주된다. 평균 가격 밑에서 매수했다는(대규모 포지션을 시장과 비교해 할인된 가격에 매수했다는) 뜻이기 때문이다. 반대로 VWAP 위에서 체결된 매도 주문도 잘된 것으로 간주된다. 평균 가격 위에서 매도했다는 뜻이기 때문이다. 따라서 VWAP는 기관 트레이더들이 좋은 진입 지점과 탈출 지점을 파악하는 데 활용된다. 대규모 주문을 넣어야 하는 기관 트레이더는 VWAP 근처에서 매매하려고 애쓴다. 기관 트레이더의 실적은 종종 대규모 주문을 어느 가격에 처리했는지를 토대로 평가된다. VWAP보다 많이 높은 가격에 매수한 트레이더는 처벌받는다. 대규모 포지션을 취하기 위해 회삿돈을 과도하게 썼기 때문이다. 그래서 기관 트레이더들은 VWAP 밑 또는 최대한 가까운 지점에서 매수하려고 애쓴다. 반대로 대규모 포지션을 매도해야 하는 경우 VWAP나 그보다 위에서 매도하려고 애쓴다. 이런 경향을 아는 데이트레이더는 거기서 이득을 볼 수 있다.

장이 열린 후 활성화 종목은 첫 5분 동안 많이 거래될 것이다. 활성화 종목이 갭상승하면 일부 개인 투자자나 헤지펀드 또는 투자은행은 주가가 떨어지기 전에 보유 주식을 최대한 빨리 팔아서 이익을 실현하고 싶어한다. 동시에 일부 투자자는 주가가 더 오르기 전에 최대한 빨리 포지션을 잡고 싶어한다. 그래서 첫 5분 동안 오버나이트overnight 보유자와 신규 투자자 사이에 방향을 알 수 없는 대량 거래가 이뤄진다. 스캘퍼는 대개 개장하자마자 모멘텀을 탄다. 개장 후 10~15분이 지나 변동성이 줄어들면 주가는 VWAP에 가까워지거나 VWAP로부터 멀어진다. 이는 매수나 매도를 기다리는 대형 투자은행이 있는지 알아보는 시험이다. 상당한 롱 포지션을 잡으려는 대형 기관 트레이더가 있다면 주가는 VWAP 위로 뛴 후 더 오를 것이다. 이때가 데이트레이더가 롱 포지션을 잡기에 좋은 기회다.

반대로 대규모 보유자가 주식을 처분하고 싶어한다면 이때가 포지션을 정리할 좋은 지점이다. 그들은 VWAP에서 보유 주식을 매도하기 시작한다. 그러면 주가는 VWAP을 넘지 않고 하락하기 시작한다. 이는 데이트레이더에게 탁월한 공매도 기회다. 시장조성자나 기관이 해당 종목에 관심이 없다면 주가는 VWAP 근처에서 횡보한다. 이런 경우 현명한 트레이더는 발을 뺀다.

그러면 2016년 6월 24일 '솔라시티 코퍼레이션SolarCity Corp.'(종목 코드: SCTY)을 거래한 내역을 담은 그림 7.24를 보자.

22달러에서 형성된
저항선에서 탈출

21달러에서 VWAP가
지지선으로 확증됨(좋은 진입 지점).

6/24/2016 09:30 Hi: 20.8 Lo: 20.5 O: 20.6 C: 20.59 V: 432,052 VWAP:20.574

그림 7.24: SCTY의 VWAP 매수 전략

나는 오전 10시 30분 무렵, VWAP 위인 21달러 근처에서 지지선이 형성된 것을 파악했다. 그래서 VWAP가 지지선 역할을 하는 가운데 주가가 22달러선까지 오를 것을 기대하고 1000주를 매수했다. 손절 지점은 5분 봉이 VWAP 밑에서 마감하는 지점으로 정했다. 이후 21.50달러에서 포지션의 절반을 먼저 매도하고 손절 지점을 손익분기점으로 옮겼다. 나머지 포지션은 22달러에 매도했다. .50달러선(1.50달러, 2.50달러, 3.50달러 등)이 대개 지지선이나 저항선으로 작용하기 때문이다.

VWAP 전략은 공매도를 할 때도 잘 통한다. 내가 2016년 6월 22일

그림 7.25: SCTY의 VWAP 공매도 전략

에 SCTY 종목을 거래한 또 다른 내역을 담은 그림 7.25를 보자. 다만 이번에는 공매도 측면을 다룬다.

나는 오전 11시 무렵, VWAP가 저항선 역할을 한다는 사실을 파악했다. 그래서 주가가 VWAP 밑으로 떨어질 것을 기대하고 23.25달러 근처에서 공매도 했다. 12시 무렵, 매수자들이 손을 들었고, 매도자들이 가격 변동의 주도권을 잡았다. 나는 22달러까지 하락 추세에 잘 올라탄 후 숏 포지션을 커버해 1000달러의 양호한 수익을 냈다. 나의 VWAP 트레이딩 전략을 요약하면 다음과 같다.

1. 나는 그날의 관심종목을 만들 때 개장 시 VWAP 근처에서 이뤄지는 가격 변동을 관찰한다. 주가가 VWAP를 향해 움직이면 하방 돌파(공매도)나 지지(롱 매수)의 확증이 이뤄지기를 기다린다.
2. 리스크를 최소화하기 위해 최대한 VWAP와 가까운 지점에서 매수한다. 손절 지점은 돌파 또는 5분 봉이 VWAP 밑에서 마감하는 지점이다. 공매도의 경우 VWAP 근처에서 포지션을 잡고 손절 지점은 5분 봉이 VWAP 위에서 마감하는 지점으로 정한다.
3. 주가가 수익 목표를 달성하거나 새로운 지지선 또는 저항선에 이를 때까지 포지션을 유지한다.
4. 일반적으로 수익 목표 또는 지지선 및 저항선 근처에서 포지션의 절반을 매도하고 손절 지점을 진입 지점 또는 손익분기점으로 옮긴다.

전략 7: 지지선 및 저항선 트레이딩

많은 트레이더가 대각 추세선을 그리는 것을 좋아하지만 나는 그렇지 않다. 내가 아는 한 추세선은 목적과 상반되는 역할을 한다. 2명의 트레이더가 같은 차트를 보고도 기울기가 많이 다른 추세선을 그릴 가능성이 아주 높다. 매수를 원하는 트레이더는 급격한 상승 움직임을 보여주는 추세선을 그리는 경향이 있다. 반면 공매도를 원하는 트레이더는 하락하는 추세선을 그리는 경향이 있다.

시장은 가격 수준만 기억한다. 이전 가격 수준을 따르는 수평 지지선 및 저항선이 타당한 이유가 거기에 있다. 대각 추세선은 그렇지 않다. 그래서 지지선 및 저항선을 활용하는 것이 내가 가장 좋아하는 트

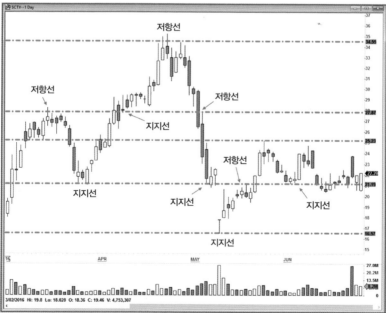

그림 7.26: SCTY 일간 차트에 따른 지지선 및 저항선 전략

레이딩 스타일이다.

지지선은 매수세가 충분히 강해 하락 추세를 중단하거나 되돌리는 가격 수준이다. 하락 추세는 지지선에 닿으면 반등한다. 지지선은 차트에 둘 이상의 저점을 연결하는 수평선으로 표시된다(그림 7.26 참고).

저항선은 매도세가 충분히 강해 상승 추세를 중단하거나 되돌리는 가격 수준이다. 차트에는 둘 이상의 고점을 연결하는 수평선으로 표시된다(그림 7.26 참고).

사소한 지지선이나 저항선은 추세를 멈추게 만든다. 반면 중대한 지지선이나 저항선은 추세를 되돌린다. 트레이더들은 지지선에서 매수하고 저항선에서 매도하면서 이 선들의 유효성을 자기충족적인 예언으로 만든다.

나는 이 방법을 쓸 때 매일 아침 4장에서 제시한 요건을 토대로 거래할 종목을 추린다. 잠재적 거래 종목이 검색창에 올라오면 극단적인 실적 발표나 신약 인증처럼 가격 등락을 설명할 주요 재료를 확인한다. 기억하겠지만 이런 재료를 주요 재료라 하고, 간추린 종목은 활성화 종목이라 한다. 나는 이 종목들을 자세히 관찰하면서 거래 계획을 세운다.

활성화 종목을 파악한 후 장전에 해당 종목의 일간 차트를 살핀다. 그리고 과거에 중요하게 작용한 것으로 보이는 가격 수준을 찾는다. 지지선이나 저항선을 찾는 일은 까다롭고, 트레이딩 경험을 요구한다.

가령 SCTY의 일간 차트를 보여주는 그림 7.26을 보라. 이 차트들 중 하나는 지지선과 저항선이 표시되어 있지 않고, 다른 하나는 표시되어 있다.

일간 차트에서 지지선이나 저항선을 찾는 일이 항상 쉬운 것은 아니다. 가끔은 분명한 선을 그을 수 없는 때도 있다. 나는 분명한 선이 보이지 않으면 굳이 그리지 않는다. 같은 종목을 관심종목에 넣어둔 다른 트레이더들도 분명한 선을 찾지 못할 가능성이 높기 때문이다. 따라서 억지로 지지선이나 저항선을 그릴 이유가 없다. 이런 경우에는 앞서 설명한 VWAP나 이동평균 또는 다른 차트 패턴을 토대로 거래 계획을 세운다. 다음은 일간 차트로 지지선이나 저항선을 그릴 때 참고할 점이다.

1. 대개 지지 구간이나 저항 구간에 미결정 봉들이 나온다. 이 구간에서 매수자와 매도자가 치열하게 싸우기 때문이다.

2. 주가가 .50나 .00으로 떨어지는 지점이 대개 지지선이나 저항선으로 작용한다. 특히 10달러 이하 종목에서 더욱 그렇다. 일간 차트로 해당 지점 근처에서 지지선이나 저항선을 찾을 수 없다면 데이트레이딩에서 해당 지점은 보이지 않는 지지선이나 저항선으로 작용할 수 있음을 명심하라.

3. 항상 근래의 데이터를 참고해 선을 그려야 한다.

4. 극단적인 가격 수준을 많이 건드릴수록 해당 선은 더 나은 지지선 또는 저항선이며, 더 많은 가치를 지닌다. 이런 선을 더 강조하라.

5. 현재 가격 구간에 속한 지지선이나 저항선만 중요하다. 주가가 현재 20달러라면 지난 40달러 구간의 지지선이나 저항선은 의미가 없다. 주가가 움직여서 해당 구간에 이를 가능성은 낮다. 일간 트레이딩 구간에 가까운 지지선이나 저항선만 찾아라.

6. 지지선이나 저항선은 사실 하나의 '구간'이며, 정확한 수치가 아니다. 가령 19.69달러 근처에서 지지선을 찾았다면 정확히 19.69달러가 아니라

해당 가격을 둘러싼 구간에서 가격 변동이 이뤄질 것이라고 예상해야 한다. 주가에 따라 5~10센트에 해당하는 구간을 가정하는 것이 안전하다. 19.69달러가 지지선인 경우 실제 지지 구간은 19.62~19.72달러 사이가 될 것이다.

7. 해당 선에서 주가가 분명하게 돌아서야 한다. 분명하지 않다면 지지선이나 저항선이 아닐 가능성이 높다. 일간 차트에서 주요 지지선이나 저항선은 두드러진다. 그래서 "날 붙잡아!"라고 소리친다.

8. 데이트레이딩을 위해서는 일간 수준에서 대다수 봉이 멈춘 구간이 아니라 극단적인 가격이나 꼬리에 걸쳐 지지선이나 저항선을 그리는 것이 낫다. 이는 스윙트레이딩을 할 때와 정반대다. 스윙트레이딩의 경우 극단적인 가격이 아니라 대다수 봉이 멈춘 정체 구간의 외곽에 걸쳐서 지지선이나 저항선을 그려야 한다. 그 이유는 스윙트레이딩을 위해서는 일봉의 극단적인 꼬리보다 종가가 더 중요하기 때문이다. 일간 차트의 종가는 시장조성자와 전문 트레이더가 합의한 가격이다. 그 이전의 극단적인 위꼬리와 아래꼬리는 데이트레이더들이 만든 것이다. 따라서 이 꼬리들을 살펴야 한다.

T	갭상승 종목	9:20:00 ~ 9:24:59		6/21/2016			— ☐ ✕
종목 코드	주가	갭	갭	금일 거래량	유통 주식수	ATR	기업명
UAL	45.00	1.60	3.7	63,191	336M	1.53	유나이티드 항공 UNITED CONTINENTAL HOLDINGS
LEN	48.30	1.64	3.5	59,372	189M	0.94	레나 LENNAR
TM	107.60	1.80	1.7	51,698	1.36B	1.62	토요타 자동차 TOYOTA MOTOR
BUD	128.53	2.08	1.6	99,945	784M	2.52	앤호이저부시 인베브 ANHEUSER-BUSCH INBEV
BTI	124.60	1.39	1.1	120,962	894M	2.24	브리티시 아메리칸 타바코 BRITISH AMERICAN TOBACCO
KMX	49.05	-1.58	-3.1	265,779	193M	1.53	카맥스 CARMAX
CSAL	26.85	-1.31	-4.7	1,984,509	136M	0.64	커뮤니케이션 리싱 COMMUNICATION LEASING
WERN	22.12	-2.56	-10.4	315,191	44.6M	0.70	워너 엔터프라이즈 WERNER ENTERPRISE

그림 7.27: 2016년 6월 21일 9시 20분 기준 KMX가 그날의 활성화 종목임을 보여주는 나의 갭 등락 관심종목

처음 트레이딩을 배울 때는 지지선이나 저항선을 찾는 일이 어려울 수 있다. 그러나 사실 요령을 알면 상당히 간단하다. 초보 트레이더들이 이 책의 내용을 더 잘 이해할 수 있도록 주요 지지선이나 저항선을 찾는 방법에 관한 설명은 일부러 줄였다(나의 책《Advanced Techniques in Day Trading》을 보면 자세한 정보와 요건을 확인할 수 있다).

그러면 지지선 및 저항선을 토대로 거래한 내역을 살펴보자. 그림 7.27, 7.28, 7.29를 보라. 2016년 6월 21일에 미국 최대 중고차 유통업 체인 '카맥스CarMax Inc.'(종목코드: KMX)가 아주 나쁜 실적을 발표했다. 그 결과 주가는 3퍼센트 넘게 갭하락했다. 이는 우리 같은 개인 트레이더가 좋은 거래 계획을 세우기에 완벽한 기회다. 나는 재빨리 일

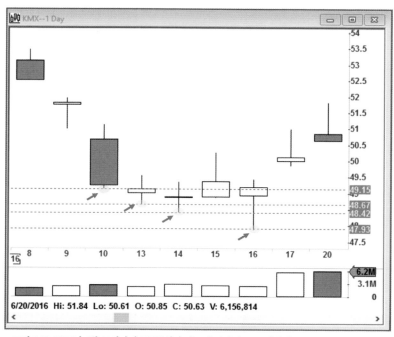

그림 7.28: 2016년 6월 20일까지 KMX 일간 차트의 지지선 또는 저항선

그림 7.29: 지지선 및 저항선 전략에 따른 거래 내역을 표시한 KMX 5분 차트

간 차트에서 지지선 및 저항선을 찾아낸 후 해당 선 주위에서 이뤄지
는 가격 변동을 지켜보았다.

나는 2016년 6월 20일까지 일간 차트를 검토해 각각 47.93달러,
48.42달러, 48.67달러, 49.15달러에 형성된 4개의 선을 찾아냈다. 그림
7.28에서 볼 수 있듯이 이 모든 선은 이전 거래일들의 극단적인 가격
수준에 해당한다. 또한 앞서 설명한 대로 나는 시가나 종가보다 꼬리
와 극단적인 가격에 더 주의를 기울인다.

그러면 이제 다음 날인 6월 21일의 일중 차트를 담은 그림 7.29를
보자. 해당 선에서 어떤 가격 변동이 일어났는가? 해당 선들이 지지선
이나 저항선 역할을 한 구간을 차트에 표시했다. 해당 선 또는 그 근처

에서 나온 거래량에 특히 주의를 기울여라. 거래량이 상당히 높은가? 높은 거래량은 해당 선이 중요하다는 것을 확증한다. 따라서 데이트 레이더는 거기에 주의를 기울여야 한다.

나는 장이 열렸을 때 KMX의 차트를 보고 48.67달러 근처 구간이 저항선 역할을 한다는 사실을 확인했다. 이후 주가는 높은 거래량과 함께 47.93달러까지 떨어졌다. 나는 해당 지지선에서 1000주를 매수했으며, 손절 지점은 47.93달러 밑으로 설정했다. 봉이 거기서 마감하면 손절 당할 수 있었지만 그런 일은 일어나지 않았다. 오히려 주가는 빠르게 반등했다. 나는 48.42달러에 500주를 매도했다. 나머지 500주는 다음 저항선인 48.67달러에 매도했다. 나는 가격 변동을 계속 관찰했다. 오후에 주가가 높은 거래량과 함께 49.15달러에서 반락했다. 이때 공매도 했으며, 손절 지점은 그날의 신고점 또는 49.15달러 위에서 봉이 마감하는 지점으로 설정했다. 이후 48.67달러에서 절반을 커버했고, 48.42달러에서 나머지 절반을 커버했다. 두 번 모두 또 다시 양호한 수익이 나왔다. 지지선 및 저항선 트레이딩 전략을 요약하면 다음과 같다.

1. 매일 아침 그날의 관심종목을 만든 후 해당 종목의 일간 차트들을 빠르게 살펴서 지지 구간 및 저항 구간을 찾는다.

2. 5분 차트로 해당 구간의 가격 변동을 관찰한다. 해당 구간에서 미결정 봉이 형성되면 지지선 또는 저항선이 확증된다. 그러면 포지션에 진입한다. 이때 대개 리스크를 최소화하기 위해 최대한 지지선 근처에서 매수한다. 손절 지점은 돌파 지점 또는 5분 봉이 지지선 밑에서 마감하는 지

점이다.

3. 다음 지지선 또는 저항선 근처에서 수익을 실현한다.

4. 수익 목표를 달성하거나 새로운 지지선 또는 저항선에 닿을 때까지 포지
   션을 유지한다.

5. 대개 수익 목표나 지지선 또는 저항선 근처에서 포지션 절반을 매도하고
   손절 지점을 손익분기점인 진입 지점으로 옮긴다.

6. 분명한 지지선이나 저항선이 없으면 주가가 .50달러나 .00으로 끝나는
   선 또는 그 근처에서 포지션을 마감하는 것을 고려한다.

저항선 밑에서 공매도를 할 때도 비슷한 전략을 쓸 수 있다.

전략 8: 레드 투 그린 트레이딩

레드 투 그린RED-TO-GREEN은 쉽게 파악할 수 있는 또 다른 트레이
딩 전략이다. 내가 차트에서 쓰는 지표 중 하나인 '전일 종가'는 강력
한 지지선 또는 저항선이다. 거래량이 늘어나면 해당 선을 향해 거래
해야 한다.

현재 주가가 전일 종가보다 높다면(갭상승한 활성화 종목의 경우) 그린
데이에서 레드 데이로 옮겨가는 것이다(주가 등락률이 이제 마이너스가
될 것이라는 뜻이며, 이는 대다수 거래소와 플랫폼에서 빨간색으로 표시된다).
이것이 '그린 투 레드' 변동이다.

주가가 전일 종가보다 낮다면(갭하락한 종목의 경우) 레드 데이에서
그린 데이로 옮겨가는 것이다(주가 등락률이 이제 플러스가 될 것이라는 뜻

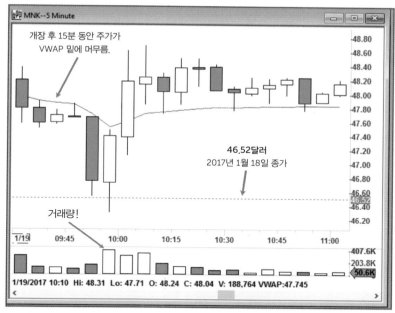

그림 7.30: 레드 투 그린 전략에 따른 MNKKQ 공매도 사례

이며, 이는 대다수 거래소와 플랫폼에서 녹색으로 표시된다). 이것이 '레드 투 그린' 변동이다.

레드 투 그린과 그린 투 레드에 대한 전략은 거래의 방향(숏 또는 롱)을 제외하면 거의 같다. 내용을 간략하게 만들기 위해 양 방향 모두에 대해 레드 투 그린 전략이라는 용어를 쓸 것이다. 그래도 거래에 따라 그린 투 레드 거래를 가리킬 수 있다.

가령 2017년 1월 19일에 활성화 종목이었던 '말린크로트 퍼블릭 리미티드 컴퍼니Mallinckrodt Public Limited Company'(종목코드: MNKKQ)의 5분 차트를 담은 그림 7.30을 보자. 이 종목의 주가는 개장 때 약세를 보인 후 VWAP 밑으로 유지된다. 나는 공매도를 했지만 전일 종가인 46.52달러(차트의 점선) 외에는 근처에 지지선이나 저항선이 없었다.

2017년 1월 10일
개장 시 주가

개장 이후 10분 동안
주가가 VWAP 밑에 머무름.

수익 목표인 전일 종가
(2017년 1월 9일)
23.81달러

거래량!

그림 7.31: 레드 투 그린 전략에 따른 CUDA 공매도 사례

그래서 VWAP에 해당하는 47.80달러에 공매도를 하고 수익 목표를
전일 종가인 46.52달러로 정했다. 그 결과 주당 1.20달러의 양호한 수
익을 낼 수 있었다.

또 다른 사례로 2017년 1월 10일 자 '바라쿠다 네트웍스Barracuda
Networks, Inc.'(종목코드: CUDA)의 5분 차트를 담은 그림 7.31을 보자.
여기서도 개장 시 같은 주가 움직임을 볼 수 있다. CUDA는 좋은 실
적 발표 덕분에 장전에 갭상승했다. 그러나 개장 시 오버나이트 보유
자와 장기 투자자가 이익을 실현하기 시작하며 급락했다. 주가는 약
20분 동안 VWAP를 시험한 다음 많은 거래량과 함께 전일 종가인
23.81달러를 향해 치달았다. 이후 장 중반에 VWAP를 향해 반등했지
만 전일 종가를 돌파하지 못했다. 이른 오후가 되자 다시 전일 종가를

향해 주가가 떨어지며 한 번 더 레드 투 그린 트레이딩이 가능해졌다. 이후 주가는 또 다시 반등했다.

이 사례에서도 전일 종가인 23.81달러는 강력한 지지선 역할을 했다. 오전장과 오후장 모두 24.40달러 근처인 VWAP에서 23.81달러까지 공매도 기회가 나왔다. 다만 나는 그날 같은 시간에 다른 종목을 거래하고 있었기 때문에 이 종목에 들어가지 않았다. 레드 투 그린 트레이딩 전략을 요약하면 다음과 같다.

1. 그날의 관심종목을 만들 때 전일 종가 근처의 가격 변동을 관찰한다.
2. 주가가 높은 거래량과 함께 전일 종가를 향해 움직이면 전일 종가를 수익 목표로 정하고 매수할 것을 고려한다.
3. 손절 지점은 가장 가까운 기술적 수준이다. 가령 VWAP 근처에서 매수했다면 VWAP가 뚫리는 지점이다. 또는 이동평균선이나 주요 지지선 근처에서 매수했다면 해당 선이 뚫리는 지점이다.
4. 대개 수익 목표에서 전량을 매도한다. 주가가 유리하게 움직이면 손절 지점을 손익분기점으로 옮겨서 손실이 나지 않게 한다. 레드 투 그린 전략은 바로 효과를 낸다.

그린 투 레드 전략에 따라 공매도를 할 때도 같은 접근법을 쓸 수 있다.

전략 9: 장 초반 구간 돌파

또 다른 유명한 트레이딩 전략은 소위 장 초반 구간 돌파Opening Range Breakout(이하 ORB)다. 이 전략은 진입 지점을 제시하지만 수익 목표는 정해지지 않는다. 그래서 이 책에서 배운 다른 기술적 수준을 토대로 최선의 수익 목표를 정해야 한다. 뒤에 추가적인 수익 목표로 삼을 수 있는 것들을 정리했다. ORB는 진입 신호만 제시한다. 온전한 트레이딩 전략은 적절한 진입 지점, 탈출 지점, 손절 지점을 정의해야 한다는 사실을 명심하라.

장이 열릴 때 활성화 종목은 시장으로 들어오는 대량 매수 주문 및 매도 주문으로 인해 격렬한 가격 변동을 겪는다. 첫 5분 동안에 이뤄지는 이 대량 거래는 오버나이트 포지션 보유자뿐 아니라 신규 투자자와 트레이더들이 손익을 실현한 결과다. 동시에 일부 신규 투자자는 주가가 더 오르기 전에 매수에 뛰어든다. 반면 주가가 갭하락하면 일부 투자자는 당황한 나머지 주가가 더 떨어지기 전에 개장 때 보유 물량을 내던진다. 다른 한편, 일부 기관은 이 급락이 좋은 매수 기회라 여긴다. 그래서 할인가에 대규모 포지션을 사들이기 시작한다.

이처럼 활성화 종목은 개장 때 복잡한 대중 심리에 따른 거래가 이뤄진다. 초보 트레이더는 가만히 앉아서 장 초반 구간이 전개되는 것을 지켜본다. 누가 이기는지 보려고 경험 많은 트레이더끼리 서로 싸우게 놔두는 것이다.

일반적으로 신규 트레이더는 적어도 5분 동안(그 이상이 좋다) 장 초반 구간이 전개되도록 시간을 줘야 한다. 이를 5분 ORB라 부른다. 일부 트레이더는 30분이나 심지어 1시간까지 더 오래 기다려서 매수자와 매도자 사이의 힘의 균형을 파악한다. 그 다음 30분 또는 60분 돌파의 방향에 따라 거래 계획을 세운다. 시간 기준이 길수록 변동성이 더 적다. 대다수 진입구도의 경우처럼 ORB 전략은 중형주와 대형주에 가장 잘 통하는 경향이 있다. 이런 종목은 격렬한 일중 주가 등락을 보이지 않는다. 갭상승하거나 갭하락한 소형주 또는 동전주에는 이 전략을 추천하지 않는다. 또한 ATR보다 작은 구간에서 거래가 이뤄지는 종목이 이상적이다. 거래 구간의 상단 및 하단은 5분 봉이나 15분 봉, 30분 봉, 60분 봉의 고점 및 저점으로 파악할 수 있다.

이 전략을 보다 잘 이해하기 위해 2017년 3월 9일 자 '엘프 뷰티ELF Beauty Inc.'(종목코드: ELF) 종목에 대한 그림 7.32와 7.33을 보자. ELF는 좋은 실적 덕분에 19퍼센트 넘게 갭상승하면서 그날 나의 갭등락 관심종목에 올랐다. 나는 공매도를 할 수 있을지 파악하기 위해 주의 깊게 살펴보기로 결정했다. 많은 오버나이트 투자자와 트레이더들이 수익을 실현하기 위해 매도에 나설 가능성이 높았다. 하룻밤 사이에 19퍼센트의 수익을 올리는 것은 많은 투자자에게 대단히 유혹적이다. 그러니 수익을 실현하지 못할 이유가 있는가.

그림 7.33에서 볼 수 있듯이 ELF의 주가는 개장 때 31달러로 시작해 첫 5분 동안 30달러 아래로 급락했다. 이는 19퍼센트가 넘는 갭상승 이후 투자자들이 수익을 실현하고 있다는 신호였다. 나는 첫 5분 동안에 걸친 매수자와 매도자의 싸움이 잦아들기를 기다렸다. 그리고 주가가 5분 장 초반 구간을 돌파하는 것을 보자마자 VWAP 밑에서 공매도를 했다. 앞서 언급한 대로 ORB는 매수 또는 매도 신호만 제시한다. 적절

종목코드	주가	금일 거래량	상대 거래량	등락률	유통주식수	공매도 잔량	업종
ELF	30.30	186,010	5.00	19.8	3,556,310	7.49	소매
HZN	14.00	59,961	-3.02	-17.7	18.08M	6.54	제조
TLRD	16.70	437,617	-6.67	-28.5	48.34M	26.12	소매

그림 7.32: 2017년 3월 9일 오전 9시에 ELF가 그날의 활성화 종목이 될 가능성을 보여주는 나의 갭등락 관심종목

그림 7.33: EFL 5분 차트에 따른 ORB 전략

한 탈출 지점과 손절 지점은 따로 정해야 한다. 나는 언제나 숏 포지션의 경우 VWAP 위쪽 가까운 지점, 롱 포지션의 경우 VWAP 아래쪽 가까운 지점을 손절 지점으로 정한다. 수익 목표 지점은 다음 주요 기술적 수준이다. 그림에서 볼 수 있듯이 나는 다음 일간 수준인 28.62달러까지 하락 추세를 탔으며, 그 근처에서 숏 포지션을 커버했다.

또 다른 사례는 2017년 2월 15일에 거래한 '프록터 앤드 갬블Procter & Gamble Co.'(종목코드: PG)이다. 그림 7.34에 나오듯이 이 종목은 나의

갭종목 검색창에 올라왔다. 그래서 개장 시 관심종목에 넣었다.

그림 7.35에서 볼 수 있듯이 PG 주식은 첫 5분 동안 260만 주 이상 거래되었다. 그러나 주가는 89.89달러에서 89.94달러까지만 움직였다. ATR이 0.79달러인데 겨우 5센트만 움직인 것이다. 앞서 언급한 대로 장 초반 구간은 일간 ATR보다 작아야 한다. 주가가 개장 시 ATR과 비슷한 폭으로 또는 그보다 큰 폭으로 움직이면 ORB 전략을 쓸 좋은 후보가 아니다. 변동성이 너무 심해서 움직임에 올라타기 힘들기

종목코드	주가	금일 거래량	상대 거래량	등락률	유통주식수	공매도 잔량	업종
SODA	50.70	107,445	3.35	7.1	20.93M	5.78	제조
PG	89.44	449,389	1.58	1.8	2.56B	1.37	제조
AIG	63.10	552,600	-3.79	-5.7	1.03B	1.45	금융 및 보험
FOSL	18.71	702,161	-4.16	-18.2	33.89M	35.88	도매

장전 1달러 등락 종목 9:00:00 ~ 9:04:59 2/15/2017

그림 7.34: 2017년 2월 15일에 PG가 그날의 활성화 종목이 될 가능성을 보여주는 나의 갭등락 관심종목

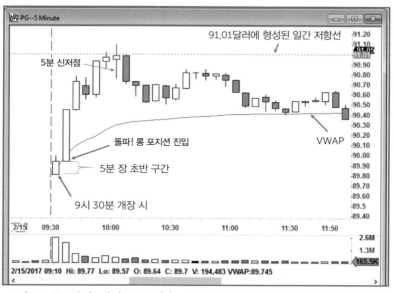

그림 7.35: PG 5분 차트에 따른 ORB 전략

때문이다. 다시 말하지만 활성화 종목은 많이 움직이되 그 움직임에 방향성이 있어서 올라타기 쉽다. 주가가 높은 거래량과 함께 2달러씩 계속 오르내리지만 방향을 알려주는 신호가 없으면 발을 빼야 한다. 이런 종목은 대개 컴퓨터들이 대량으로 거래한다.

PG 사례에서 나는 장 초반 구간이 상방으로 뚫리는 것을 보자마자 롱 포지션을 잡았다. 그리고 다음 저항선인 91.01달러까지 상승 추세를 탔다. 탈출 지점 및 수익 목표로 정할 명확한 기술적 수준이 없다면 주가가 약세를 드러낼 때 탈출할 수 있다. 가령 주가가 5분 신저점에 이르는 것은 약세를 뜻한다. 이 경우 롱 포지션을 갖고 있다면 매도를 고려해야 한다. 또한 숏 포지션을 잡았는데 주가가 5분 신고점에 이르면 강세의 신호일 수 있다. 따라서 숏 포지션을 커버해야 한다. 이 사례의 경우 앞서 91.01달러 선을 파악하지 못했다면 91달러 바로 밑에서 5분 신저점이 찍혔을 때 탈출할 수 있다. 그림에 해당 지점을 표시했다.

나는 오랫동안 개장 첫 5분 안에 거래하는 것을 피했다. 하지만 지금은 나의 트레이딩 실력과 리스크 관리 능력을 더 믿는다. 그래서 종종 1분 장 초반 구간 상방 돌파 전략 또는 1분 장 초반 구간 하방 돌파 전략을 쓴다. 당신이 신규 트레이더라면 변동성 심한 개장 첫 5분 동안(9시 30분에서 9시 35분까지) 거래하지 말 것을 권한다. 나중에 트레이딩 실력에 자신이 생기면 서서히 높은 변동성에 따른 트레이딩 전략을 실행할 수 있다. 1분 ORB는 내가 거의 매일 활용하는 주된 트레이딩 전략 중 하나가 되었다. 그러면 2020년 6월에 거래했던 내역을 몇 가지 살펴보자.

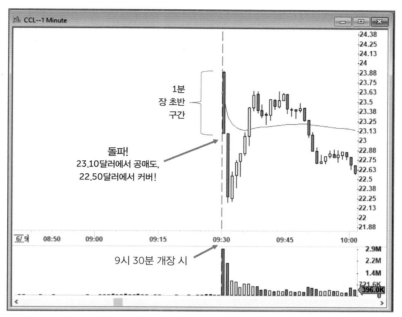

그림 7.36: 2020년 6월 9일 자 CCL 1분 차트에 따른 1분 ORB 전략

그림 7.36은 '카니발Carnival Corp.'(종목코드: CCL)에 대한 1분 ORB 전략을 보여준다. 앞서 언급한 대로 코로나 사태 초반에 항공사 및 크루즈 회사의 주가는 변동성이 극심했다. 2020년 6월 9일에 CCL의 주가는 10퍼센트 넘게 갭하락했으며, 개장 1분 만에 VWAP 밑으로 급락했다. 나는 첫 1분 동안 기다렸다가 매수자와 매도자 사이에 벌어진 싸움의 초기 결과를 보기로 했다. 그 결과 매수세가 약했다. 그래서 23.10달러에 2000주를 공매도했으며, 22.50달러를 향해 봉이 돌파하는 지점에서 커버했다. 덕분에 1분 만에 주당 0.60달러(총 1200달러)의 수익을 올렸다.

코로나 사태 초반에 일부 항공사 및 크루즈 회사 주식은 우리의 가장 좋은 친구였다! 이 종목들의 변동성은 나와 많은 트레이더에게 멋진 기회를 만들어주었다. 내 친구이자 베어 불 트레이더스 동료인 소어 영Thor Young은 '노르웨이안 크루즈 라인 홀딩스Norwegian Cruise Line Holdings Ltd.'(종목코드: NCLH) 종목을 거의 매일 거래했다. 심지어 종목코드와 사랑에 빠질 정도였다!

그림 7.37은 2020년 6월 9일에 유명 반도체 기업인 '어드밴스드 마이크로 디바이시스Advanced Micro Devices, Inc.'(종목코드: AMD) 종목에 대한 1분 ORB 전략을 보여준다. 보다시피 해당 종목은 개장 후 1분 동안 강하게 상승했다. 첫 1분 봉이 52.90달러 근처에서 마감한 직후 매수 기회가 나왔다. 주가는 10분이 채 되지 않아 약 53.80달러까지 올랐다!

그림을 자세히 보면 1분 봉들이 ABCD 패턴을 형성한다는 사실도

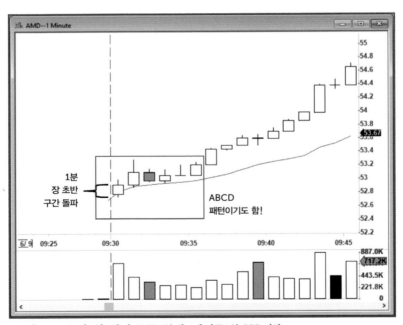

그림 7.37: 2020년 6월 9일 자 AMD 1분 차트에 따른 1분 ORB 전략

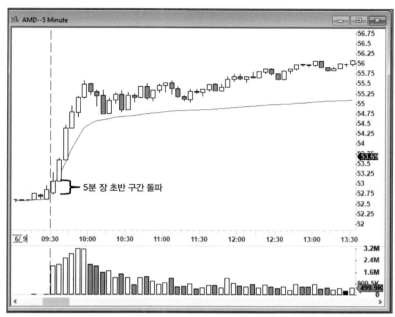

그림 7.38: 2020년 6월 9일 자 AMD 5분 차트에 따른 5분 ORB 전략

알 수 있다. 한 전략을 쓸 기회를 놓쳐도 다른 패턴을 찾을 수 있는 경
우가 많다! AMD 종목의 경우 1분 ORB 전략으로 거래하지 못했어도
여전히 그림 7.38에 나오는 대로 5분 ORB 전략으로 거래할 수 있었
다. ORB 전략을 요약하면 다음과 같다.

1. 아침에 관심종목을 만든 후 첫 5분 동안의 거래를 자세히 관찰한다. 이
   때 장 초반 구간과 가격 변동을 파악한다. 얼마나 많은 주가 거래되었는
   가? 주가가 오르내리는가 아니면 상방 또는 하방 움직임을 보이는가? 높
   은 거래량이 대규모 주문만으로 이뤄졌는가 아니면 수많은 주문으로 이
   뤄졌는가? 나는 거래량이 많되 주문 수도 많은 종목을 선호한다. 100만

주가 거래되었지만 10만 주씩 10개의 주문만으로 이뤄졌다면 거래할 만큼 유동적이지 않다. 거래량만으로는 유동성을 파악할 수 없다. 거래소에 전송되는 주문의 수도 중요하다.

2. 장 초반 구간은 ATR보다 훨씬 작아야 한다. 나는 트레이드 아이디어스 검색창에 ATR 열을 넣었다.

3. 첫 5분의 거래가 끝나고 이후 5분 동안에도 주가가 계속 해당 구간에서 거래될 수 있다. 다만 주가가 장 초반 구간을 돌파하면 나는 돌파 방향에 따라 포지션에 진입한다. 즉 상방 돌파의 경우 롱 포지션, 하방 돌파의 경우 숏 포지션을 잡는다.

4. 손절 지점은 롱 포지션의 경우 VWAP 밑 가까운 지점, 숏 포지션의 경우 VWAP 위 가까운 지점으로 설정한다.

5. 수익 목표는 다음 주요 기술적 수준이다. 가령 '(1) 장전에 파악한 주요 일중 일간 수준, (2) 일간 차트의 이동평균선, (3) 전일 종가가 거기에 해당된다.

6. 탈출 지점과 수익 목표로 삼을 명확한 기술적 수준이 없을 경우 주가가 (롱 포지션일 때) 약세나 (숏 포지션일 때) 강세를 보일 때 탈출한다. 가령 주가가 5분 신저점에 이르면 약세를 뜻한다. 따라서 롱 포지션일 경우 매도를 고려한다. 반면 숏 포지션일 때 주가가 5분 신고점에 이르면 강세를 뜻하므로 커버를 고려한다.

요약 내용은 5분 ORB를 대상으로 한다. 그러나 이 절차는 15분 ORB나 30분 ORB에도 마찬가지로 잘 통한다. 다만 트레이딩 경력 초기에는 1분 ORB를 피할 것을 권한다. 개장 시 가격이 격렬하게 움직이기 때문이다. 그래서 주가가 반대로 움직이면 갑작스런 손실을 입을 수 있다. 이런 일은 손절할 수 있는 시간보다 더 빨리 일어난다. 트레이더로서 점차 성장하면 속도가 더 빠른 ORB 전략을 서서히 실행할 수 있다. 요즘 나는 주로 1분 ORB(상방 또는 하방) 전략으로 거래한다.

그 외 트레이딩 전략들

지금까지 내가 좋아하는 트레이딩 전략들을 정리한 내용을 읽었다. 그러나 다른 트레이더들은 어떤 전략을 쓰는지 궁금할 수 있다. 앞서 말한 대로 여러 개인이 자신을 위해 개발한 수많은 트레이딩 전략이 있다. 트레이더는 계좌 규모, 트레이딩에 할애할 수 있는 시간, 트레이딩 경험, 성격, 리스크 감수도 같은 개인적 요소에 따라 전략을 선택하고 조정하는 경우가 많다.

당신도 자신만의 전략을 개발해야 한다. 트레이딩 전략은 각 개인에 맞춰 고도로 개인화된다. 나의 리스크 감수도와 심리는 당신이나 다른 트레이더와 다를 가능성이 아주 높다. 나는 500달러의 손실을 편하게 받아들이지 못한다. 그러나 대규모 계좌를 가진 사람은 이런 손실을 쉽게 견뎌내고 결국에는 수익을 낼지도 모른다. 다른 사람의 트레이딩을 똑같이 따라할 수는 없다. 자신만의 리스크 관리법과 전략을 개발해야 한다.

일부 트레이더는 상대강도지수(이하 RSI)나 이동평균 수렴확산(이하 MACD), 이동평균 교차 같은 기술적 지표를 토대로 많이 거래한다. 세상에는 수백, 수천 가지의 정교한 기술적 지표가 있다. 일부 트레이더는 기술적 지표의 성배를 찾았다고 믿는다. 그것은 RSI나 이동평균

교차의 조합일 수 있다. 나는 다수의 기술적 지표를 따른다고 해서 저절로 데이트레이딩에 성공할 수 있다고 믿지 않는다. 데이트레이딩은 기계적이거나 자동적이지 않다. 그보다는 트레이더의 재량을 따른다. 또한 트레이더는 실시간으로 결정을 내려야 한다. 각 전략의 성공은 트레이더의 판단력과 적절한 실행에 달려 있다.

또한 나는 많은 지표를 수반하는 전략에 회의적이다. 차트에 지표를 더 많이 넣는다고 해서 데이트레이딩에 도움이 된다고 생각하지 않는다. 무엇보다 정보를 아주 빠르게, 때로는 단 몇 초 만에 처리할 수 있어야 하기 때문이다. 오히려 지표의 신호들이 서로 상반되어 혼란을 초래하는 경우가 많다.

내가 데이트레이딩 지표로 VWAP와 소수의 다른 이동평균만 활용하는 이유가 거기에 있다. 다만 스윙트레이딩을 할 때는 MACD 같은 더 복잡한 지표를 쓴다. 빠른 결정을 내릴 필요가 없기 때문이다. 나는 대개 장이 끝난 후 적절한 심사와 평가를 통해 스윙트레이딩을 복기한다. 다른 많은 지표와 여기서 언급한 지표들에 관한 추가 정보는 인터넷에서 검색하면 쉽게 찾을 수 있다.

일부 데이트레이더 동료는 나에게 동의하지 않을 수 있다. 그러나 앞서 언급한 대로 나의 개인적 경험에 따르면, 기계적이고 체계적인 접근법으로 포지션에 진입하고 지표들이 진입 지점과 탈출 지점을 결정하게 할 수는 없다.

컴퓨터는 항상 거래한다. 내용을 입력하지 않거나 트레이더의 결정이 필요치 않은 시스템을 구성하면 알고리즘 트레이딩의 세계에 들어서는 것이다. 그러면 수백만 달러짜리 알고리즘과 수십억 달러의 트레이딩 자금을 가진 투자은행들과의 싸움에서 패배할 것이다.

물론 나는 일부 트레이딩 전략, 특히 반전 전략을 위해 검색 조건에 RSI를 활용한다. 당연히 높거나 낮은 RSI에 많이 의존하는 검색 조건도 있다. 그러나 이런 검색 조건은 극단적인 수준에 있는 종목을 찾는 데 더 초점이 맞춰져 있다. 절대 RSI를 매수 지표나 매도 지표로 삼지 않는다.

자신만의 전략을 개발하라

계속 시장에서 자기 자리를 찾아야 한다. 나는 1분 차트 또는 5분 차트 트레이더일지 모른다. 당신은 60분 차트 트레이더일지 모른다. 다른 트레이더는 일간 차트 또는 주간 차트 트레이더(스윙트레이더)일지 모른다. 시장에는 모두를 위한 자리가 있다. 이 책에서 당신이 배운 내용을 당신의 트레이딩 경력이라는 큰 그림을 같이 구성할 퍼즐조각이라고 생각하라. 이 책에서 일부 정보를 습득하고, 다른 책이나 자료에서 또 다른 정보나 지식을 얻을 것이다. 그래서 전체적으로 자신만의 고유한 트레이딩 전략으로 개발될 퍼즐을 만들 것이다. 그것이 당신의 '우위'다. 또한 자신을 위해 개발한 모든 전략에 반드시 '이름'을 붙여라. 새로운 전략이라면 이름을 만들어라! 전략에 이름을 붙이면 정체성이 생긴다. 이는 계획 없이 거래하지 않도록 도와준다. 왜 거래하는지, 어떤 전략에 속하는지 파악할 수 없다면 거래하지 말아야 할 가능성이 높다.

나는 우리 챗방에서 회원들에게 실시간으로 거래하는 모습을 보여준다. 그때마다 거래 계획의 근거가 되는 전략명을 크게 말한다. 이는 내게 중요한 일이다. 아무 계획 없이 '무전략' 도박에 뛰어들지 않도록 해주기 때문이다. 우리 챗방에 들어오면 "저는 CCL 종목 1분 장 초반 구간 돌파 전략에 따라 롱 포지션을 잡고, 손절선은 VWAP 밑인 11.50달러 밑으로 설정할 예정입니다"라는 식으로 내가 크게 말하는 것을 들을 수 있다. 가끔 손절 당할 수도 있고, 거래가 실패로 돌아갈 수도 있다. 그러나 적어도 포지션에 진입할 때 타당한 전략을 따랐다는 사실은 알 수 있다. 당신도 거래할 때마다 그렇게 해야 한다.

내가 쓰는 모든 방식이 당신에게도 똑같이 통하지는 않을 것이다. 다만 내가 이 책을 쓰는 목적은 당신과 당신의 성격, 계좌 규모, 리스크 감수도에 맞는 전략을 개발하도록 돕는 것이다. 내가 도울 일이 있다면 www.BearBullTraders.com에 있는 챗방에 들어오거나 이메일 andrew@bearbulltraders.com으로 직접 연락하기 바란다. 나는 여행이나 등반 중이 아니라면 모든 이메일에 제때 답하려고 노력한다.

나중에 9장에서 근래에 성공한 트레이더이면서 동시에 이 책의 이전 버전을 읽은 사람의 사례를 살필 것이다. 이 사례연구가 흥미로운 점은 그가 내 책으로 기본적인 내용을 익혔지만 열심히 노력하고 필요한 시간과 노력을 들인 덕분에 시장에서 자신만의 우위를 찾았다는 것이다. 그는 나와 완전히 다른 방식으로 거래한다. 또한 독자적인 일련의 규칙을 갖고 있으며, 자신만의 전략을 정의했다. 그것은 내가 따르거나 가르친 전략이 아니다. 그는 자신을 위해 아주 다른 전략을 개발했다.

이 사례연구가 트레이더로 성장하는 데 유용하기를, 나아가 영감을 주기를 바란다. 트레이딩 초기에 핵심적인 과제는 하나의 전략을 마스터하는 것이다. 나중에 버리기 시작해도 된다. 하지만 우선은 단 하나의 전략을 마스터해야 한다. 그것은 ABCD 패턴이 될 수도 있고, 장 초반 구간 돌파 전략이 될 수도 있으며, 직접 만든 전략이 될 수도 있다.

모든 트레이더가 전략에 따라 트레이딩하는 것이 절대적으로 중요하다. 거래를 계획하고, 계획대로 거래하라. 내가 처음 트레이딩을 시작할 때 누가 "앤드루, 전략대로 거래해야 해. 실제 돈으로 거래할 거라면 분명한 전략을 따라야 해. 또한 실제 돈으로 거래할 가치가 있음을 증명할 수 있는 역사적 데이터가 있어야 해"라고 말해줬다면 좋았을 것이다. 이미 거래에 진입해 포지션을 잡은 후에는 계획을 바꿀 수 없다. 또한 앞서 말한 대로 당신의 전략에 이름이 필요하다. 이름을 붙여라! 그러면 쉽게 식별하고 요건을 알 수 있다.

트레이더에 관한 진실은 그들이 실패한다는 것이다. 그들은 돈을 잃는다. 그들 중 대다수는 당신이 이 책에서 얻는 교훈을 얻지 못할 것이다. 그래서 검증되지 않았으며, 적절한 요건이 없는 트레이딩 전략을 쓸 것이다. 그들은 계좌가 마를 때까지 그냥 무작위로 이런저런 종목을 조금씩 거래할 것이다. 그리고 무슨 일이 생긴 것인지 의아해 할 것이다. 실제 트레이딩에서 활용할 가치가 있다는 것을 검증하기 전까지는 새로운 전략에 따라 거래하지 말아야 한다. 3개월 동안 모의투자로 연습한 다음, 1달 동안 소액으로 거래하라. 그리고 모의투자로 돌아가서 다시 3개월 동안 실수를 바로잡거나 새 전략을 연습하라. 데이트레이딩 경력의 어느 단계에서든 모의투자로 돌아가는 것이 부끄러운 일은 아니다. 경험 많은 전문 트레이더도 새 전략을 개발하고 싶을 때는 실시간 모의투자로 먼저 시험한다.

이 책을 읽고 모의투자로 연습할 때 집중해야 할 점은 트레이딩에 활용할 가치가 있는 전략을 개발하는 것이다. 시장은 언제나 열리며, 갈수록 변동성과 유동성이 심해진다는 점을 명심하라. 데이트레이딩을 서두를 필요는 없다. 데이트레이딩 경력은 마라톤이지 단거리 달리기가 아니다. 다음 주말까지 5만 달러를 버는 게 중요한 것이 아니다. 평생 지속될 일련의 기술을 개발하는 것이 중요하다.

시간대에 따라 전략을 바꿔라

나는 장 초반, 오전장 후반, 장 중반, 장 마감 등 시간대에 따라 일간 트레이딩 세션을 나눈다. 각 시간대는 다르게 대해야 한다. 모든 전략이 모든 시간대에 유효한 것이 아니므로 주의해야 한다. 뛰어난 트레이더는 가장 수익이 많이 난 거래가 어느 시간대에 이뤄졌는지 파악하고, 트레이딩 및 전략을 그 시간대에 맞춘다.

장 초반은 대체로 (뉴욕 시간으로 9시 30분에서 최장 10시 30분까지) 30~60분 정도 지속된다. 나는 이때 가장 큰 규모, 가장 잦은 빈도로 거래한다. 통계적으로 가장 많은 수익이 나는 시간대라 거래 규모를 키우고 더 많이 거래한다.

- 장 초반 구간 돌파 전략(내가 가장 좋아하는 전략), 강세 깃발형 모멘텀 전략, VWAP 전략은 대체로 장 초반에 가장 좋은 전략이다.

오전장 후반(10시 30분에서 12시까지)에는 거래가 줄어든다. 그래도 활성화 종목의 경우 여전히 변동성이 양호하다. 이 시간대는 신규 트레이더들이 거래하기에 가장 쉬운 시간대다. 장 초반보다 거래량이 적고, 예상치 못한 변동성도 줄기 때문이다. 커뮤니티에 속한 신규 트레이더들의 거래 내역을 살펴보면 장 초반에 성적이 가장 나쁘고, 오전장 후반에 가장 좋다. 특히 오전장 후반에는 탁월한 리스크/보상 비율을 제공하는 거래를 기대할 수 있다. 오전장 후반이나 장 중반 또는 장 마감 때는 강세 깃발형 전략은 거의 쓰지 않는다.

장 중반(낮 12시부터 3시)에는 거래가 줄어든다. 하지만 하루 중 가장 위험한 때다. 거래량과 유동성이 적기 때문이다. 소규모 주문도 예상보다 훨씬 크게 주가를 움직일 수 있다. 장 중반에는 이상하고 예기치 못한 움직임으로 손절 당하는 경우가 더 잦다. 나의 거래 내역을 살펴보면 장 중반에 성적이 가장 나쁘다. 그래서 장 중반에 거래하기로 결정한 경우 규모를 줄이고 손절 지점을 좁게 설정한다. 또한 최고의 리스크/보상 비율을 제공하는 거래만 한다. 신규 트레이더는 장 중반에 과매매하는 경향이 있다. 때로 좋은 거래와 영리한 거래는 아예 거래하지 않는 것이다. 장 중반에는 장 마감에 대비해 정보를 모으는 것이 최선이다. 종목을 살피고, 장 마감에 대비하며, 모든 거래에 대단히 신중하게 임하라.

- 반전 전략, VWAP 전략, 이동평균 전략, 지지선 및 저항선 전략은 주로 장 중반에 가장 좋은 전략이다.

장 마감 때는 주가의 방향성이 보다 강화된다. 그래서 마지막 1시간 동안 상승 추세 또는 하락 추세를 보인 종목만 거래한다. 또한 거래 규모도 장 중반보다 늘리지만 장 초반만큼 늘리지는 않는다. 일간 종가는 해당 종목의 가치에 관한 월가 트레이더들의 의견을 반영하는 경향이 있다. 그들은 하루 종일 시장을 주시하며, 마지막 1시간을 지배한다. 많은 시장 전문가들은 포지션을 다음 날로 넘기지 않으려고 이 시간대에 이익을 실현한다. 주가가 이 시간에 상승한다면 전문가들이 해당 주식을 긍정적으로 바라본다는 뜻일 수 있다. 반대로 하락한다면 전문가들이 해당 주식을 비관적으로 바라본다는 뜻일 수 있다. 따라서 전문가들과 맞서지 말고 그들을 따라가는 것이 좋은 생각이다.

- VWAP 전략, 지지선 및 저항선 전략, 이동평균 전략은 장 마감 때 가장 좋은 전략이다.

많은 트레이더는 장 초반에 낸 수익을 그 뒤에 잃는다. 그들 중 1명이 되지 마라. 나는 하나의 규칙을 정했다. 장 초반에 낸 수익의 30퍼센트 이상을 오전장 후반, 장 중반, 장 마감 때 잃지 않는다는 것이다. 그 이상 잃으면 거래를 중단하거나 모의투자로 전환한다.

CHAPTER 8

전략적인 거래를 위한 단계별 지침

지금까지 관심종목을 구성하고 가격 변동을 분석하는 방법과 주요 트레이딩 전략을 확인했다. 그러면 거래 과정을 위주로 다시 살펴보도록 하자.

관심종목 구성하기

2016년 6월 2일 아침, 장이 열리기 전에 '사렙타 테라퓨틱스Sarepta Therapeutics Inc.'(종목코드: SRPT)가 검색창에 올라왔다. 그림 8.1을 보라. 해당 종목은 14.5퍼센트나 갭하락했고, 유통주식수가 비교적 중간 수준(3,600만 주밖에 되지 않음. 즉 일중에 좋은 움직임을 보일 잠재력 있음)이며, ATR이 1.86달러로 높다(즉 주가가 하루 평균 1.86달러만큼 움직임). 이렇게 ATR이 높을수록 데이트레이딩에 이상적이다.

종목코드	주가	갭	갭	금일거래량	유통주식수	ATR	평균거래량	기업명
SRPT	18.30	-3.11	-14.5	77,117	36.0M	1.86	9.48M	사렙타 테라퓨틱스 SAREPTA THERAPEUTICS
CXRX	32.58	1.53	4.9	60,106	39.2M	2.25	609K	콩코르디아 헬스 케어 CONCORDIA HEALTH CARE
BOX	11.75	-1.06	-8.3	135,063	42.4M	0.33	1.15M	박스 BOX INC.
QLIK	30.25	1.28	4.4	1.22M	86.6M	1.06	2.17M	클릭 테크놀로지스 QLIK TECHNOLOGIES
CIEN	19.56	1.80	10.1	536,084	134M	0.46	2.73M	시에나 CIENA CORP.
ORCL	39.03	-1.23	-3.1	97,831	3.03B	0.53	9.12M	오라클 ORACLE CORP.

그림 8.1: 오전 9시 15분에 나의 검색창에 올라온 SRPT

거래 계획하기: 진입 지점, 탈출 지점, 손절 지점 설정

나는 차트를 살핀 후 첫 10분 동안의 가격 변동을 지켜보기로 했다. 그림 8.2를 보라. 장이 열렸을 때 매수자들은 주가를 더 밀어올리지 못했다. 재매수에 관심 없었다. 그래서 VWAP 전략을 쓰기로 결정했다. VWAP와 2개의 5분 봉을 토대로 VWAP 근처에서 이뤄지는 가격 변동을 관찰했다. 그 결과, 매도자들이 주도권을 잡았고 매수자들은 VWAP 위로 주가를 밀어올려 유지하지 못한다는 사실을 확인했다. VWAP 위에 손절 지점을 정하고 숏 포지션을 잡을 좋은 기회가 확실했다.

계획에 따라 실행하기

나는 10분 후 5분 봉이 VWAP 아래에서 마감하는 것을 보고 18.20달러 근처에서 숏 포지션에 진입했다. 이때 VWAP 바로 위에서 손절할

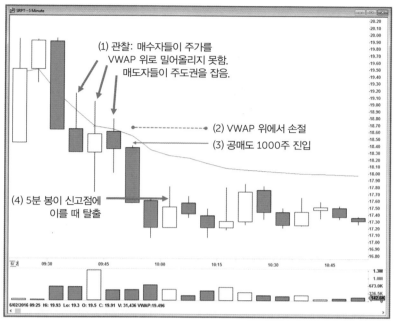

그림 8.2: 2016년 6월 2일, SRPT의 5분 차트

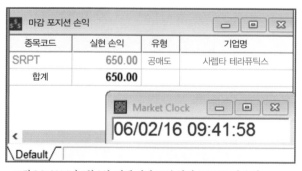

그림 8.3: 2016년 6월 2일, 거래 시작 12분 만에 SRPT로 낸 수익

것을 염두에 두었다. 예상대로 매도자들이 주도권을 잡으며 주가가
17달러까지 떨어졌다. 나는 5분 봉이 신고점에 이를 때 탈출했다. 매
수자들이 주도권을 잡고 있다는 신호이기 때문이다. 그래서 17.40달

종목 코드	주가	금일 거래량	전일 종가 대비	전일 종가 대비	유통 주식수	ATR	유통주식수 대비 공매도 잔량(%)	업종
SPR	28.69	182,946	2.52	9.6	104M	3.24	8.37	제조
AMC	5.66	109,955	0.49	9.5	52.5M	0.69		정보
CLDX	9.58	868,551	0.83	9.4	17.6M	0.83	1.59	제조
M	7.34	1.38M	0.58	8.6	309M	0.98	45.12	소매
MGM	19.33	555,554	1.49	8.4	469M	1.77	8.16	숙박요식
APA	13.85	159,774	1.06	8.3	376M	1.42		광물 채굴, 채석, 석유 및 가스 채굴
MT	10.80	205,757	0.81	8.1	1.01B	0.57		제조
MIK	5.98	122,503	0.44	7.9	147M	0.96	37.86	광물 채굴, 채석, 석유 및 가스 채굴
OXY	18.76	1.19M	1.35	7.8	899M	1.92	7.85	제조
BA	183.15	2.14M	13.15	7.7	564M	16.11	2.66	광물 채굴, 채석, 석유 및 가스 채굴
MRO	6.73	368,350	0.47	7.5	789M	0.54	8.20	제조
SPG	77.14	125,765	5.22	7.3	303M	7.45	10.34	금융보험

그림 8.4: 오전 9시에 관심종목에 올라온 OXY

러에서 숏 포지션을 커버해 그림 8.3처럼 650달러의 수익을 냈다.

이번에는 2020년에 한 거래 중 하나를 살펴보자.

2020년 6월 12일 아침에 시장이 2퍼센트나 갭상승했다. 당시 팬데믹 때문에 주가가 몇 달 동안 약세를 보였다. 그러나 회복의 징후가 서서히 나타나기 시작했다. 경기 부진으로 수요가 줄며 유가가 크게 떨어졌다. 독자들 중에는 2020년 4월에 유가가 크게 떨어졌다는 사실을 기억하는 사람이 있을 것이다. 그 무렵 미국에서는 차에 기름을 가득 채워도 30달러가 채 되지 않았다. 석유와 에너지 업종 외에 여러 업종이 팬데믹 초기에 심한 타격을 입었다. 거기에는 항공, 크루즈, 호텔/모텔/리조트 업종 등이 포함되었다.

팬데믹 이후 커뮤니티에서 자주 거래한 종목 중 하나는 '옥시덴탈 페트롤리움Occidental Petroleum Corp.'(종목코드: OXY)이었다. 이 회사는 미국, 남미, 중동에서 석유 탐사 사업을 했다. 그림 8.4에서 볼 수 있듯이 OXY의 주가는 장전에 7퍼센트 넘게 갭상승하며 오전 9시에

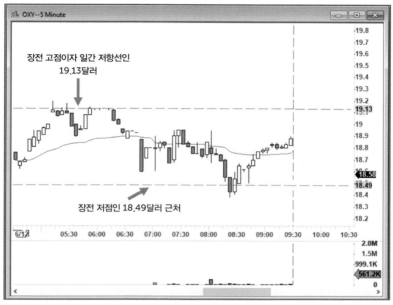

그림 8.5: 장이 열리기 전의 OXY 주가 변동

18.76달러에 거래되었다. 거래량은 거의 120만 주에 달했다. 장전임을 감안하면 상당히 양호한 거래량과 유동성이었다. 활성화 종목만이 장전에 양호한 거래량을 보여줄 수 있다. OXY의 ATR은 1.92달러였다. 즉 주가가 하루 평균 약 1.90달러만큼 움직였다. 주가가 18, 19달러 수준임을 감안하면 기본적으로 일중 변동성이 10퍼센트라는 얘기였다. 데이트레이더들은 변동성과 유동성을 사랑한다!

OXY의 유통주식수는 약 9억 주다. 이는 내가 편하게 거래하는 범주에 속한다. 유통주식수가 적은 종목은 거래하기가 너무 어렵다. 그(주된) 이유는 리스크를 관리하기 아주 까다롭기 때문이다. 나는 장전 가격 변동(그림 8.5 참고)을 살펴 19.13달러(장전 고점이자 전일 고점)와 18.49달러(장전 저점)에 주요 저항선과 지지선이 형성된 것을 발견했다. 또한 주가가 이미 7퍼센트 넘게 갭상승한 것도 확인했다. 그래서 주가가 VWAP 위에 머물면 1분 또는 5분 장 초반 구간 돌파 지점을 찾기로 결정했다.

장이 열리자 5분 차트 상으로 VWAP 위에서 멋진 망치형 도지가 만들어졌다. 망치형 도지는 매수자들에게로 기우는 미결정 봉이다. 장전에 거래 계획을 세운 나는 (앞에서 제시한 대로) 무엇을 찾아야 할지 미리 알았다. 실제로 시장 전체가 갭상승하는 가운데 OXY의 주가도 갭상승해(그림 8.6 참고) VWAP 위로 올라섰다.

나는 5분 ORB 전략에 따라 18.85달러에 롱 포지션을 잡기로 결정했다. 1분 차트를 살펴보니 9시 36분에 VWAP를 정복한(VWAP 위에서 마감) 상태였다. 이는 완벽한 5분 ORB 상승 구도를 만들었다! 그림

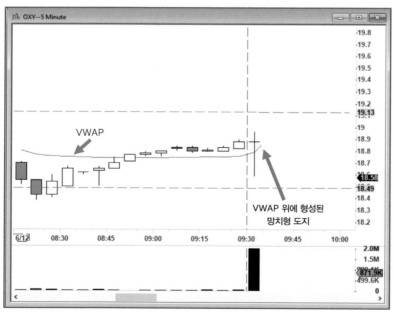

그림 8.6: 장이 열리기 전의 OXY 주가 변동

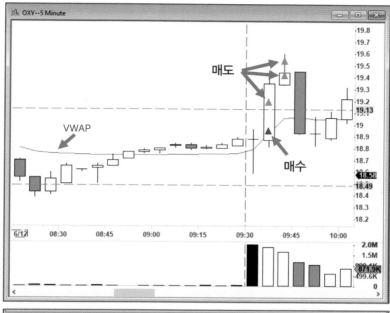

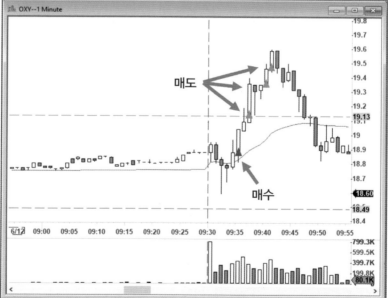

그림 8.7: 2020년 6월 12일 OXY의 5분 차트(위)와 1분 차트(아래)에 따라 거래한 내역

종목코드	실현 손익	유형	기업명	Account
OXY	2421.81	마진	옥시덴탈 페트롤리움	U1588
IWM	0.00	마진	아이셰어즈 러셀 2000 ETF	U4079
합계	2421.81			

06/12/20 09:39:38

그림 8.8: 2020년 6월 12일, 거래 시작 9분 만에 낸 수익

8.7에 거래 내역을 표시했다.

나는 주가가 19.40달러를 향해갈 때 3번에 걸쳐 롱 포지션을 매도해 2421.81달러(수수료 및 비용 미포함)의 수익을 냈다. 그림 8.8처럼 좋은 거래를 한 덕분에 9시 39분 전에 일과를 끝낼 수 있었다. OXY 주가는 19.60달러까지 더 오르다가 오전 장 후반에 VWAP 아래로 떨어졌다.

트레이딩에도 요령이 있다

나의 트레이딩 철학은 서너 개의 확실한 진입구도만 마스터하면 꾸준한 수익을 낼 수 있다는 것이다. 실제로 두어 개의 최소 진입구도로 구성된 단순한 트레이딩 방법을 따르면 혼란과 스트레스를 줄이는 데 도움이 된다. 또한 실로 승자와 패자를 가르는 트레이딩의 심리적 측면에 집중할 수 있도록 해준다.

이제 트레이딩 전략의 기본을 익혔으니 실제로 거래를 계획하고 실행하는 과정을 살펴보자. 이제 들어가고 싶은 진입구도를 알았을 것

이다. 그러나 초보 트레이더로서 미리 계획을 세우고 실행하기 어려울 것이다. 진입구도가 좋아도 진입 지점과 탈출 지점이 나빠서 모두 돈을 버는데 나만 잃는 경우가 흔하다. 나는 그 해결책이 트레이딩을 위한 절차를 개발하는 것이라고 생각한다. 거래를 계획하고 계획대로 거래하라.

나는 화학공학 박사학위를 갖고 있다. 대학 공부는 트레이딩에 관한 절차적 접근법이 지니는 힘을 확신하게 만들었다. 그것이 내가 성공할 수 있었던 주된 이유라고 자신 있게 말할 수 있다. 나의 트레이딩 절차는 다음과 같다.

- 아침 일과
- 관심종목 구성
- 거래 계획 수립
- 계획에 따른 거래 시작
- 계획에 따른 거래 실행
- 일지 작성 및 복기

거래로 수익을 내려면 위에 나온 모든 단계를 정확하게 실행해야 한다는 사실을 명심하라. 모든 거래에 진입하고 탈출한 이유를 적어라. 누구나 이 책과 다른 수십 권의 책을 읽을 수 있다. 그러나 정확하게 거래를 실행하는 절제력을 가진 사람은 적다. 또한 진입구도가 좋아도 잘못된 종목을 고를 수 있다. 가령 컴퓨터와 기관 트레이더들이 조종하는 종목이 그렇다. 적절한 종목을 찾았지만 잘못된 시점에 진입할 수도 있다. 나쁜 진입은 계획을 망치고, 결국에는 돈을 잃게 만든다. 좋은 종목을 찾아서 정확한 시점에 진입해도 적절한 시점에 탈출하지 못할 수도 있다. 그러면 수익이 난 거래가 손실이 나는 거래로 바뀐다. 모든 단계가 중요하다.

삶에서 자주 하는 중요한 일을 떠올려보라. 그 다음 그 일을 가장 잘할 수 있는 방법을 생각해보라. 이제 현재 그 일을 어떻게 하고 있는지 생각해보라. 이는 트레이더들에게 아주 좋은 사고 절차다. 포지션을 잡을 때 진입하기 전과 진입한 후에 해야 할 올바른 행동에 초점을 맞춰야 한다. 이 사고 절차를 위한 시스템을 만들면 포지션에 진입할 때와 포지션을 관리할 때 트레이더들이 겪는 감정적 부담을 대부분 덜 수 있다. 이 점은 마지막 규칙으로 이어진다.

규칙 10: 수익이 나는 거래는 감정을 수반하지 않는다. 감정적인 트레이더는 돈을 잃는다.

공부와 연습은 트레이딩에서 무엇이 중요한지, 어떻게 거래해야 하는지, 어떻게 실력을 기를 수 있는지에 관한 시야를 제공한다. 중요한 것에 관한 시야가 생기면 초점을 맞출 구체적인 절차를 파악하는 일로 나아갈 수 있다. 성공의 열쇠는 정확한 절차를 아는 것이다. 때론 돈을 잃어가며 힘들게 그 절차를 익힐 것이다.

나의 트레이딩 철학에 내재된 절제와 계획에 따른 트레이딩은 나의 삶 전반에 긍정적인 습관을 만드는 눈덩이 효과를 불러왔다. 또한 이 습관들은 트레이딩의 성공에 더 많이 기여했다. 가령 나는 매일 아침 같은 일과를 따르며 트레이딩 절차를 시작한다. 나는 캐나다 밴쿠버에 산다. 시장은 나의 시간으로 오전 6시 30분에 열린다. 매일 아침 4시 30분에 일어난다. 그리고 45~60분 동안 조깅을 한다(대개 7~10킬로미터 정도). 그 다음 집에 와서 샤워를 하고 6시에 거래 계획을 세우기 시작한다.

거래하기 전에 몸에 활력이 없으면 부실한 결정을 내리게 된다. 유산소 운동이 의사결정 과정에 긍정적인 영향을 미친다는 연구 결과들이 있다. 꾸준히 유산소 운동(최소 30분 달리기)을 하는 사람은 신경심리학적 기능과 능력 테스트에서 높은 점수를 기록한다. 이 테스트는 주의 통제, 억제 통제, 인지적 유연성, 작업기억 갱신 및 용량, 정보 처리 속도 같은 인지적 기능을 측정한다. 인터넷에서 이 주제에 관한 자료를 쉽게 읽을 수 있다. 우리의 기분은 신체적 상태에 좌우되는 경우가 많다. 심지어 어떤 음식을 얼마나 먹느냐 하는 미묘한 요소에도 좌우된다. 신체적 상태를 하나의 함수로 삼고 일간 거래 결과를 기록하라. 그러면 그 상관관계를 직접 확인할 수 있을 것이다. 미리 관리하여 몸과 마음의 상태를 최적으로 유지하라. 나는 커피, 술 그리고 육식을 끊었다. 그 결과, 성과가 크게 개선되었다. 육류와 어류(피를 지닌 모든 생명체)를 먹지 않고 술, 커피, 담배를 끊음으로서 삶의 모든 측면에서 더 빨리 나아갈 수 있게 되었다. 트레이딩에서도 모든 측면에서 현재 상태보다 나아지는 것에 초점을 맞춰야 한다.

나는 2014년에 뉴욕시를 방문했다. 그때 나는 평일 점심시간에 월가를 따라 걸으며 '돌진하는 황소'와 함께 셀카를 찍기로 했다. 돌진하는 황소는 뉴욕의 금융산업을 상징하는 유명한 3.5톤짜리 황소 조각

상으로서 월가 근처에 있다.

나는 평일에 해당 지역을 걸어다니는 사람은 트레이더나 금융업 종사자일 것이라고 생각했다. 커피숍에서 옆 테이블에 앉은 사람은 연말 보너스로 200만 달러를 받을 가능성이 높았다. 나는 사람들의 태도, 걸음걸이, 옷차림, 서로를 대하는 방식을 관찰했다. 그들 중에는 옷차림이 부실하거나, 자신감이 없어 보이거나, 몸매가 뛰어나지 않은 사람이 드물었다. 그래서 그들이 돈 많고 성공해서 옷차림이 좋고 자신감 넘치고 몸매가 뛰어난 것인지, 아니면 엄격하고 자신감 있고 야심이 넘쳐서 부와 성공을 얻은 것인지 궁금했다. 어쩌면 이는 정답이 없는 '닭과 달걀' 문제일 수도 있다. 그러나 나는 개인적으로 후자라고 믿는다. 내가 관찰한 바에 따르면, 성공적인 트레이더는 그들이 하는 거의 모든 일에서 성공하는 경우가 많다. 그들은 야심차며, 자신에게 많은 것을 기대한다. 또한 어린 나이 때부터 그런 기대를 갖는다. 그들은 최고가 될 것을 기대한다. 성공은 그들의 역사였다. 그러니 트레이딩이라고 해서 다를 이유가 있을까?

연구 결과에 따르면, 모든 활동의 승자는 패자와 다르게 생각하고, 느끼고, 행동한다. 자신이 승자의 자제력을 가졌는지 알고 싶다면 오늘부터 당장 과거에 당신에게 어려움을 안겼던 습관을 끊어보라. 언제나 더 나은 몸매를 갖고 싶었다면 달리기 같은 운동을 일과에 넣어보라. 소금과 설탕 섭취량도 줄여라. 술이나 커피를 너무 많이 마신다면 1달 동안 멀리할 수 있을지 보라. 이는 거래로 손실이 났을 때 자신을 다스릴 수 있을 만큼 당신이 감정적으로, 지성적으로 충분히 강한지 알아보는 탁월한 시험이다. 커피나 술을 마시면 또는 꾸준히 달리기를 하지 않으면 성공적인 트레이더가 될 수 없다는 말이 아니다. 다만 이런 유형의 개선을 시도했지만 실패한다면 트레이딩에서 자제력을 발휘하는 일이 그보다 더 쉽지 않다는 사실을 알아야 한다. 변화는 힘들다. 그래도 성공적인 트레이더가 되고 싶다면 모든 측면에서 성격을 변화시키고 개발하기 위해 노력해야 한다. 그러기 위해 노력하는 것은 당신이 이뤄야 할 변화를 유지하는 유일한 길이다. 지성의 척도는 IQ나 돈을 버는 방법이 아니라 변하는 능력에 있다. 미국의 토크쇼 진행자이자 자선사업가 오프라 윈프리Oprah Winfrey가 말한 대로 역대 최고의 발견은 우리가 그저 태도를 바꾸기만 해도 미래를 바꿀 수 있다는 것이다.

트레이딩으로 돈을 버는 데 실패하는 트레이더는 종종 좌절한다. 그래서 시장을 더 공부해서 새로운 전략과 기술적 지표를 익히려 애쓴다. 그들은 기술적 지식 부족이 아니라 자제력 부족, 충동적 행동, 나쁜 생활습관이 실패의 주된 요인임을 깨닫지 못한다.

앞서 말한 대로 트레이딩을 취미로 봐서는 안 된다. 진지하게 트레이딩에 접근해야 한다. 나는 새벽 4시 30분에 일어나 45분에서 60분 동안 달리기를 하고, 샤워를 하고, 옷을 입고, 아침으로 오트밀을 먹는다. 새벽 6시에 트레이딩 스테이션을 켜기 전에 이 모든 일을 한다. 그래서 정신이 맑게 깨어 있고, 의욕이 넘치는 상태로 자리에 앉아 관심 종목을 구성하기 시작한다. 이 아침 일과는 시장에 들어서기 전에 정신무장을 하는 데 엄청난 도움이 되었다. 그러니 무엇을 하든 비슷한 방식으로 아침을 시작하면 헤아릴 수 없는 보상을 얻을 것이다. 15분 전에 침대에서 굴러나와 얼굴에 물을 끼얹는 것으로는 개장에 대비할 충분한 시간을 얻을 수 없다. 잠옷이나 속옷 차림으로 컴퓨터 앞에 앉으면 시장을 공략할 올바른 마음가짐을 가질 수 없다. 나는 이 모든 상황을 겪어보았기에 안다.

나의 관심종목은 매일 아침 활용하는 구체적인 검색 조건에서 나온다. 다른 종목은 보지 않는다. 검색창에 올라온 종목이 포지션에 진입할 최고의 기회를 제공한다고 확신하기 때문이다. 각 종목은 점검목록을 통해 같은 방식으로 심사한다. 그에 따라 실제로 거래할 수 있을지 결정한다. 관심종목은 6시 15분에 완성되며, 그 후에는 추가하지 않는다. 새 종목을 검토하고 거래를 계획할 시간이 충분치 않기 때문이다. 이 원칙은 장전에 관심종목을 15분 동안 살필 수 있도록 해준다.

이 장전 15분 동안 가격 변동을 토대로 거래 계획을 세운다. 이는 가장 어려운 부분으로 경험과 지식, 공부를 요구한다. 많은 트레이더는 이 단계에서 실패한다. 오전 9시 반에 벨이 울리면 카드에 적힌 거래 계획이 준비된다. 카드에 적는 이유는 개장 전까지 각 종목에서 본 내용을 잊어버리기 쉽기 때문이다. 롱 포지션 진입구도가 나오는 경우의 계획은 무엇인가? 숏 포지션 진입구도가 나오는 경우의 계획은 무엇인가? 어떤 진입구도가 나오기를 원하는가? 수익 목표 지점은 어디인가? 손절 지점은 어디인가? 거래가 타당할 만큼 수익 구간이 큰가? 거래를 계획할 때 이런 질문을 하는 것만으로도 상당한 강점을 얻을 수 있다. 전투 계획을 세운 상태로 들어가서 계속 고수할 수 있기 때문이다. 거래 계획을 적은 카드를 가까이 두면 쉽게 참고할 수 있다. 이는 개장 벨이 울릴 때 내가 느끼던 불안을 없애준다. 개장 때 내가 하는 일은 포지션에 들어갈 신호와 계기를 찾는 것이다.

앞선 사례에서 SRPT의 주가는 14.5퍼센트 갭하락했다(그림 8.1 참고). 나는 매수세가 별로 없다는 사실을 알았다. 하룻밤 사이에 거의 15퍼센트나 갭하락했고, VWAP 밑에서 거래되고 있었기 때문이다. 근처에 지지선이나 저항선은 찾을 수 없었다. 그래서 그림 8.2에서 제시한 대로 VWAP를 지켜보다가 VWAP 기준 공매도를 하기로 결정했다. 마찬가지로 앞서 설명한 OXY를 거래할 때도 비슷한 사고 과정을 밟았다. 시장은 강했고, 주가는 갭상승했으며, 거래량도 많았다. 또한 첫 5분 봉은 망치형 도치로 마감했다. 이는 장 초반 구간 돌파 전략을 쓸 수 있는 진입구도였다. 그래서 나는 신호가 나올 것에 대비했다(그림 8.4부터 8.8까지 참고).

관찰 종목에서 진입구도가 나오고 진입 신호가 포착되면, 나는 고민 없이 진입한다(어차피 그렇게 계획되어 있다). 가끔 재고할 때도 있지만 그런 경우는 많지 않다. 거래 계획에는 수익 목표 지점과 함께 손절 지점으로 설정한 기술적 수준도 적혀 있다. 그래서 포지션에 진입한 후에는 단지 주가가 해당 지점에 도달해 이익을 실현하는 데 집중한다. 어떤 사람들은 탈출할 때를 아는 것이 트레이딩에서 가장 어려운 부분이라고 말한다. 사전 계획이 없으면 포지션에서 너무 빨리 탈출하지 않기가 대단히 힘들다. 미리 계획을 세우면 잘된 거래에서 충분히 수익을 내는 한편, 손실을 키우는 것이 아니라 신속하게 손실을 줄일 가능성이 훨씬 높아진다. 이는 거래하는 동안 감정을 다스리는 데도 도움이 된다. 학생들 중 1명은 내게 잡음을 걸러내야 할 필요성을 이야기한 적 있다. 이 전략은 거래에 집중하는 데 큰 도움을 준다.

거래가 끝난 후에는 계획이 얼마나 잘 통했는지, 카드에 적은 내용을 얼마나 잘 지켰는지 복기한다. 대부분의 복기는 저녁에 그날의 거래를 검토하거나 정리할 때 이뤄진다. 나는 많은 트레이더가 잊은 주요 단계 중 하나가 복기라고 생각한다. '잘한 일은 무엇일까?', '잘못한 일은 무엇일까?', '더 빨리 팔았어야 했을까?' 같은 질문은 모두 트레이딩 전략을 개발하는 데 대단히 중요하다. 단지 좋은 수익을 냈다고 해서 완벽한 트레이더가 된 것은 아니다. 손익을 처리하는 방식이 대단히 중요하다. 거래 내역과 교훈이 될 만한 모든 내용을 적거나 영상으로 기록해 과거의 다른 교훈들과 같이 정리해둬라. 그리고 미래를 위한 참고사항으로 활용하라. 어떤 교훈은 다른 교훈보다 뼈저리다. 그래도 시간이 지나면 더 나아질 것이라는 자신감을 가져라. 한 번만에 손을 부딪혀도 조심해야 한다는 것을 알게 된다. 그러나 밤에 집 안을 돌아다닐 때 먼저 불을 켜는 법을 배우려면 두세 번 더 부딪혀야 할지도 모른다.

이 절차가 왜 트레이딩에서 중요할까? 그 이유는 거래를 준비하는 방법을 말해주고, 그것을 실행하기 위한 초점을 제공하기 때문이다. 또한 감정적, 사회적 잡음을 걸러내는 데 도움을 주고, 보다 성공적으로 수익을 낼 기회를 부여한다. 그리고 지난 거래를 복기하고 더 나은 트레이더가 되는 데 필요한 도구를 제공한다. 올바른 절차와 방식으로 집중하면 성공 트레이딩에 이르는 길을 설계할 수 있다.

CHAPTER 9

성공 사례 들여다보기

트레이딩을 시작한 지 오랜 시간이 흘렀다. 그래서 처음에 얼마나 힘들 었는지 제대로 기억 못할 수도 있다. 여전히 쉬운 말로 트레이딩을 가 르치고 설명하려 애쓰기는 하지만 진정한 초보 트레이더의 모든 부침 을 떠올리기는 어렵다. 근래에 나는 독자와 학생들에게 이 초기의 어려 움을 잘 전달할 방법을 고민했다. 좋은 교사는 언제나 학생들이 어떻게 배우는지 그리고 그들이 학습 과정을 지나는 데 필요한 것이 무엇인지 생각한다. 교사 자신이 얼마나 아는지는 사실 중요치 않다.

이 책에 나는 신규 트레이더의 사례연구를 담은 장을 추가하기로 결정했다. 그는 이 책의 이전 버전을 읽고 거기서 얻은 지식을 데이트 레이딩 경력의 출발점으로 삼았다. 나는 근래에 주간 웨비나에서 자 신의 이야기를 들려준 회원 존 힐츠에게 연락했다. 그는 친절하고 관 대하게도 자신의 트레이딩 여정을 이 책의 독자와 나누는 데 동의했 다. 웨비나에서 그가 우리에게 들려준 이야기는 놀랍고도 고무적이었 다. 그는 데이트레이딩을 시작했을 때 첫 2달(2019년 10월과 11월) 동안 끔찍한 경험을 했다. 그래도 그 후에는 그림 9.1에 나오듯이 대단히 유망한 상승세를 타고 있다.

존의 트레이딩 여정은 모든 사람과 비슷하게 시작되었다. 그는 주식시장에 흥미가 생겨 가벼운 마음으로 주가를 관찰했다. 뒤이어 계좌를 열었지만 트레이더로서 딱히 무엇을 하고 싶은지, 무엇을 해야 하는지 몰랐다. 처음에는 (스윙트레이딩으로) 약간의 성공을 거뒀다. 그러나 뒤이어 (데이트레이딩에서) 공부와 계획이 부족한 결과, 심각한 손실을 경험했다. 그때까지 그의 이야기는 트레이딩을 시작한 다른 사람들과 비슷했다. 그것을 대다수의 이야기와 다르게 만드는 점은 존의 경우 제대로 데이트레이딩을 할 능력이 없음을 깨닫고 그 문제를 바로잡는 일에 나섰다는 것이다. 대다수 사람은 자존심 때문에 자신이 뭘 모른다는 사실을 인정하지 않는다. 자신감은 좋지만 자기인식은 더 중요하다.

존의 사례에서 흥미로운 점은 우리 트레이딩 커뮤니티와 나의 책에서 기본을 배운 다음 시장에서 자신만의 강점을 찾았다는 것이다. 앞서 말한 대로 그는 나와 완전히 다른 방식으로 거래한다. 나름의 규칙을 갖고 있으며, 자신의 전략을 정의했다. 그 전략은 내가 따르거나 가르치는 것과 다르다.

신규 트레이더, 존 힐츠의 통찰

글쓴이 존 힐츠 John Hiltz

존은 미 육군에서 21년 동안 복무한 후 중령으로 제대했다. 그중 5년은 육군사관학교 교관으로 일했다. 이때 그는 다른 사람을 가르치는 일에 열정을 갖게 되었다. 또한 육군에 있을 때 데이트레이딩에 흥미를 갖고 관련된 모든 정보를 습득하기 시작했다. 그러나 혼자서는 그 지식을 꾸준한 트레이딩 수익으로 바꿀 수 없었다. 그의 트레이딩 경력에서 전환점이 된 일은 앤드루 아지즈의 《How to Day Trade for a Living》을 읽고 군에서 은퇴하여 베어 불 트레이더스(이하 BBT) 커뮤니티에 들어간 것이었다. BBT 강사진의 교육과 수개월에 걸친 모의투자와 소규모 트레이딩과 더불어 존은 첫 해에 꾸준한 수익을 올릴 수 있게 되었다.

그는 결혼한 지 20년이 됐으며, 2명의 아들을 두고 있다. 여가 시간에 기타를 연주하고, 산악자전거를 타며, 두 아들의 하키 경기를 관람하길 좋아한다.

나는 근래 데이트레이딩으로 꾸준한 수익을 올렸다. 앤드루는 나의 트레이딩 여정에 관한 통찰을 공유해달라고 요청했다. 사실 내가 이렇게 수익을 올리게 된 것은 신규 트레이더들의 온갖 공통적인 실수를 저지른 후 마침내 다른 성공적인 트레이더들의 조언을 받아들인 덕분이다. 나의 트레이딩 경력을 반전시킨 조언은 다음과 같다.

- 거래당 같은 금액을 리스크에 노출하라.
- 꾸준한 수익을 낼 때까지는 작은 금액만 리스크에 노출하라.
- 손절 주문을 활용해 포지션에서 탈출하라.
- 마스터할 때까지 단일 전략에 집중하라.

초기 트레이딩 공부

데이트레이딩의 세계로 들어서는 나의 여정은 사실 여러 해에 걸쳐 이뤄졌다. 2010년에 그냥 재미로 매일 (다우존스산업평균지수 같은) 주식시장을 살피기 시작했다. 그러면서 일중 차트가 형성하는 패턴에 흥미를 느꼈다. 주가는 어떤 날에는 급등한 다음 다소 꾸준한 수준을 유지했다. 또한 다른 날에는 반대로 움직였다. 일종의 파동 패턴에 따라 움직이는 날도 많았다. 이런 패턴의 반복성이 흥미로웠다. 어떤 날은 이전의 다른 날들과 흡사해 보였다. 나는 이런 반복에서 이익을 볼 방법이 있을 것 같다고 생각했다. 그래서 2014년부터 3년간 매일 주식책을 읽는 공부를 했다. 그동안 주식은 1주도 거래하지 않았다. 실제 돈을 넣기에는 아직 너무 소심했다. 그러다가 2017년에 첫 증권 계좌를 열고 스윙트레이딩(며칠 주기로 매매하는 것)을 시도했다. 나는 '파동' 패턴에서 상승 추세에 있는 종목만 거래했다. 또한 20일 이동평균선에서 반등할 때 진입했다. 그 결과, 수익을 내기는 했지만 그 해는 전반적인 상승기였다. 그래서 나의 실험 결과가 편향된 것일 수도 있다. 다만 나는 데이트레이더로서 다시 배워야만 할 2가지 중요한 교훈을 얻었다.

- 단일 전략에 집중하면 거래가 더 쉬워지고 꾸준해진다.
- 손절 주문을 활용하지 않으면 자금이 묶이거나 대규모 손실을 입는다.

데이트레이딩 시작 무렵

2019년 초 직장에서 가볍게 약간의 데이트레이딩을 했다. 그 결과는 처참했다. 나는 너무나 빨리 돈을 벌고 잃는 것에 따른 심리적 측면에서 준비되어 있지 않았다. 또한 다음과 같이 책에 나오는 모든 규칙을 어겼다.

- 머릿속으로만 손절선을 생각할 뿐 실제 손절 주문을 활용하지 않음.
- 너무 많은 돈을 리스크에 노출함.
- 리스크/보상 비율을 계산하지 않음.
- 이 전략에서 저 전략으로 옮겨다님.

또한 데이트레이딩을 직장에서 일하는 동안 편리한 시간에 할 수 있는 일로 여겼다. 그래서 여가 시간이 20분 생기면 거래할 종목을 급하게 찾았다. 실질적인 상황으로는 좋은 진입구도가 나오지 않았는데도 말이다. 나는 전혀 인내심이 없었다.

다행히 이 무렵 이 책을 읽었다. 실로 공감 가는 내용을 담고 있었다. 앤드루는 나도 여러 해 동안 보았던 가격 패턴에 따른 전략을 설명했다. 또한 일간 고점과 저점 같은 주요 지지선 및 저항선의 중요성을 강조했다. 이는 내가 일찍이 2010년에 주식시장을 지켜볼 때부터 인지하던 것이다.

저점에 도달한 후 깨달은 것들

앤드루의 통찰에 고무된 나는 2019년 중반 BBT에 가입했다. 그러나 초기에는 계속 이전과 같은 멍청한 실수를 저질렀다. 나는 앤드루의 책에 담긴 원칙들을 알았고, 이제는 그와 경험 많은 다른 BBT 관리자들의 실시간 지원까지 받았다. 하지만 그들의 말을 제대로 듣지 않았다. 오전장에는 앤드루의 매매법을 흉내내려 애썼고, 종일 너무 많은 포지션을 잡았다. 너무 많은 리스크를 졌으며, 전략 측면에서 전혀 초점이 없었다.

그러다가 가입한 지 몇 달이 지난 후, 모든 책과 트레이더가 내게 경고했던 날을 맞았다. 소위 '헐크 데이hulk day(자제력을 잃고 아무 계획 없이, 공격적으로, 불안하게, 생각 없이 도박꾼처럼 거래한 날)'를 맞은 것이다. 그날 일찍이 수익을 냈지만 갑자기 실적이 '음봉'으로 변했다. 이 반전에 화가 난 나는 실적을 '양봉'으로 되돌리려고 연이은 복수의revenge 거래를 시작했다. 결국 손익이 심하게 요동쳤다. 때로는 양봉에 가까워지다가도 다시 음봉으로 돌아섰다. 손실을 줄이려고 애쓸수록 더 큰 패배가 쌓여갔다. 이 패턴은 약 2600달러, 트레이딩 계좌의 7퍼센트를 잃을 때까지 1시간 동안 지속되었다. 이때가 나의 전환점이었다. 나는 며칠만 더 이런 식으로 가면 트레이딩 계좌가 2만 5000달러 아래로 줄어든다는 사실을 깨달았다. 그러면 더 이상 패턴 데이트레이더의 자격을 유지할 수 없었고, 따라서 거래 횟수가 제한될 것이었다. 변화가 필요했다. 나는 결국 상황을 반전시킨 다음의 원칙들을 고수하는 데 집중하기 시작했다.

- 거래당 같은 금액을 리스크에 노출하라.

트레이더들은 종종 거래에서 리스크에 노출된 금액을 'R'로 표현한다. 이 돈을 잃은 거래는 −1R 거래로 불린다. 즉 손절 당했을 경우 1R을 잃는다. 리스크에 노출한 금액의 2배를 번 거래는 2R 거래가 된다. 나는 데이트레이딩을 시작했을 때 비교적 책임감 있게 거래당 50달러를 리스크에 노출했다. 그러나 첫 거래가 손절 당하자 손실을 더 쉽게 보충하고 그날 '양봉'을 만들기 위해 불가피하게 더 많은 리스크를 감수했다. 그 거래마저 실패로 돌아가며 150달러의 손실이 났다. 결국 나는 더 많은 리스크를 감수했다. 이는 손실을 만회하려고 베팅액을 키우는 전형적인 도박꾼의 실수였다. 게다가 나는 더 큰 베팅을 할 때 인내심을 잃는 경우가 많았다. 나는 머릿속으로 '이 거래만 성공하면 손익이 플러스가 돼. 그러면 리스크를 줄일 거야'라고 생각했다. 이는 실로 심리적 재난의 도화선이었다. 이후 나는 한 BBT 관리자의 조언을 받아들여 'R' 기준으로 생각하기 시작했다. 그리고 거래당 같은 금액을 리스크에 노출했다. 그렇게 함으로써 −1R의 손실이 어떤 의미인지 더 잘 이해할 수 있었다. 또한 그 손실을 받아들이는 데도 익숙해졌다. 가령 손실이 난 거래의 손실은 언제나 50달러였다. 하루의 초반에 한두 번의 나쁜 거래는 100달러의 손실을 안겼다. 그래서 손익분기점에 도달하려면 2R 거래를 할 좋은 진입구도가 필요했다. 나는 이렇게 'R'을 기준으로 생각하기 시작했다. 이는 트레이더로서 성숙해지고 인내심을 갖는 데 엄청난 영향을 끼쳤다.

– 꾸준한 수익을 낼 때까지는 작은 금액만 리스크에 노출하라.

이 다음 조언 역시 커뮤니티의 노련한 트레이더에게서 얻었다. 이를 일관된 'R'을 활용하는 방식과 조합하면 보다 꾸준히 수익을 내는 전략을 개발할 때까지 계좌의 출혈을 줄이는 수단이 되어 주었다. 실제로 그 노련한 트레이더는 처음 시작할 때 거래당 10달러만 리스크에 노출했다고 말했다. 그래서 좋은 3R 거래도 30달러의 수익밖에 내지 못했다. 사실 그는 기술적으로 '양봉'인 날도 수수료 때문에 본전치기만 하거나 심지어 손실이 났다고 말했다. 그럼에도 그는 R 기준으로 '양봉'이 나는 데 집중했다. 그리고 꾸준한 수익을 얻으면서 천천히 리스크에 노출하는 금액을 늘렸다. 나도 거의 같은 전략을 적용했다. 처음에는 1달에 20R을 달성한다는 목표 아래 5달 동안 거래당 20달러만 리스크에 노

출했다. 다음 그림에 나오듯이 첫 2달은 돈을 잃었지만 4개월 차에 20R 목표

를 달성했다. 무엇보다 중요한 점은 첫 2달 동안 내 계좌가 총 −28R의 손실

을 견뎌냈다는 것이다. 즉 거래당 20달러씩 리스크에 노출했으므로 약 560달

러를 잃었다. 또한 실제로 일관성이 높아지며 6, 7개월 차에는 거래당 리스크

를 40달러로 늘릴 수 있었다.

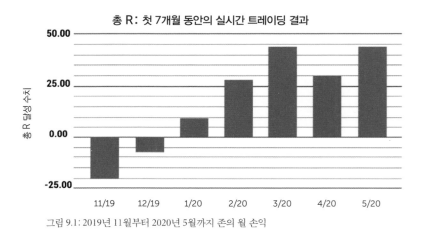

그림 9.1: 2019년 11월부터 2020년 5월까지 존의 월 손익

- 손절 주문을 활용해 포지션에서 탈출하라.

이는 아마도 설명하기는 가장 쉽지만 따르기는 가장 어려운 조언일 것이다. 손

절매는 −1R에 포지션을 탈출하도록 (지정가 주문이든 시장가 주문이든) 자동

으로 체결되는 거래를 말한다. 내가 읽은 모든 트레이딩 책은 손절 주문을 쓰

라고 말했다. 내가 만난 모든 성공한 트레이더는 손절 주문을 쓰라고 말했다.

이는 전적으로 합리적이고 논리적인 조치로 보인다. 그럼에도 손절 주문을 쓰

지 않거나 손절 당할 것 같을 때 주문을 취소하는 트레이더들이 계속 나올 것

이다. 나도 처음에는 별반 다르지 않았다. 판단력을 흐리는 많은 상황이 있다.

- 그날의 첫 거래라서 '음봉'으로 시작하고 싶지 않음.

- 손절 당할 경우 일일 최대 허용 손실에 이름.

- 상당히 편향된 생각을 갖고 있음('AAPL은 분명 오늘 350달러까지 갈 거야.').

- 일시적으로 보이는 반락에 손절 당할 것 같음.

나는 손절 주문을 걸었다가 취소하는 경우가 많았다. 손실을 확정하고 싶지 않았기 때문이다. 그러다가 −1R은 −1.5R이 되고, 뒤이어 −2R이 되는 식이었다. 이런 상황이 되면 거의 판단력이 마비되는 지경에 이르렀다. 사태가 정말로 심각해져도 다른 전략을 고안하기 시작했다. 가령 '장 마감 때 어디까지 가는지 봐야지'라거나, '내일까지 갖고 있다가 스윙트레이딩을 해야지'라고 생각했다. 무엇이든 원래의 전략은 이제 절박한 마음에 흡수되어 버렸다. 일부 경우에는 결국 아주 나쁜 손실을 받아들여야 했다. 이는 내가 이겨야 하는 내면의 심리적 싸움일 뿐이었다. 마침내 나는 절제력을 얻었다. 나는 −1R의 손실은 사실 아주 좋은 결과임을 깨달아야 했다. −1R은 1번의 거래로 극복할 수 있지만 −3R의 손실을 지우려면 여러 번의 '양봉' 거래가 필요하다. 이런 깨달음은 손실이 나서 자꾸 신경이 쓰이는 거래를 잊어버리고 다음 좋은 진입구도를 참을성 있게 찾도록 해준다.

- 마스터할 때까지 단일 전략에 집중하라.

위에 나온 모든 단계는 엄청나게 중요하다. 내가 승리의 트레이딩 전략을 찾으려 노력하는 동안 계좌 규모가 줄어드는 속도를 늦춰주었기 때문이다. 사실 이 단계들은 전반적으로 거의 본전치기를 하도록, 또는 어쩌면 약간 수익을 내도록 해주었다. 그러나 장기적으로 데이트레이딩에 성공하려면 시장에서 나의 '우위'를 찾아야 했다. 장기간에 걸쳐 여러 방식을 시도하면서 어느 것이 나의 성향에 잘 맞는지 감을 잡기 시작했다. 장 초반 전략은 내게 동전던지기처럼 느껴졌다. 가격 반전 전략은 한 번도 통한 적이 없는 것 같았다. 반면 스캘핑은 제법 잘하며, 주가가 약간 달릴 것 같은 기회를 파악할 수 있을 듯한 느낌이 들었다. 특히 나는 일간 고점이나 저점을 뚫을 종목에 초점을 맞췄다. 또한 시간이 지나면서는 거의 '일간 고점 돌파Break of High of Day' 전략, 즉 BHOD 전략에만 집중했다.

BHOD 전략을 좋아한 이유는 진입구도에 거의 모호성이 없기 때문이었다. 말그대로 주가가 일간 고점을 뚫는 것이 신호였다. 이는 가격 반전 전략과 다르다. 실제로 언제 반전이 시작될까? 그것을 어떻게 정의할까? 나는 BHOD를 레벨 2 창에서 매수호가가 이전 일간 고점 매도가(레벨 2 창의 매수호가가 무엇인지 모르면 5장 참고)를 넘어서는 지점으로 정의했다. 이는 매수자가 "오늘 지금까지 다른 모든 사람이 지불한 가격보다 더 많이 지불하겠다"고 말하는 순간이다. 나는 이 발언에 종종 힘이 실려 있다고 믿는다. 그래서 적절한 반락 이후 거래량이 실리며 일간 고점을 향해 자신감 있게 오르는 종목을 찾는다. 또한 나는 대체로 호재가 나왔고, 상대 거래량이 높은 종목을 원한다. 나는 BHOD 전략을 공격적으로 실행하며, 50퍼센트 단위로 포지션을 탈출한다. 처음에는 탈출 지점을 주가가 정체되는 지점으로 잡는다. 그러다가 주가가 계속 오르면 주요 수준(.50달러선, .00달러선, 전일 고가, 장전 고가 등)에서 더 많이 탈출한다.

잘 정의된 단일 전략에 집중하는 데 따른 중요한 이점 중 하나는 인내를 강제한다는 것이다. 초기에 하루 거래 건수는 평균 9건 이상이었다. 그러나 거의 BHOD 전략만 쓴 후에는 5건으로 줄었다. BHOD 전략을 쓸 때도 종목을 더

3개월 연속 BHOD 전략 활용 결과

시기	전략 성공률	거래당 평균 R
2020년 3월	78%	0.28
2020년 4월	79%	0.24
2020년 5월	84%	0.63

*하루 평균 5건 거래 기준

까다롭게 고르게 되었다. 즉 강한 종목과 약한 종목을 구분할 수 있었다. 시간이 지나며 (위의 표에 나온 대로) 일관성과 수익성이 개선되었다.

나는 매일 BHOD 전략을 쓸 기회를 찾았다. 이 전략의 경우 시장이 강세를 보이는 날에 더 수익이 좋다. 그러나 약세인 날, 개별 종목이 추세를 거스를 때 가장 좋은 수익을 낼 기회가 생긴다. 많은 트레이더는 전략을 쓸 기회를 기다리는 나의 절제력에 놀랐다. 그렇기는 해도 이 특정 BHOD 전략을 반드시 추천하는 것은 아니다. 전략은 성향에 좌우된다는 점을 명심하라. 다만 데이트레이딩의 세계에서 발판을 마련하려 애쓰고 있다면 단일 전략에 공격적으로 집중할 것을 강력하게 권한다. 이는 성공하는 데 몇 년이 걸릴 수도 있다. 단일 전략의 잠재성을 검증하는 데 몇 달이 걸릴 수 있음은 쉽게 상상할 수 있다. 그래도 시장에서 자신의 우위를 찾기 위해선 시간을 들일 가치가 충분하다.

- 경험 많은 트레이더에게 귀를 기울여라.

나는 커뮤니티의 도움이 없었다면 트레이더로서 실패했을 것이라고 자신 있게 말할 수 있다. 물론 정신 나간 '헐크 데이'도 필요했을 것이라고 진정으로 믿는다. 그래도 그런 날이 지나간 후 의지할 곳이 필요했다. 이런 경우 진지한 커뮤니티나 마스터마인드 그룹mastermind group(같은 목표를 위해 서로에게 조언하고 도움을 주는 모임—옮긴이주)에 들어가 감정을 나누는 것이 좋다. 대개 경험 많은 트레이더들은 책임감 있는 트레이딩이라는 신조를 강조한다.

나는 내가 우러러보는 사람들로부터 이런 말을 들을 필요가 있었다. 그들의 조언을 완전히 수용하는 데는 시간이 걸렸다. 그래도 수용하고 나자 긍정적인 결과가 나오기 시작했다. 마찬가지로 내가 제공한 조언이 신규 트레이더를 성공의 길로 이끌기를 바란다. 데이트레이딩에서 꾸준한 성공을 거두는 것은 가능하다. 그저 주위에 있는 경험 많은 트레이더에게 귀를 기울여라.

단계별 거래 검토

- BHOD 거래 사례

이는 대단히 전형적인 BHOD 거래의 예다. 그래서 큰 수익이 난 거래는 아니지만 많은 거래에서 기대할 수 있는 결과에 대한 통찰을 제공한다. 앞서 말한 대로 나는 BHOD 전략이 다소 낮은 평균 수익과 높은 성공 확률을 제공한다고 생각한다. 이 전략을 쓸 때 초기 움직임이 나와 약간의 수익을 실현한 다음, 종종 나머지 포지션이 손절 당하며 본전치기를 하는 것에 익숙해져야 한다. 이 사례에서 같은 일이 일어난다.

2020년 6월 15일은 시장에서 흥미로운 일이 일어난 날이었다. 'SPDR S&P 500 ETF'(종목코드: SPY)가 개장 때 3.3퍼센트나 갭하락했다. 그러나 이후 폐장 때까지 꾸준히 주가가 상승하며 1.3퍼센트 상승으로 마감했다. 물론 이렇게 종일 상승 추세를 보이는 시장은 일간 고가를 돌파하는 종목에 많은 기회를 제공한다. '월트 디즈니 컴퍼니Walt Disney Company'(종목코드: DIS)는 이날 호재가 나온 종목이 아니었다. 그래도 이 무렵 코로나 팬데믹과 그것이 디즈니의 놀이공원에 미치는 영향 때문에 종종 활발한 거래가 이뤄졌다. 일간 상대 거래량은 약 70퍼센트로 약간 낮았다. 나는 90퍼센트 이상을 선호한다. 그러나 이는 BHOD 전략의 엄격한 규칙이 아니라 고려사항일 뿐이다.

디즈니를 흥미로운 종목으로 만든 점은 '이상적인' 일간 고점을 찍었다는 것이었다. 다시 말해 다른 수준과 겹치는 지점에서 일간 고점이 나왔다. 이 경우 일간 고점과 장전 고점이 정확하게 113.50달러였다. 주가는 2번이나 소수점 단위까지 이 일간 고점을 찍었다. 3번째로 정확히 같은 일간 고점을 '건드리는' 지점은 종종 아주 좋은 진입 지점이다(그림 9.2 참고).

매수호가가 일간 고점을 넘어서는 것을 보자마자 113.53달러에 포지션에 진입했다. 나는 매수자들이 그날 그때까지 다른 모든 사람이 지불한 가격보다 더 많이 지불하겠다고 말하는 것을 확인하고 싶었다. 이런 거래에서는 주가가 일간 고점을 넘어설 때 '튀는' 경우가 많다. 일간 고점에서 얼마나 높은 수준까지 진입할 수 있는지는 판단에 달린 문제다. 주가가 움직이는 기세를 보고 평가할 수밖에 없다. 나는 주가가 100달러 이상인 종목에서 일간 고점의 10퍼센트 이내라면 아주 좋다고 생각한다.

나는 주가가 100~400달러 사이인 종목을 선호한다. 이런 종목은 일간 고점을 보다 분명하게 돌파하는 것 같다. 또한 .50달러선이나 .00달러선에서 포지션의 일부를 매도할 수 있는 아주 명확한 지점을 제공하는 경우가 많다. 나의 목표는 .50달러선의 5센트 이내, .00달러선의 10센트 이내에서 포지션의 일부를 매도하는 것이다. 또한 이런 종목은 처음에 주가가 '튀었다가' 손익분기점으로 떨어지는 경우가 많으므로 포지션의 50퍼센트를 매도한다. 이 거래에서 첫 50퍼센트 매도는 주가가 114달러를 넘어서지 못할 경우에 대비해 113.95

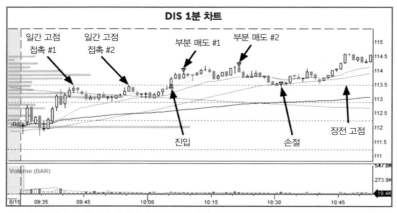

그림 9.2: 일간 고점 돌파 전략에 따른 존의 거래 내역

달러에서 이뤄졌다. 이때 손절 지점도 손익분기점인 113.53달러 근처로 옮겼다. 실제 손절 지점은 113.49달러였다. 주가가 반락해 '이전 일간 고점/.5달러 선'에서 유지될 수도 있기 때문이었다. 나는 해당 선이 손절을 막아줄 가능성을 보고 이 4센트의 손실을 기꺼이 받아들였다.

다음 부분 매도 목표는 114.45달러 이상이었다. 그러나 SPY가 장전 고점인 301달러 근처에서 고전함에 따라 디즈니의 주가도 114.20달러 근처에서 고전하기 시작했다. 일간 고점을 돌파한 종목은 잠깐 SPY와 거의 상관성을 보이지 않는 경우가 많다. 그러나 거래가 계속되며 SPY는 개별 종목의 주가에 보다 상관성 있는 영향을 미치기 시작한다. 나는 디즈니 주가가 114.20달러를 돌파하지 못하고 SPY가 반락하기 시작했을 때 114.16달러에서 다음 50퍼센트 매도에 나섰다. 손절 지점을 113.49달러로 설정한 계획은 거의 통했다. 실제로는 113.47달러로 반락할 때 손절 당했다. 뒤이어 주가는 서서히 상승세를 되찾더니 다시는 뒤를 돌아보지 않았다. 결국 그날 118.12달러까지 올랐다.

많은 신규 트레이더는 4.62달러(장전 고점 113.50달러와 일간 고점 118.12달러의 차이)의 움직임을 놓친 것에 화를 낼 것이다. 나는 오랜 기간에 걸쳐 거래의 긍정적인 측면을 보는 법을 배웠다. 이는 아주 쉽고 확률 높은 일간 고점 돌파 전략에 따른 거래였으며, 실제로 0.66달러(장전 고점 113.50달러와 2번째이자 마지막 부분 매도에 나선 114.16의 차이)의 움직임에서 수익을 냈다. 한 번의 쉬운 부분 매도 후에 손절 지점을 손익분기점 근처로 옮기고 리스크 없는 거래를 즐길 수 있었다. 나는 능숙하게, 전문적으로 일간 손익에 수익을 더한 후 다음 기회를 찾기 시작했다. 이날 4건의 다른 거래를 통해 총 2.2R의 수익을 냈다.

무엇을 내 것으로 만들 것인가

존 힐츠의 사례연구는 나와 그의 웨비나에 참여한 많은 신규 트레이더에게 매우 고무적이었다. 그의 사례연구에서 가장 중요한 교훈은 자신을 트레이더로 개발해야 한다는 것이다. 자신만의 규칙을 갖추고, 트레이딩을 위한 자신만의 시간, 전략, 절차를 만들어야 한다. 존의 일간 고점 돌파 전략은 이전에는 전혀 논의되지 않았다. 이 전략은 ABCD 패턴이나 강세 깃발형 전략과 아주 비슷하지만 다르다. 존은 거기에 새로운 이름을 붙였고, 이제 이 새로운 전략을 '보유'하고 있다. 이는 아주 좋은 일이다.

자신을 위한 새로운 전략을 만들고 거기에 이름을 붙여라. 그러면 이제 본인의 '전략집'이 생기는 것이다. 거기에 따라 꾸준히 거래하고 그 성과를 기록하라. 그것이 **데이트레이딩으로 먹고사는 법**이다!

CHAPTER 10

초보 트레이더를 위한 다음 단계

지금까지 시간을 내서 이 책을 읽어줘서 감사하다. 당신의 데이트레이딩 경력을 진전시키는 데 도움이 될 많은 귀중한 정보와 아이디어를 찾았기를 바란다. 이 책을 통해 전하고자 하는 핵심 메시지는 어떤 상황에서도 감정적인 트레이딩을 해서는 안 된다는 것이다. 어떻게든 거래 도중에 감정적인 결정을 하려는 충동에 맞서는 능력을 내면에서 찾아내야 한다.

또한 몇 가지 기술적 능력을 습득해야 한다. 자신의 성향에 맞는 하나의 전략을 찾아서 모의투자로 연습하고 또 연습해야 한다. 그러고 나서 그 전략을 고수해야 한다. 접착제처럼. 또한 미리 숙고한 트레이딩 계획을 토대로 과감하되 합리적인 결정을 내릴 수 있어야 한다. 그리고 모든 거래에서 어느 정도의 리스크를 감당할 수 있을지도 미리 머릿속으로 정해둬야 한다. 앞서 제시한 규칙을 잊지 마라. 2퍼센트 이상은 안 된다! 많은 측면에서 이는 시작에 불과하다. 성공적인 데이트레이딩은 3가지 중요한 능력을 토대로 삼는다.

1. 매수자와 매도자 사이의 힘의 균형을 꾸준하게 분석해 이기는 쪽에
   베팅해야 한다.
2. 탁월한 자금 관리 및 거래 관리를 연습해야 한다.
3. 트레이딩 계획을 따르고, 시장에서 지나치게 흥분하거나 좌절하지 않으며,
   감정적인 결정을 내리고 싶은 유혹에 맞설 충분한 자제력을 갖춰야 한다.

데이트레이딩의 7가지 핵심 단계

꾸준히 수익을 내는 트레이더가 되려면 실제 돈으로 트레이딩의 세계
에 들어서기 전에 7가지 핵심적이고 근본적인 단계를 따라야 한다. 이
중 일부는 모든 거래 전후에 거쳐야 한다.

1. 공부와 모의투자
2. 준비
3. 결심과 노력
4. 인내
5. 절제
6. 멘토와 트레이더 커뮤니티
7. 성찰과 복기

공부와 모의투자부터 하라

이제 이 책을 읽었으니 데이트레이딩이 자신에게 맞는지 더 잘 판단

할 수 있어야 한다. 데이트레이딩은 특정한 마음가짐뿐 아니라 절제력과 일련의 능력을 필요로 한다. 모두가 이를 가진 것은 아니다. 흥미롭게도 내가 아는 트레이더들 중 대부분은 포커 플레이어이기도 하다. 그들은 포커 게임의 추측과 자극을 즐긴다. 포커는 일종의 도박이지만 데이트레이딩은 그렇지 않다. 과학이자 기술, 경력이며 도박과 아무 관련이 없다. 데이트레이딩은 때로 몇 초 만에 주식을 사고파는 진지한 사업이다. 그래서 아무런 감정이나 주저 없이 빠르게 결정을 내릴 수 있어야 한다. 그러지 못하면 돈을 잃는다.

데이트레이딩을 시작하기로 결심했다면 다음 단계는 적절한 교육을 받는 것이다. 이 책은 데이트레이딩에 필요한 기본 지식을 제공한다. 그러나 꾸준히 수익을 내는 트레이더가 되려면 아직 갈 길이 멀다. 그냥 책 한 권만 읽고 기계를 고칠 수 있을까? 책 한 권을 읽거나 응급조치 기초 수업만 듣고 수술을 할 수 있을까? 아니다. 이 책은 당신이 딛고 설 수 있는 발판을 제공한다. 즉 데이트레이딩이 어떤 것인지 보여주기 위해 단순한 진입구도들을 소개한다. 절대 이 한 권으로 충분한 것이 아니다. 당신은 아직 트레이더가 아니다. 트레이더가 되려면 한참 멀었다.

데이트레이딩에 관한 책을 더 읽고 온라인 강의나 대면 강의를 찾아볼 것을 권한다. 신규 트레이더는 종종 인터넷에서 최고의 트레이더들을 검색한다. 가장 능숙한 트레이더들에게 배우는 것이 최선의 학습 방법이라고 생각하기 때문이다. 오히려 나는 그들이 찾아야 할 대상은 최고의 '교사'라고 생각한다. 거기에는 차이가 있다. 때로 최고의 트레이더는 아무런 개성이 없고 대인기술이 부실하다. 반면 꾸준히 수익을 내면서도 정상급 트레이더가 아닌 사람이 수준급 강사, 커뮤니케이터, 멘토로 부상할 수 있다. 신규 트레이더는 최고의 교사를 찾아야 한다. 최고의 트레이더로부터 배우지 않아도 유능한 트레이더가 될 수 있다. 최고의 프로 스포츠 코치가 어떤 사람들인지 생각해보라. 그들은 슈퍼스타 플레이어 출신이 아닌 경우가 많으며, 해당 스포츠를 잘 알며, 선수를 가르치고 개발하는 데 열정을 갖고 있다. 뛰어난 트레이더가 되는 데 필요한 능력은 유능한 트레이딩 코치가 되는 데 필요한 능력과 다르다. 스타 트레이더가 되려면 탁월한 패턴 인식 능력과 절제력이 요구된다. 반면 유능한 트레이딩 코치는 종종 가르치고, 인내심을 갖고, 단순하고 이해하기 쉬운 말로 명확하고 효과적으로 의사소통을 하는 더 나은 방법을 찾는 데 집착한다. 그들은 자신의 방법론을 일관되게 설명할 수 있다. 뛰어난 트레이더는 대개 최고의 훈련 프로그램을 만들어야 할 금전적 동기가 없다.

모의투자 프로그램으로 트레이딩 하기

절대 실제 돈으로 데이트레이딩 경력을 시작해서는 안 된다. 실제 시장 데이터와 모의계좌를 제공하는 증권사 서비스에 가입하라. 일부 증권사는 지연된 시장 데이터를 제공한다. 이런 증권사는 쓰지 마라. 실시간으로 결정을 내려야 한다. 대다수 모의투자 서비스는 유료 서비스다. 그 비용을 대기 위해 돈을 조금 모아야 한다. 많은 트레이딩 룸과 트레이딩 강사들은 모의계좌를 제공한다. DAS 트레이더는 (이 글을 쓰는 현재) 최저 월 120달러에 최고의 모의계좌를 제공한다. 이보다 비싼 서비스는 장 마감 후 트레이딩 연습을 하고 싶은 사람들을 위한 리플레이 같은 더 많은 기능을 제공한다. 추가 정보를 원한다면 그들의 웹사이트www.dastrader.com를 확인하거나 support@dastrader.com으로 연락하라(그들이 요청하지 않은 무료 광고는 이걸로 끝이다!).

6개월 동안 모의투자만 하면 아마 1000달러 이하의 비용이 들 것이다. 이는 적절한 공부를 위한 비용이다. 데이트레이딩을 직업으로 진지하게 고려한다면 새로운 직업을 얻기 위해 공부하는 비용에 비해 소액에 불과하다. 가령 MBA를 수료한다고 생각해보라. 5만 달러 이상은 쉽게 들어갈 것이다. 마찬가지로 다른 많은 학위나 대학원 프로그램도 데이트레이딩을 공부하는 비용보다 훨씬 많은 비용이 들어간다.

모의계좌를 만든 후에는 전략을 개발해야 한다. 이 책에서 소개한 전략들을 시도해보고 당신의 성향, 거래 가능 시간, 트레이딩 플랫폼에 맞는 한두 가지 전략을 마스터하라. 시장에 최고의 자동차가 없는 것처럼 최고의 전략은 없다. 다만 당신에게 가장 잘 맞는 전략은 있을 수 있다. 내가 좋아하는 전략은 VWAP, 지지선 및 저항선, 장 초반 구간 돌파 전략이다.

두어 가지 전략만 마스터하면 시장에서 항상 수익을 낼 수 있다. 전략은 단순하게 가져가라. 확고한 전략을 마스터한 후에는 절대 감정적으로 얽매이지 마라. 한 전략을 계속 연습한 다음, 두 번째 전략을 연습하기 시작하라. 그리고 해당 전략에 따른 거래 규모를 점차 늘려나가는 법을 익혀라.

실제 거래에서 쓸 거래액으로 연습하라. 모의계좌로는 10만 달러어치의 포지션을 매수했다가 몇 초 만에 가치의 절반이 날아가는 것을 보기 쉽다. 하지만 실제 계좌로 이런 손실을 견딜 수 있을까? 아니다. 아마 당신은 감정에 휩쓸려서 성급한 결정을 내리다가 대개 큰 손실을 입을 것이다. 언제나 실제 계좌에서 쓸 규모와 포지션으로 모의투자를 하라. 적어도 3달 동안 모의투자로 훈련한 후 실제 계좌로 넘어가라. 그리고 실제 돈으로 작게 시작하라. 아직 공부하는 중이거나 스트레스를 받을 때는 작게 거래하라.

신규 트레이더는 종종 이런 절차를 건너뛰려다 돈을 잃는다. 그래서 데이트레이딩 경력을 영원히 포기하며 데이트레이딩으로는 돈을 벌 수 없다고 생각한다. 단계별로 조금씩 나아가야 한다는 것을 명심하라. 데이트레이딩으로 성공하려면 한 발씩 나아가야 한다. 반드시 하나의 주제를 마스터한 후에 다음 주제로 넘어가라.

대다수 트레이더는 처음 시작할 때 고전한다. 또한 많은 경우 시장이 열려서 실시간으로 연습할 수 있어도 충분한 시간이 없다. 데이트레이딩을 시작할 때 더 많은 시간을 할애할 수 있으면 성공 확률이 높아진다. 꾸준히 수익을 내는 트레이더가 되기까지 얼마나 오랜 시간이 걸릴까? 6~8개월 안에 그렇게 되기는 힘들다고 생각한다. 3개월 동안 모의투자를 한 후 적어도 다시 3개월 동안 작은 규모로 거래해야 한다. 실제 돈으로 거래하며 감정을 다스리고 절제력을 발휘하는 법을 익혀야 한다. 그렇게 6개월을 훈련하면 노련한 트레이더가 될 수 있다. 다만 6개월보다는 8개월이 낫고, 8개월보다는 12개월이 나을 것이다. 이런 학습 과정을 거칠 만큼 인내심이 있는가? 정말 데이트레이더가 되고 싶다면 충분한 인내심을 가져야 한다. 또한 이만한 시간을 들여 데이트레이딩을 익힐 수 있는지 자문해보라.

첫날부터 데이트레이딩으로 돈을 버는 법을 가르쳐준다는 책이나 인터넷 강의 또는 웹사이트를 보면 항상 놀라울 따름이다! 이런 광고를 누가 믿을지 궁금하다.

타당한 과정을 토대로 목표를 설정해야 한다. 가령 '데이트레이딩 하는 법을 배우고 싶지만, 지금 당장 그걸로 먹고살 생각은 없어'라고 생각해야 한다. 적어도 첫 2년 동안은 데이트레이딩으로 반드시 벌어야 할 수입을 정하지 마라. 이는 아주 중요하다. 많은 트레이더는 100만 달러를 번다거나 카리브해의 별장에서 데이트레이딩을 하며 생활한다는 고무적인 목표를 생각한다. 이런 목표는 동기를 부여하며, 분명 나름의 역할을 한다. 그러나 다른 한편으로 더 나은 데이트레이더가 되기 위해 오늘 그리고 내일 해야 할 일에 집중하는 데 방해가 된다. 신규 트레이더로서 당신이 통제할 수 있는 것은 트레이딩 과정이다. 다시 말해 타당한 트레이딩 결정을 내리고 실행하는 것이다. 많은 이가 수익이 난 날은 트레이딩을 잘한 날이라고 생각한다. 틀렸다. 트레이딩을 잘한 날은 절제력을 발휘하며 타당한 전략을 따른 날이다. 돈을 버는 것이 아니라 트레이딩을 잘하는 것을 매일의 목표로 삼아야 한다. 시장에는 원래 불확실성이 존재한다. 어떤 날, 어떤 주에는 손실이 나기 마련이다.

종종 신규 트레이더들은 내게 이메일로 오전 9시부터 오후 5시까지 다른 일을 하며 전업 트레이더가 되는 방법을 묻는다. 나도 그 답을 모른다. 아마 오전 9시 30분부터 11시 30분까지 실시간으로 모의투자를 할 수 없다면 전업 트레이더가 되기 힘들 것이다. 하루 종일 트레이딩을 해야 하는 것은 아니다. 그러나 적어도 개장 후 첫 2시간 동안은 해야 한다. 굳이 답을 요구한다면 최소한 개장 후 첫 1시간은 반드시 거래와 연습을 할 수 있어야 한다. 여기에 장이 열리기 전에 준비하는 데 필요한 시간도 추가된다. 나는 때로 오전 9시 45분에 일간 목표를 달성하고 거래를 끝낸다. 그러나 트레이딩 기회를 찾아 더 오래 시장을 주시해야 하는 때도 있다. 직장과 가정에서 이렇게 유연한 일정을 확보할 수 있는가?

　나는 데이트레이딩을 시작할 때 직장이 없었다. 그러나 데이트레이딩으로 저금한 돈을 잃는 바람에 생활비를 대기 위해 일자리를 찾아야 했다. 다행히 내가 사는 곳은 태평양 시간대에 속했다. 그래서 오전 6시 30분부터 8시 30분까지 거래와 연습을 하고 9시에 출근할 수 있었다. 이런 호사를 누릴 수 없다면 스윙트레이딩이 나을지 모른다. 그러나 스윙트레이딩으로 먹고살기는 더 힘들다. 최고의 스윙트레이더도 연 15~20퍼센트 정도의 수익률만 기대할 수 있다. 반면 데이트레이더는 매일 0.5~1퍼센트의 수익을 바랄 수 있다. 외환시장은 매일 24시간 돌아간다. 데이트레이딩이나 스윙트레이딩을 연습할 시간이 부족하다면 외환이나 원자재 거래를 고려할 수 있다. 다만 이 책은 스윙트레이딩이나 외환 거래에는 유용한 지침서가 아니다. 이 둘은 많은 측면에서 데이트레이딩과 다르다.

　언제나 공부를 계속하고 트레이딩 전략을 복기해야 한다. 절대 주식시장 공부를 중단하지 마라. 시장은 역동적이며 끊임없이 변한다. 데이트레이딩은 10년 전과 많이 달라졌고 10년 후에 또 달라질 것이다. 그러니 계속 읽고 멘토나 다른 트레이더와 당신의 진전 및 성과에 관해 이야기하라. 언제나 앞서 생각하며 진취적이고 긍정적인 태도를 유지하라.

최대한 많이 배워라. 다만 이 책을 비롯한 모든 것에 관해 건강한 회의를 유지하라. 질문을 던져라. 전문가의 말을 액면 그대로 받아들이지 마라. 꾸준히 수익을 내는 트레이더는 자신의 트레이딩 시스템을 지속적으로 평가한다. 매달, 매일, 심지어 일중에도 시스템을 조정한다. 매일이 새롭다. 핵심은 트레이딩 기술과 절제력을 연마하고 감정을 통제하는 것이다. 그리고 계속 조정하는 것이다. 그것이 '데이트레이딩으로 먹고사는 법'이다.

꾸준한 수익을 내는 트레이더는 트레이딩의 핵심 요소를 공부했으며, 숙고를 거쳐 명민하게 거래하는 법을 익혔다. 그들의 초점은 돈을 버는 것이 아니라 거래의 근거를 갖추는 것이다. 반면 아마추어는 매일 돈을 버는 데 집중한다. 이런 사고방식은 최악의 적이 될 수 있다. 나는 트레이더로서 의식적으로 돈을 벌려고 애쓰지 않는다. 나의 초점은 '올바른 일을 하는 것'이다. 나는 탁월한 리스크/보상 기회를 찾아 거래한다. 트레이딩을 잘하는 것은 트레이딩 기술을 마스터하고 좋은 거래의 핵심 요소를 파악한 결과다. 돈은 근본적으로 확고한 거래를 실행한 데 따른 부산물이다.

신규 트레이더인 당신은 계속 손익을 살피게 될 것이다. 손익은 나의 트레이딩 플랫폼에서 가장 감정적으로 산만하게 만드는 항목이다. 플러스 250달러, 마이너스 475달러, 플러스 1100달러. 나는 이런 수치들을 보면 비합리적인 결정을 내리는 경향이 있다. 가령 계획에 따르면 아직 타당한 거래임에도 손익이 마이너스가 되면 당황하여 포지션을 매도하곤 했다. 또는 계획에 따르면 아직 수익 목표에 도달하지 않았는데도 탐욕이 생겨서 수익이 나는 포지션을 너무 일찍 매도하는 경우도 많았다. 결국 나는 나 자신을 위해 손익 항목을 숨겼다. 이제는 기술적 수준과 계획에 따라 거래한다. 실시간으로 손익이 얼마나 났는지는 확인하지 않는다.

초보가 처음 실제 돈으로 트레이딩을 시작할 때 손익은 중요치 않다. 특히 거래 규모가 작을 때는 더욱 그렇다. 대다수 트레이딩 플랫폼은 실시간 손익을 숨길 수 있는 기능을 포함한다. 그런 기능이 없으면 전기테이프나 어두운 색의 마스킹 테이프를 잘 붙여서 손익 항목을 가릴 수 있다. 당신의 목표는 돈을 버는 것이 아니라 트레이딩 실력을 연마하는 것이다. 매일, 모든 거래에서 더 잘하는 데 집중해야 한다. 그것이 데이트레이딩으로 성공하는 법이다. 안전지대에서 벗어나 더 큰 성공을 찾아라.

트레이딩 바로 전의 준비

미국의 유명한 야구선수이자 감독인 존 우든John Wooden (또는 일각에서 부르는 대로 웨스트우드의 마법사Wizard of Westwood)은 "준비에 실패하면 실패를 준비하는 것"이라고 말했다. 정말 그렇다.

데이트레이더의 준비 과정에는 2가지 측면이 있다.

1. 장이 열리기 전(대개 전날 밤 또는 오전 8시부터 9시 30분 사이) 할 일
2. 거래하기 전 구체적인 거래 정보 확보

제때 일어나서 일찍 컴퓨터 앞에 앉아라. 검색창을 살펴서 그날의

관심종목을 추려라. www.finviz.com이나 www.briefing.com을 보고 주가의 갭등락을 초래한 주요 재료에 대해 읽어라. 일간 거래량, 일중 등락폭(ATR), 공매도 미상환잔고 같은 정보를 정리하라. 일간 차트를 검토해 주요 지지선이나 저항선을 파악하라. 나는 평균 거래량, ATR, 주요 기술적 수준, 공매도 미상환잔고, 활성화 종목에 관한 새로운 재료를 모르면 거래하지 않는다.

관심종목을 두세 개로 추려라. 실적 발표 기간에는 고를 활성화 종목이 많다. 하루에 집중할 종목을 두세 종목 넘게 골라서는 안 된다. 많은 종목을 부실하게 살피며 거래하지 않고 한두 종목을 잘 거래하면 훨씬 많은 돈을 벌 수 있다.

아침 일과를 일찍 시작할수록 뉴스를 확인하고 최고의 활성화 종목을 찾을 시간이 늘어난다. 때로 이 추가 시간에 종목 검색 시간이 적었다면 찾지 못했을 그날의 종목을 찾을 수도 있다. 게다가 같은 커뮤니티 회원들에게 당신이 고른 종목에 관해 질문하고 의견을 받을 시간도 늘어난다. 대다수 전문 트레이더는 늦어도 뉴욕 시간으로 오전 7시 30분 전에 데스크에 앉는다. 물론 강력한 커뮤니티와 검색창을 가진 노련한 트레이더는 더 늦어도 된다. 그러나 대다수 진지한 트레이더는 9시 전에 데스크에 앉는다. 신체적인 준비도 필요하다. 아침에 몸을 풀어줄 때 물을 충분히 마시고 절대 카페인을 과도하게 섭취하지 마라.

장전에 시장에 참여하는 일은 중요하다. 가끔 장전에 뉴스 속보가 터지면서 빠르게 돈을 벌 기회가 생긴다. 또한 장전 거래 양상을 보고 귀중한 정보를 얻을 수 있다. 관심종목의 등락폭을 관찰하고, 일중 지지선이나 저항선을 파악하며, 거래량이 얼마나 되는지 확인하라.

신규 트레이더는 종종 트레이딩 전략을 두어 개의 규칙으로 줄일 수 있으며, 그 규칙만 따르면 수익을 낼 수 있다고 생각한다. '언제나 이것 또는 저것만 하면 된다'는 식이다. 틀렸다. 트레이딩의 핵심은 '언제나'가 전혀 아니다. 각각의 거래와 상황이 중요하다. 모든 거래는 당신이 풀어야 하는 새로운 퍼즐이다. 시장의 모든 퍼즐에 대한 보편적 답은 없다. 따라서 빠르게는 장전에 종목을 검색할 때부터 각 거래에 계획을 세워야 한다. 거래하기 전에 계획 또는 일련의 '조건부if-then' 진술을 만들어야 한다. 관심종목에 관해 언제 포지션을 잡을지 계획하라. 가령 X 시나리오가 발생하면 Y 가격에 사겠다고 계획할 수 있다. 계속 각각의 결과에 따른 '조건부' 시나리오를 만들어라.

가령 그림 10.1과 10.2를 보라. 당신이 2017년 3월 7일 '딕스 스포팅 굿즈DICK'S Sporting Goods Inc.'(종목코드: DKS)를 거래할 계획을 세운다고 가정하자. 이 종목은 실망스런 실적 발표 때문에 장전에 갭하락하여 50.50달러 근처에서 거래되고 있다. 당신은 이 종목이 활성화 종목이 될 수 있다고 생각한다.

당신이 고른 종목을 일련의 **조건부** 시나리오에 따라 거래할 수 있는

종목코드	주가	금일 거래량	상대 거래량	등락률	유통주식수	공매도 잔량	업종
MOMO	28.96	1,208,247	2.35	8.8	113.45M		기업 및 사업 관리
DISH	64.25	386,878	3.02	4.9	201.27M	7.80	정보
FRC	95.65	102,409	-1.31	-1.4	153.09M		금융 및 보험
DKS	50.45	455,668	-2.16	-4.1	87.89M	7.73	소매
SNAP	22.53	1,625,320	-1.24	-5.2	775.61M		정보

장전 1달러 등락 종목 9:00:00~9:04:59 3/07/2017

그림 10.1: 2017년 3월 7일 오전 9시 DKS가 올라온 나의 관심종목

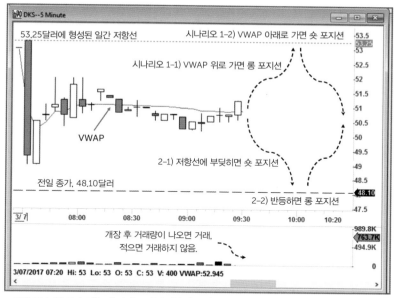

그림 10.2: 2017년 3월 7일 나의 조건부 진술이 포함된 DKS의 장전 5분 차트

여러 방식을 고려하라. 그림 10.2에 DKS 종목에 관한 내용이 표시되어 있다.

만약 개장 첫 15분 동안 주가가 VWAP 위로 오르지 **않으면** 전일 종가인 48.10달러에 이를 때까지 숏 포지션을 취할 것이다(2-1).

만약 주가가 전일 종가인 48.10달러까지 **하락하면** 롱 포지션을 잡고 VWAP까지 반전 흐름을 탈 것이다(2-2).

만약 주가가 높은 거래량과 함께 VWAP 위로 **오르면** 롱 포지션을 잡고 모멘텀에 올라탄 후 다음 저항선인 53.25달러에서 매도할 것이다(1-1).

만약 주가가 일간 저항선인 53.25달러를 **돌파하면** 다음 저항선인 55.50달러까지 다시 롱 포지션을 취할 것이다.

반면 주가가 53.25달러까지 오르지만 해당 선이 강력한 저항선으로 **작용하면** VWAP로 돌아갈 때까지 숏 포지션을 취할 것이다(1-2).

트레이딩 경력 초반에는 잘 지킬 수 있도록 이런 내용을 기록해둬도 좋다. 다만 몇 달 동안 모의투자를 하면 머릿속에서 아주 빨리 만들고 복기할 수 있음을 알게 될 것이다. 시간이 지나면 몇 가지 요점만 적어둬도 충분하다. 이는 모의투자를 통해 얻을 수 있는 가장 중요한 성과 중 하나다. 즉 전략에 따른 조건부 시나리오를 연습하고 마스터하며, 그 정보를 **빠르게** 처리할 수 있게 된다. 데이트레이딩 경력을 시작할 때 적어도 3개월 동안 반드시 실시간 모의투자를 해야 하는 이유가 거기에 있다. 우리는 데이트레이더이므로 매일 이론을 수립한다.

앞 사례에 나온 DKS 종목의 주가가 어떻게 되었는지 궁금하다면, 실제로는 개장 시 (VWAP 밑에서) 약세를 보였다. 그래서 그림 10.3에서 볼 수 있듯이 전일 종가인 48.10달러를 목표로 숏 포지션을 잡기에 좋았다. 뒤이어 나는 전일 종가에서 VWAP로 향하는 작은 반등을 롱 포지션으로 올라탔다.

결심과 노력

데이트레이딩에 필요한 노력은 애초에 당신이 예상했을지도 모르는 것과 다르다. 트레이더는 투자은행가나 기업 변호사 또는 다른 고소득 전문가들처럼 주 100시간씩 일하지 말아야 한다. 데이트레이더들에게는 연말 보너스가 없기 때문이다. 아마 프로 선수와 가장 비슷할 것이다. 매일매일의 성과로 평가되기 때문이다. 그렇기는 해도 데이트레이더는 매일 꾸준하고 생산적으로 열심히 일해야 한다. 데이트레이

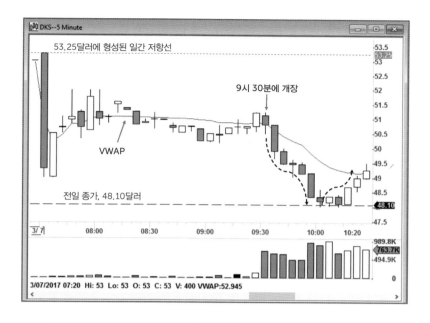

그림 10.3: 2017년 3월 7일 DKS의 5분 차트와 그날 나의 손익(MEET, MOMO, MYL도 거래했지만 여기는 나오지 않으며, 이 사례와 무관)

딩에서는 트레이딩 화면을 집중해서 바라보며 중요한 시장 정보를 수집하는 것이 열심히 일하는 방식이다. 매일 몇 시간 동안 다음의 질문을 끊임없이, 빠르게 던져야 한다.

- 누가 가격을 주도하는가: 매수자인가 매도자인가?

- 어느 기술적 수준이 가장 중요한가?

- 이 종목은 시장보다 강한가 약한가?

- 어느 지점에서 가장 거래량이 많았는가? VWAP인가? 첫 5분 동안인가?

  이동평균선 근처인가?

- 특정 지점에서 얼마나 많은 거래량이 주가를 상승 또는 하락시켰는가?

- 호가 스프레드는 어느 정도인가? 거래 가능한 수준인가?

- 주가는 얼마나 빨리 움직이는가? 완만하게 거래되는가 아니면 체결될

  때마다 위아래로 요동치는가?

- 5분 차트로 특정 패턴에 따라 거래되는가? 1분 차트로는 어떤가?

나는 거래하기 전에 이런 질문들을 자문자답한다. 이 모든 정보는 거래하기 전에 수집해야 한다. 그것이 열심히 일한다는 말의 의미다. 보다시피 데이트레이딩은 노력을 요구하는 집중적인 지적 활동이다. 규칙 2를 기억하는가?

실제 계좌로 하든 모의계좌로 하든 매일 거래에 임하는 일과를 만드는 것이 매우 중요하다. 장전을 포함해 매일 지지선 및 저항선을 찾는 일은 장기적으로 트레이딩에 도움을 줄 것이다. 두어 번의 나쁜 거래 후에 컴퓨터를 끄는 방법은 반드시 뇌에 휴식이 필요한 드문 경우에만 써야 한다. 대개 몇 번의 손실이 난 후 모의투자로 어느 정도 시간을 보내면 머리를 비우기에 충분하다. 모의투자를 하는 초보 트레이더는 장 마감 때까지 계속 거래하고 연습해야 한다. 어차피 모의투자는 실제 돈으로 할 때만큼 스트레스를 많이 받지 않는다. 다만 수수

료가 없고 손익이 없는 모의투자라고 해서 과도한 거래를 하는 핑계로 삼아서는 안 된다. 언제나 탁월한 리스크/보상 기회에 타당한 전략을 활용하는 데 집중해야 한다.

나는 종종 "트레이딩 초기에 도저히 못할 것 같다는 생각이 든 적이 있나요?"라는 질문을 자주 받는다. 그에 대한 답은 "자주 그랬어요!"다. 지금도 최소 1달에 1번은 두어 번의 나쁜 거래로 손실을 낸 후 정말로 화가 나서 데이트레이딩을 그만둘까 고민한다. 그동안 그만두고 싶었던 적도 많았다. 데이트레이딩은 불가능하다는 속설을 정말로 믿었던 적도 있었다. 그래도 나는 그만두지 않았다. 정말로 성공한 트레이더가 되고 싶었고, 거기서 얻는 라이프스타일과 자유를 누리고 싶었다. 그래서 나는 실수에 따른 대가를 치렀고, 공부에 집중했다. 그리고 마침내 아주 어려운 트레이딩 학습 과정에서 살아남았다.

꾸준한 인내심

꾸준히 수익을 내는 트레이더가 되려면 노력, 광범위한 준비, 상당한 인내심이 필요하다.

성공적인 거래는 대개 하고 난 다음에는 쉬워 보인다. 그러나 실제로 그런 기회를 찾는 일은 전혀 쉽지 않으며, 이전에 데이트레이딩을 해본 적이 없다면 생각보다 더 많은 인내와 노력을 요구한다.

지켜보고, 또 지켜보며, 계속 지켜봐야 한다. 당신이 지켜보는 종목이 탁월한 리스크/보상 기회를 제공하지 않는다면 다른 종목으로 옮겨가야 한다. 관심종목에 있는 다른 종목을 확인하고 자세히 관찰하라. 꾸준히 수익을 내는 트레이더는 종종 탁월한 리스크/보상 기회를 검색하고 지켜보며 하루를 보낸다.

성공적인 트레이더는 인내심을 갖고 모든 주가 움직임에 뛰어들고 싶은 유혹을 견뎌낸다. 마음이 편안하고 자신감이 느껴지는 기회를 기다려야 한다. 그냥 강한 종목을 매수하고 약한 종목을 공매도하는 것으로는 충분치 않다. 진입 가격도 매우 중요하다. 최고의 리스크/보상 기회를 제공하는 가격에 포지션을 열어야 한다. 리스크/보상 비율이 좋은 진입 가격에서 멀리 나아간 강한 종목은 거래하지 말아야 한다. 이는 앞서 설명한 대로 '추격 매수'라 한다.

가령 지지선 근처에서 거래되던 종목이 하방으로 돌파하면 공매도 기회가 생긴다. 이 기회를 놓쳤다면 그것은 당신의 첫 번째 실수다. 짜증이 난 당신은 해당 종목을 지지선보다 훨씬 낮은 지점에서 공매도한다. 숏 포지션을 추격한 셈이다. 이제 당신은 더 큰 실수를 저질렀다. 추격 매수는 데이트레이딩에서 치명적이고 용서할 수 없는 죄악이다. 기회를 놓친다고 해서 돈을 잃는 것은 아니다(기회비용만 치를 뿐이다). 그러나 추격 매수를 하면 돈을 잃는다. 한 번의 실수가 또 다른 실수를 불러서 돈을 잃게 만들지 마라.

장기적인 성공을 안겨주는 절제력

트레이딩의 성공은 기술 개발 및 자제력과 함께 온다. 트레이딩 원칙은 쉽고, 데이트레이딩 전략은 아주 단순하다. 나는 화학공학 박사학위를 갖고 있으며, 세계적인 연구소에서 연구원으로 일했다. 또한 영향력 있고, 명망 높은 과학 저널에 나노기술과 복잡한 분자 단위 연구에 관해 수많은 논문을 발표했다. 실로 복잡한 개념을 연구하고 이해해야 했다. 그래서 데이트레이딩은 적어도 이론적으로 쉽다고 장담할 수 있다.

데이트레이딩 또는 같은 맥락에서 모든 유형의 트레이딩을 어렵게 만드는 것은 절제력과 자제력이 필요하다는 사실이다. 어떤 스타일로 거래하든, 얼마나 많은 시간을 거래에 할애하든, 어느 나라에 살든, 어느 시장에서 거래하든 절제력이 없으면 트레이더로서 돈을 벌 가능성이 없다.

3장에서 썼듯이 시장에서 돈을 벌지 못하는 초보 트레이더는 때로 시장이 돌아가는 방식을 더 배우고, 새로운 전략을 공부하고, 추가로 기술적 지표를 받아들이고, 다른 트레이더를 관찰하고, 다른 챗방에 가입해 실력을 키우려 애쓴다. 그들이 깨닫지 못한 사실은 실패의 주된 원인이 기술적 지식의 부족이 아니라 자제력 결여, 충동적인 결정, 부실한 리스크 및 자금 관리인 경우가 많다는 것이다.

전문 기관 트레이더들은 종종 개인 트레이더들보다 훨씬 나은 성과를 낸다. 대다수 개인 트레이더는 대학 교육을 받은 학식 있는 사람들이다. 사업가이거나 전문가인 경우도 많다. 반면 전형적인 기관 트레이더는 시끄러운 20대 카우보이들로서 대학에서 럭비를 했고, 오랫동안 책을 읽지 않았다. 이런 '아이들'이 해마다 개인 트레이더들보다 나은 성과를 내는 이유가 무엇일까? 그 이유는 그들이 더 젊거나, 날카롭거나, 빨라서가 아니다. 더 나은 훈련이나 플랫폼 때문도 아니다. 대다수 개인 트레이더도 거의 같은 장비를 쓴다. 그 답은 트레이딩 회사가 규율을 엄격하게 강제하기 때문이라는 것이다.

일부 성공한 기관 트레이더는 '거래 방법을 알고 모든 수익을 혼자

가질 수 있는데 왜 회사와 나눠야 해?'라는 생각에 독립에 나선다. 그들 중 대다수는 개인 트레이더로서 결국 돈을 잃는다. 같은 프로그램과 플랫폼을 쓰고, 같은 시스템에 따라 거래하고, 같은 인맥을 유지하는데도 여전히 실패한다. 그래서 몇 달 후에는 대다수가 트레이딩 일자리를 찾아서 채용사무소로 돌아간다. 그들이 회사에서는 돈을 버는데 혼자서는 돈을 벌지 못하는 이유가 무엇일까?

바로 자제력 때문이다.

기관 투자자는 회사를 그만둘 때 관리자와 엄격하게 강제되는 리스크 관리 규칙으로부터 벗어난다. 리스크 한도를 어기는 트레이더는 즉시 해고된다. 기관을 떠나는 트레이더는 거래하는 방법을 안다. 그러나 그들의 절제는 종종 내부적인 힘이 아니라 외부적인 힘에 의해 이뤄진다. 그들은 관리자가 없으면 금세 돈을 잃는다. 아무런 절제력을 기르지 못했기 때문이다.

개인 트레이더들은 모든 규칙을 깰 수 있고, 거래 중에 계획을 바꿀 수 있다. 그래서 손실이 난 포지션에 물타기를 한다. 이렇게 계속 규칙을 깨도 아무도 모른다. 반면 트레이딩 회사의 관리자는 트레이딩 규칙을 두 번째로 어기는 충동적인 사람을 바로 제거한다. 이는 기관 트레이더들에게 진지한 규율을 심어준다. 엄격한 외부적 규율은 기관 트레이더들이 심각한 손실을 입거나, 치명적인 죄악(가령 손실이 나는 포지션에 물타기를 하는 것)을 저지르지 않도록 막아준다. 반면 이런 잘못은 종종 수많은 개인 트레이더의 계좌를 파괴한다.

절제는 거래 중에 바꾸는 일 없이 계획대로 실행하고, 손절선을 지키는 것이다. 매번 자세히 수립한 계획을 실행하는 것이다. VWAP에서 매수하고 VWAP 유지 실패 시 손절하는 것이 계획이라면 주가가 VWAP 밑으로 떨어질 때 즉시 손실을 감수하고 빠져나와야 한다.

판단이 틀렸을 때 고집 부리지 마라. 시장은 고집을 보상하지 않는다. 시장은 당신이 원하는 거래에 관심이 없다. 트레이더는 시장에 적응하고, 시장이 요구하는 일을 해야 한다. 그것이 데이트레이딩으로 성공하는 방식이며, 그 방식은 언제나 성공할 것이다.

앞서 예로 든 것처럼 계획대로 손절했더니 그 다음에 주가가 반등해 VWAP 위에서 거래되는 경우가 많을 것이다. 사실 트레이딩 경력에서 이런 일은 숱하게 일어날 것이다. 그러나 이 2가지 요점을 생각해보라.

첫째, 트레이딩 전략을 한 번의 거래로 판단하지 마라. 계획대로 실행하고 절제력을 발휘하는 것은 장기적인 성공으로 이어진다. 많은 경우 양호하고 탄탄한 계획을 세웠지만 헤지펀드 매니저가 갑자기 당신이 거래하는 종목에서 포지션을 정리하기로 결정하는 바람에 손절당하는 일이 생긴다. 당신이 잘못한 일은 없다. 예측 불가능성은 시장의 속성이다. 때로 시장의 불확실성이 당신에게 손실을 안길 것이다.

둘째, 전문 트레이더는 손실을 받아들이고 포지션에서 빠져나간다. 그 다음 재검토를 하고 또 다른 조건부 시나리오를 계획한다. 포지션은 언제든 다시 잡을 수 있다. 수수료는 저렴하다(대다수 증권사의 경우). 전문 트레이더는 주가가 유리한 방향으로 달리기 전에 여러 번 짧은 타격을 입는다.

트레이딩은 자기 자신과 본인의 정신적 강점과 약점을 가르쳐준다. 이 점만 해도 트레이딩을 귀중한 삶의 경험으로 만들어준다.

좋은 멘토와 트레이더 커뮤니티

《The Psychology of Trading》과 《The Daily Trading Coach》 같은 뛰어난 책을 쓴 브렛 스틴바거 박사는 이렇게 썼다.

"지금 내가 가진 지식을 토대로 전업 트레이딩을 시작한다면 프롭 트레이딩 회사에 들어가거나 소수의 비슷한 생각을 가진 트레이더들과 온라인으로 (그리고 실시간으로) 소통하는 '가상 트레이딩 그룹'을 만들 것이라는 데에는 의문의 여지가 없다."

당신의 트레이딩 경력에 가치를 더할 마스터마인드 그룹의 일원이 되어야 한다. 누구에게 트레이딩에 대한 질문을 할 것인가? 그래서 트레이더 커뮤니티에 가입하라고 권하는 것이다. 혼자 트레이딩하는 것은 아주 힘들고, 감정적으로 버거울 수 있다. 트레이더 커뮤니티에 가입하는 것은 매우 도움이 된다. 다른 회원들에게 질문하고, 그들과 대화하고, 새로운 방법과 전략을 배우고, 주식시장에 대한 약간의 힌트와 경보를 얻고, 당신도 커뮤니티에 기여할 수 있기 때문이다. 또한 고참 트레이더들도 종종 돈을 잃는다는 사실을 알게 될 것이다. 당신만 돈을 잃는 것이 아니고 노련한 트레이더를 비롯한 모두가 손실을 감수해야 한다는 사실을 아는 것은 위안이 된다. 앞서 말한 대로 이는 모두 성공적인 트레이더가 되는 과정의 일부다.

인터넷에는 가입할 수 있는 많은 챗방이 있다. 그중 일부는 무료이지만 대다수는 요금을 부과한다. 우리 챗방에서는 내가 트레이딩하는 동안 나의 트레이딩 플랫폼과 검색창을 실시간으로 볼 수 있다. 또한 전략과 사고 과정을 설명하는 것도 들을 수 있다. 그리고 커뮤니티의 일원으로 활동하며 자신만의 독자적인 거래를 할 수 있다.

또한 트레이딩 멘토를 찾는 것이 좋다. 좋은 멘토는 대단히 많은 측면에서 당신의 트레이딩 경력에 긍정적인 영향을 미칠 수 있다. 요즘은 알고리즘 프로그램과 시장의 변동성 때문에 신규 트레이더가 학습 과정에서 살아남기 훨씬 어렵다. 좋은 멘토는 큰 차이를 만들 수 있다. 멘토는 성공하는 데 필요한 전문성을 보여준다. 또한 당신의 내면에 있는 재능을 발견하도록 이끌어줄 수 있다. 때로는 할 수 있다는 말을 듣는 것만으로 충분하다. 온라인 트레이딩 커뮤니티에서는 경험 많은 트레이더가 신규 트레이더를 가르쳐준다. 이런 교육은 유료인 경우도 있지만 대부분 무료다. 나는 한 번에 서너 명의 트레이더를 가르친다. 물론 나 자신도 멘토가 있었고, 지금도 있다. 다만 열린 자세로 귀를 기울이고, 성공적으로 적용하는 데 필요한 노력을 기울이지 않으면 멘토의 가르침은 통하지 않는다는 것을 명심해야 한다.

트레이딩 스타일이 당신의 성향에 맞는 멘토를 찾아야 한다. 가령 당신이 모멘텀 트레이딩을 선호한다면 나와 대화하는 것은 시간낭비다. 나도 가끔 모멘텀 트레이딩을 한다. 그러나 나의 스타일은 일중 변동폭 트레이딩을 중시하는 사람에게만 적합하다. 나는 주로 VWAP, 장 초반 구간 돌파, 지지선 및 저항선 전략에 집중한다.

매일 해야 하는 성찰과 복기

이제 트레이딩 심리와 자제력, 일련의 검증된 트레이딩 전략, 뛰어난 자금 및 리스크 관리가 트레이딩에서 성공하는 데 필수적인 요소임을 제대로 알게 되었을 것이다. 그러나 이 모든 근본적인 요소들을 한데 묶는 또 다른 요소가 있다. 바로 기록 관리다.

거래 내역을 기록하면 지난 성공과 실패로부터 배울 수 있기 때문에 더 나은 트레이더가 될 수 있다. 사실 트레이딩 실력을 꾸준히 개선하는 가장 중요하고 효과적인 방법은 거래 일지를 작성하는 것이다. 전 세계에 걸쳐 다른 시장에서 다른 방법으로 거래하면서 꾸준히 수익을 내는 트레이더들이 많다. 그들은 모두 1가지 공통점을 갖고 있다. 그들은 거래 내역을 잘 기록한다. 이 일은 매우 지루하고 따분하지만 매우 필요한 일이기도 하다. 거래 일지를 매일 작성하라. 일지에는 다음 항목을 포함시켜라.

1. 신체적 상태(수면 부족, 너무 많은 커피, 전날 밤의 과식 등)
2. 거래 시간
3. 예상 전략
4. 기회 포착 수단(검색창이나 챗방 등)
5. 진입 포지션의 질(리스크/보상)
6. 거래 물량/관리(계획에 따른 규모 조절)
7. 탈출 실행(수익 목표 또는 손절 지점 준수)

나는 스크린샷 캡터Screenshot Captor나 라이트샷Lightshot(둘 다 무료 프로그램이다)으로 거래 화면의 스크린샷을 만들고 거래 일지를 작성한다. 웹사이트에 방문하면 경험 많은 트레이더들의 일지 작성법을 확인할 수 있다. 그들 중 다수는 게시판에 엑셀 스프레드시트나 다른 도구를 공유한다. 게시판 주소는 https://forums.bearbulltraders.com 이다. 반드시 그 스타일을 따를 필요는 없다. 자신에게 가장 잘 맞는 방식을 찾아라.

마이크 벨라피오레는《One Good Trade》에서 자사의 전문 트레이더들은 하루 동안 모든 거래 내역을 영상으로 기록한다고 밝혔다. 그들은 오후가 되면 회의실에 둘러앉아 회사가 제공하는 점심을 먹는다. 그동안 거래 내역을 복기하며 당신의 돈을 빼앗는 더 좋은 방법을 함께 궁리한다. 트레이딩은 온몸으로 부딪히는 스포츠와 같다. 완전히 집중하지 않으면 게임을 무시하는 것이며, 분명 넉아웃당할 것이다. 수익을 내는 트레이더는 자신의 트레이딩 시스템을 끊임없이 평가하며, 지속적으로 조정한다.

신규 트레이더들은 종종 내게 계속 손실을 내며 한동안 고전한 후에 어떻게 나아질 수 있는지 묻는다. 나는 일지를 검토하여 거래에서 정확히 무엇을 잘못하고 있는지 보다 구체적으로 살펴보라고 권한다. 그냥 잘못하고 있다는 말은 아무 의미가 없다. 거래 일지를 제대로 기록하지 않으면 더 나아질 수 없다.

- 종목 선정이 문제인가?
- 진입 지점이 문제인가?
- 절제나 심리가 문제인가?
- 플랫폼이나 청산 회사(증권사)가 문제인가?
- 다른 트레이더들은 어떤가? 모두에게 나쁜 달이었는가 아니면 당신에게만 그런가?

한번은 어떤 트레이더가 주문 체결 속도를 불평한 적이 있다. 나는 (원격 제어/접속 프로그램인 팀뷰어TeamViewer를 통해) 원격으로 그녀의 컴퓨터에 접속해 CPU 성능을 검사했다. 또한 많은 불필요한 프로그램과 앱을 제거하고 악성 소프트웨어 탐지 프로그램을 돌렸다. 그 결과, 다양한 침입 프로그램과 컴퓨터 바이러스, 스파이웨어, 애드웨어adware, 스케어웨어scareware 외에 다른 악성 프로그램들을 제거했다. 그리고 많은 메모리와 CPU 용량을 확보했다. 덕분에 거래 체결 속도가 한결 빨라졌다. 컴퓨터는 당신의 몸과 마음처럼 깨끗하고, 날렵하고, 빠르게 유지되어야 한다. 이 모든 작업은 트레이딩 플랫폼, 나아가 트레이딩 실적에 직접적인 영향을 미친다.

나는 (장 중후반에는 거의 거래를 하지 않기 때문에) 오전장 동안 모든 거래 내역을 실시간으로 녹화한다. 나는 트레이더들도 운동선수처럼 자신의 트레이딩 영상을 봐야 한다고 생각한다. 최고의 운동선수와 팀은 자신들이 뛰는 모습을 영상으로 보고 무엇을 잘하고 못하는지, 어떻게 해야 나아질 수 있는지 살핀다. 나는 장 중반에 이 영상을 보며 진입, 탈출, 가격 변동, 레벨 2 신호 등에 관한 중요한 관찰 내용을 기록한다. 나는 지난 거래 내역에서 최대한 많이 배우려 노력한다. 때로는 알아둬야 하는 새로운 알고리즘 프로그램이 있는지 확인한다. 또한 포지션을 추가할 수 있었던 자리를 살펴본다. 이는 내가 가진 약점 중 하나다. 또한 유리한 방향으로 나아가는 종목을 더 오래 들고 있는 일을 잘 못한다. 그래서 더 오래 들고 갈 수 있었던 포지션이 있는지 살펴본다. 또한 지나치게 공격적이었던 자리도 꼭 찾아본다. 그래서 리스크/보상 기회가 좋지 않은데도 거래했던 때가 있는지 알아본다. 또한 포지션 규모 설정과 포지션을 추가했던 이유 및 지점을 복기한다. 이것이 '데이트레이딩으로 먹고사는 법'이다. 다른 방법으로는 더 나아질 수 없다. 트레이딩에는 핑계라는 것이 없다.

트레이딩 영상은 감정을 결부시키지 않으면 거래가 매우 쉬워진다는 사실을 보여준다. 거래 내역을 복기하는 때는 실제 돈을 실시간으로 넣어둔 상태가 아니다. 실시간으로 거래하는 동안 시장은 빠르고, 예측 불가능한 것처럼 보인다. 그러나 나중에 트레이딩 영상을 보면 시장이 실은 아주 느리다는 사실을 알 수 있다. 또한 때로는 어떤 종목에서 패턴을 발견하고 내가 거래를 거꾸로 했음을 깨닫는 경우가 있다. 나처럼 경험 많은 트레이더에게는 창피한 일이 아닐 수 없다.

나는 주말에 영상들을 복기하며 데이트레이딩 교육용 자료를 만든다. 가령 금요일 밤에 친구, 가족과 함께 그 주의 수익을 축하한 다음, 혼자 일하는 방에 틀어박힌다. 그리고 영상들을 편집해 교육 프로그램을 업데이트한다.

트레이딩 영상을 보는 일은 경험과 무관하게 모든 트레이더에게 도움이 된다. 신규 트레이더는 시장에서 거래가 이뤄지는 모습을 지켜봐야 한다. 트레이딩 영상 시청은 트레이딩 경험과 자신감에 보탬이 되며, 학습 과정을 크게 줄여준다. 다만 시간이 걸리고 정말 지겨운 것은 맞다.

도박꾼이 아니라 트레이더가 되어라

2020년 4월 23일, 오후 4시 15분 무렵 나의 전화기가 울렸다. 전화기에는 캘리포니아 번호가 찍혀 있었다. 나는 거기 사는 가족 중 1명일 거라 생각하며 받았다. 아니었다. 전화를 건 사람은 친구의 친구였다. 로스엔젤레스에 사는 내 친구가 며칠 전 밤에 우리를 소개시켜주었다. 그 사람이 나한테 트레이딩 아이디어를 얻고 싶어했기 때문이다. 그는 40만 달러 정도의 계좌를 갖고서 별다른 계획 없이 포지션을 드나들고 있었다. 또한 데이트레이딩도 했다 스윙트레이딩도 했다가, 이것저것 조금씩 건드리고 있었다. 아무런 계획 없이 말이다. 아이고!

처음 이야기를 나누며 그가 한 말과 그의 무지함에 깜짝 놀랐다. 그는 아무런 트레이딩 계획이나 리스크 관리 계획 없이 순전히 도박꾼 같은 태도를 드러냈다. 그가 쓰는 플랫폼인 앨리 인베스트Ally Invest는 직접 접속 플랫폼이 아니었다. 그래서 그의 주문은 지연되어 무작위로 아무 가격에나 체결되었다. 나는 우려하지 않을 수 없었다. 그러나 그는 나의 우려를 전혀 개의치 않는 것 같았다. 그가 주로 바란 것은 자신을 부자로 만들어줄 다음 대박 아이디어였다. 그는 내가 따끈따끈한 내부자 정보라도 갖고 있는 줄 착각하고 있었다!

내가 전화를 받자 그는 '인텔Intel Corp.'(종목코드: INTC) 종목을 어떻게 생각하는지 초조하게 물었다. 확인해보니 인텔의 주가는 실적 발표 후 시간외 거래에서 7퍼센트 하락한 57달러를 기록하고 있었다. 그는 절박했다. 마진까지 써서 120만 달러어치의 롱 포지션을 안고 있었기 때문이다. 그는 "인텔은 좋은 회사 맞죠? 주가가 다시 상승하겠죠?

손실이 8만 달러나 났는데 어떻게 해야 할까요?"라고 물었다. 나는 애초의 트레이딩 계획이 무엇이었는지 물었다. 그는 아무 계획이 없었다고 대답했다. 그저 인텔이 좋은 회사니까 도박을 걸어보기로 작정한 것이었다. 그게 계획이었다!

나는 무슨 말을 해야 할지 몰랐다. 차트로는 모든 것이 비관적으로 보였다. 지수도 약세였다. 당시는 세계적인 팬데믹에 따른 약세장이었다. 나는 무엇이 최선일지 정말로 모르겠다고 말했다. 그를 돕고 싶지 않은 게 아니었다. 솔직히 그가 난국에서 빠져나오도록 도울 방법을 몰랐다. 만약 8만 달러의 손실을 받아들이고 시간외 거래에서 모두 팔고 나오라고 말했는데 다음 날 주가가 반등하면 어떻게 할 것인가? 아니면 그냥 기다려보라고 말했는데 다음 날 주가가 더 떨어지면 어떻게 할 것인가? 솔직히 나는 그에게 조언해줄 말이 없었다.

다음 날 인텔 주가는 시간외 거래에서 나온 하락폭을 일부 만회했다. 나는 그에게 문자를 보내서 어떻게 되었는지 물었다. 그는 증권사에서 포지션의 절반을 처분했으며, 2만 달러의 손실을 보고 발을 뺐다고 말했다. 그는 증권사를 탓했다! 그는 증권사가 아니라 자신의 아무 생각 없고, '전략 없는' 도박이 문제라는 사실을 깨닫지 못했다.

이런 이야기는 상당히 흔하다. 나는 이런 이야기를 항상 듣는다. 매달 내가 받는 이메일 중 적어도 서너 통은 이런 상황에 관한 것이다. 2020년 3월 27일에 받은 이메일이 좋은 사례다. 싱가포르에 사는 그녀는 공매도를 했다가 2020년 3월 26일 무렵 나온 상승세에 발목이 잡혔다. 결국 5만 7000달러짜리 계좌에서 2만 달러의 손실이 나고 말았다. 그녀는 5만 달러를 추가해 포지션을 2배로 키울 생각이었다. 그녀는 자신이 무슨 짓을 하고 있는지 몰랐으며, 휴대폰 앱으로 거래하고 있었다.

나는 그녀의 구체적인 곤경에 해줄 말이 없었다. 그래도 내가 언제나 조언하는 1가지 아주 중요한 규칙이 있다. 바로 물타기를 하지 말라는 것이다. 나쁜 포지션에 귀한 돈을 넣지 마라.

트레이딩은 도박에 매우 취약한 사람들을 끌어들인다. 실패율이 대단히 높은 이유가 거기에 있다. 게임이 당신에게 불리하도록 조작된 것은 아니다(공정성을 기하자면 이 말도 어느 정도 일리는 있다. 하지만 아주 조금만 그렇다). 트레이딩 실패율이 아주 높은 이유는 애초에 하지 말아야 할 사람들이 뛰어들기 때문이다.

도박꾼들은 주식시장에서 돈을 잃게 되어 있다. 그 무엇도 이 게임에서 그들을 구해줄 수 없다. 나는 정말로 전쟁 외에 사람이 할 수 있는 가장 위험한 활동이 트레이딩이라고 믿는다. 트레이딩은 실로 당신이 보게 될 가장 자기파괴적인 활동이다.

이 단락을 보다 긍정적인 분위기로 끝내기 위해 말하자면, '어카운트빌리티 그룹accountability group'('마스터마인드 그룹'과 같은 뜻-옮긴이주)의 일원이 되는 것은 책임성과 절제력을 유지하는 아주 좋은 방법이다. 온라인 커뮤니티 회원이 아니더라도 꼭 당신을 지원하는 사람들로 구성된 마스터마인드 그룹을 만들어라. 멘토들과 이야기하고, 그들의 생각을 열린 자세로 받아들여라. 특히 시장에서 하지 말아야 한다고 생각했던 행동들을 하고 있을 때는 더욱 그래야 한다. 자신감을 갖는 것은 좋지만 자기인식이 더 중요하다.

사업계획을 세워라

트레이딩에서 종종 간과되거나 무시되는 측면은 적절한 '사업계획'을 만드는 것이다. 이를 일간 거래 계획(매일 수립하는 조건부 진술)이나 곧 설명할 트레이딩 프레임워크framework와 혼동해서는 안 된다. 모든 사업에는 사업계획이 필요하다. 다국적기업부터 동네 가게까지 모든 사업체는 자금이나 투자자를 모으려면 어떻게 성공할 것인지 설명하는 사업계획을 만들어야 한다. 트레이딩은 진지한 사업이며, 절대 벼락부자가 되는 편법이 아니다. 따라서 어떻게 성공할 것인지 명확하게 제시하는 트레이딩 사업계획을 만들어야 한다. 이는 3개의 주요 영역으로 나눌 수 있다. 그것은 '(1) 트레이딩 프레임워크, (2) 트레이딩 프레임워크를 개선하거나 뒷받침하는 활동, (3) 실제 트레이딩 외에 수행해야 하는 과제'다.

트레이딩 프레임워크는 트레이딩 사업계획의 핵심이다. 장이 열린 동안 당신은 트레이딩 프레임워크를 실행하게 된다. 트레이딩 프레임워크는 자금 및 리스크 관리 원칙, 거래 전략 및 패턴, 거래 관리 규칙, 프레임워크에서 벗어난 모든 행동을 책임지는 방법의 개요로 구성된다. 자금 및 리스크 관리 요소는 소위 당신의 '숫자'를 이해하고 아는 일로 이뤄진다. 그래야 수용 가능한 수익을 얻기 위해 올바른 양의 리스크를 적용할 수 있다. 즉 거래 시 계좌의 몇 퍼센트를(또는 최대 얼마를) 리스크에 노출할 것인지, 불타기를 할 때 매일 얼마의 수익을 목표로 삼는지, 매일 최대 어느 정도의 손실에 대비할지와 몇 번이나 거래할 것인지 정해야 한다. 이 부분은 극히 중요하다. 숫자를 잘못 계산하면 수익이 손실보다 적을 수 있기 때문이다. 이는 순자산곡선(수수료와 비용을 제한 손익)의 하락으로 이어질 것이다.

다음 부분에서는 트레이딩 전략과 거래 관리 규칙을 정해야 한다. 즉 거래를 잘할 수 있는 유형의 종목과 변동폭뿐 아니라 시간대까지 파악해야 한다. 이 일은 주로 매일 아침 관심종목을 만드는 방법과 직결된다. ('거래를 잘할 수 있는'이라고 말한 점에 주목하라. 이는 당신이 바라거나 원하는 것과는 많이 다르다.) 트레이딩에서 가장 어려운 측면 중 하나는 포지션에 진입한 후의 관리다. 신규 트레이더들이 커뮤니티 회원들에게 자주 묻는 질문은 언제 첫 부분 매도를 해야 할지, 그 비중은 어느 정도여야 하는지, 부분 매도 후 손절 지점을 손익분기점으로 옮겨야 하는지, 손절 지점을 머릿속으로 관리해야 하는지 아니면 입력해둬야 하는지 등이다. ('부분 매도'의 의미가 생각나지 않는다면 지난 장에 나온 그림 9.2의 설명란에 회원 존 힐츠의 좋은 예가 나와 있다.) 사실을 말하자면 이런 질문의 답은 트레이더 자신만 찾을 수 있다. 트레이더마다 수익 비율, 손절 지점의 거리, 계좌 규모, 트레이딩 목표가 다르기 때문이다.

트레이딩 프레임워크의 마지막 요소는 '책임성'이다. 책임성은 중요하다. 개인 트레이더는 종종 혼자서 트레이딩한다. 그래서 아주 쉽게 자신의 행동을 합리화하거나, 정당화하거나, 그에 대한 핑계를 댄다. 바로 이런 점 때문에 트레이딩 친구나 멘토가 아주 중요하다. 그들은 당신이 트레이딩 프레임워크나 규칙을 어겼을 때 당신에게 책임을 물을 수 있다. 또한 그들도 트레이더이기 때문에 당신이 어떤 일을 겪고 있는지 안다. 그래서 모든 것을 잃은 기분이 들 때(장담하건대 그런 때가 온다) 당신을 격려할 수 있다. 그러면 이제는 트레이딩 프레임워크에 기록해야 할 모든 숫자와 통계를 어떻게 구할 수 있는지 의아할 것이다. 트레이딩 프레임워크는 개장 시간(미국 동부 시간 오전 9시 30분부터 오후 4시까지) 동안 해야 하는 일을 겨냥한다. 그러나 동부 시간으로 오전 9시 30분 이전과 오후 4시 이후에 할 수 있는 많은 특정한 활동이 있다. 이런 활동은 트레이딩뿐 아니라 궁극적으로 트레이딩 프레임워크를 개선하는 데 기여한다.

폐장 시간에 해야 하는 모든 활동 중 각 거래 내역에 관한 일지를 작성하는 것이 가장 중요하다. 어느 정도 진전을 이뤘는지 관찰하고, 어느 전략이 통하는지 분석할 수 있도록 해주기 때문이다. 또한 어떤 부분을 개선해야 하는지 파악하는 데도 도움을 준다. 거래 일지는 길고 복잡할 필요가 없으며, 이미지를 대부분으로 넣을 수 있다.

다음은 트레이딩 프레임워크를 개선하는 데 도움이 되는 다른 보조 활동을 간략히 소개하는 내용이다. 이 활동들은 각각 개인 능력에 맞게 트레이딩 프레임워크를 개발하는 방식으로 활용해야 한다는 점을 명심하라. 절대 모두에게 맞는 단 하나의 방식은 없다.

• **학습 계획** 학습 계획을 세우면 일정한 기간에 걸쳐 달성해야 하는 과제를 시각적으로 파악할 수 있다. 또한 트레이딩 목표를 충족하는 데 얼마나 오래 걸릴지도 파악할 수 있다. 학습 과정을 거치는 동안 필요한 것이 무엇인지 아는 일은 중요하다. 신중하게 숙고한 학습 계획은 여정을 지나는 내내 기대치를 적절하게 관리하도록 해준다.

- **목표**   일간, 주간, 월간, 계간, 연간 목표를 세우는 일(그리고 그것을 향한 진전을 이루는 일)은 데이트레이딩을 배우는 과정의 부침에 관해 긍정적인 태도를 유지하도록 도와준다. 목표를 세울 때는 스마트SMART(구체적이고Specific, 측정 가능하고Measurable, 달성 가능하고Attainable, 타당하며Relevant, 시간을 기준으로 한Time-based) 요건을 따라야 한다.

- **트레이딩 규칙**   머리가 맑고 압력이나 스트레스가 없는 폐장 시간에 만들어야 한다. 머릿속이 복잡하고 감정이 절정에 이르렀을 때 당신을 지키기 위함이다. 거래 시간에는 그렇게 보이지 않을지 모르지만 트레이딩 규칙은 당신의 우군이며, 당신을 자신으로부터 지켜줄 것이다.

- **사명 선언**   이를 요소로 삼는 실제 트레이딩 사업계획만큼이나 중요한 핵심 도구이며, 트레이딩 목표와 그것을 뒷받침하는 철학의 핵심을 담는다. 마찬가지로 중요한 점은 트레이딩 사업이 당신에게 어떤 의미를 지니는지 알려준다는 것이다. 다음 질문의 답을 찾으면 사업계획의 핵심을 말로 정리할 수 있다.

  - 누가 지원 네트워크에 속할 것인가?
  - 장기 목표는 무엇인가?
  - 어느 시간에 거래할 수 있는가?
  - 누구에게 배울 것인가?
  - 왜 데이트레이딩을 하고 싶은가?

• 얼마의 자금을 쓸 수 있는가?

트레이딩 사업계획의 마지막 부분은 시간이 걸리지만 트레이딩 프레임워크의 성과에 직접적인 영향을 미치지 않는 항목들로 구성된다. 회사의 경우 이 일은 사업을 성공적으로 운영하기 위해 해야 하는 행정 업무로 간주될 것이다.

• **행동 계획**　트레이딩 사업을 어떻게 운영하고 관리할 것인지 설명한다. 또한 트레이딩 프레임 워크와 직접적인 관련이 없는 후방 지원 활동을 다룬다. 거기에는 트레이딩 스테이션 설치, 트레이더 커뮤니티 선택, 세금 신고 처리, 일과 개발 등이 포함된다.

• **비전**　이것은 한편으로 트레이딩 사업에 관한 꿈이고, 다른 한편으로 트레이딩 사업이 앞으로 나아가야 할 길이다. 비전 선언은 대개 장기적인 관점을 염두에 두고 작성한다. 트레이딩에 관한 열의를 설명하는 내용을 한두 문장으로 잘 압축해야 한다.

• **트레이딩 사업 일정**　이 일정은 트레이딩을 시작하기로 처음 마음먹는 때부터 트레이딩 공부와 모의투자 훈련을 하고, 트레이딩의 최종 목표를 달성하기까지의 진전을 관리하기 위한 것이다. 그래서 여정의 각 단계에서 완수해야 하는 다양한 과제를 관리하는 데 필수다. 트레이딩 사업이 정체되지 않도록 진전이 이뤄질 때마다 일정을 갱신해야 한다. 이때 이정표를 활용하여 진전을 평가하고, 얼마나 많은 성과를

이뤘는지에 계속 초점을 맞춘다.

• **도구와 서비스** 이는 사업계획에서 어떤 인터넷 서비스에 가입할 것인지, 어느 증권사를 이용할 것인지, 어떤 트레이딩 플랫폼을 쓸 것인지, 검색 프로그램을 구매할 것인지(그렇다면 어느 회사의 것을 구매할 것인지), 어느 트레이더 커뮤니티에 들어갈 것인지 고려하는 부분이다. 마지막 항목과 관련해서는 자신의 트레이딩 스타일에 맞는 커뮤니티에 들어가는 것이 중요하다.

앞서 말한 대로 트레이딩 사업계획을 트레이딩 프레임워크와 혼동하기 쉽다. 트레이딩 프레임워크는 장이 열린 동안 거래를 실행하는 방법에 관한 것으로, 전반적인 트레이딩 사업계획의 일부에 불과하다. 트레이딩 사업계획은 트레이딩과 관련된 모든 것을 포괄하며, 성공적인 트레이더가 되기까지 학습 과정을 거치도록 돕기 위한 것이다.

커뮤니티의 경험 많은 트레이더이자 코치로서 23년 동안 미 해병대에서 복무한 마이크 베어Mike Baehr는 신규 트레이더의 관점에서 사업계획을 만드는 방법에 관한 뛰어난 웨비나를 제공한다. 이 웨비나는 www.bearbulltraders.com/businessplan에서 볼 수 있다. 재미있게 보고 그 내용을 참고해 트레이딩 사업계획을 만드는 과정을 시작해보길 바란다.

거래 일지를 작성하라

앞서 말한 대로 나는 블로그에 거래 관련 포스트를 올리는 한편, 베어 불 트레이더스 게시판(https://forums.bearbulltraders.com)에 모든 거래에 관한 생각을 기록했다. 그러다가 2016년 여름부터는 복기 내용을 유튜브에 올렸다. 지금은 다소 관행을 바꾸기는 했지만 커뮤니티 회원들은 계속 우리 유튜브 채널에 꾸준히 영상을 올린다. 블로그는 나의 모든 거래 내역을 잘 기록하는 데 도움이 되었다. 또한 커뮤니티 회원들(그리고 물론 다른 사람들)이 나의 경험에 관한 글을 읽고 더 많이 배우는 데도 도움이 되었다.

2020년 초에 나는 꾸준히 유튜브에 영상을 올리고 블로그에 글을 쓰는 일을 중단하기로 결정했다. 대신 온라인 서비스를 활용했다. 회원들 중 대다수도 지금은 트레이더뷰Tradevue(www.tradervue.com)나 차트로그Chartlog(www.Chartlog.com) 같은 온라인 서비스를 이용한다. 이 온라인 프로그램은 트레이딩 플랫폼에 연결되어 자동으로 모든 관련 정보를 추출한다. 그리고 거래와 관련된 모든 주요 정보를 제공한다. 실제 투자든, 모의투자든 일지 작성은 트레이딩 여정의 일부가 되어야 한다. 온라인 프로그램으로 얻는 최종 결과와 분석은 놀랍다(전통적인 일지 작성을 통해 얻는 정보도 마찬가지다). 거기에는 다음과 같은 정보가 포함된다.

- 최대 손실
- 최대 수익

- 수익 거래와 손실 거래의 비율

- 수수료

- 최고 수익 시간대

- 최대 손실 시간대

- 평균 포지션 보유 시간

일부에 불과하기는 하지만 위에 제시한 거래 관련 '팩트'를 아는 일은 트레이딩 실력을 늘리는 데 극히 중요하다.

앞서 말한 대로 나는 거래 종료 직후에 스크린샷 캡터(때로는 라이트샷)라는 무료 프로그램으로 스크린샷을 만든다. 그러면 차트로 진입 지점과 탈출 지점을 볼 수 있다. 또한 일지에 그날 기록해야 한다고 생각한 다른 내용과 사고 과정을 추가한다. 나는 종종 이 스크린샷이나 영상을 커뮤니티의 수요 워크숍에서 교육용으로 활용하거나, 라이브 및 녹화 강의 자료를 갱신하는 데 활용한다.

회원들은 종종 나의 거래 내역을 나와 논의한다. 그 과정에서 나도 그들에게서 뭔가를 배운다. 아무리 경험이 많아도 다른 사람에게서 배울 것이 있다! 때로 거래 내역을 편집하여 나의 유튜브 채널에 올린다. 또한 모든 트레이딩 영상을 보관하고, 현재 준비 중인 트레이딩 강의를 위해 편집한다.

등반과 비슷한 트레이딩

나는 신규 트레이더나 트레이더 희망자로부터 주식시장에서 성공할 수 있는 방법에 관한 질문을 자주 받는다. 그때마다 트레이딩을 등반에 비유한다. 나는 청춘의 대부분을 산에서 보냈다. 지금도 세상의 고지들을 탐험하는 일을 속속들이 즐긴다. 1장에서 잠깐 언급한 대로 산은 나를 매료시킨다! 대학 시절에 고산 등반을 시작했으며, 그 이후에 금융시장에 열정을 품게 되었다. 등반과 트레이딩은 모두 위험하다. 그러나 동시에 엄청난 보상을 안기기도 한다. 경험에 따르면 이 둘은 특정한 사람들에게 어필한다. 성공적인 등반가와 트레이더들이 가진 3가지 속성은 다음과 같다.

결과보다는 과정

모든 활동의 성과는 결과가 아니라 과정을 중시하는 데서 나온다. 캐나다의 저술가이자 등반가인 버나데트 맥도널드Bernadette McDonald는 《Freedom Climbers》에서 "등반가가 되려면 거의 즉시 만족을 얻는 경우는 드물다는 사실을 받아들여야 한다"고 썼다. 정상에 오르려면 시간과 에너지, 자원을 투자해야 한다. 그러고도 바람이나 날씨 또는 예기치 못한 사정으로 발길을 돌려야 한다. 등반에서 기대하는 유일한 측면이 정상에 서서 사진을 찍는 것이라면 등반은 곧 더없이 지루한 일이 될 것이다. 내게 등반의 미덕은 모든 걸음, 모든 움직임, 모든 모퉁이, 풍경을 바라보는 모든 시선에 있다. 이 점은 트레이딩과 같다. 신규 트레이더는 대개 처음에 돈을 잃는다. 그러면 일부는 화를 내며 시장을 욕하고 떠나간다. 첫 달부터 손익에 연연하지 않고 트레이딩하는 과정을 배운다는 목표를 갖고 임하는 사람은 성공할 가능성이 높다. 이 점은 삶의 모든 활동에도 해당된다. 마크 저커버그는 페이스북 창립 10주년인 2014년에 지금도 가끔 생각나는 글을 올렸다.

> 사람들은 종종 내게 페이스북이 지금처럼 될 줄 알았냐고 묻는다. 전혀 몰랐다.

마크 저커버그는 학생들이 서로 교류하는 더 나은 방식이 있다고 믿었다. 그래서 몇 명의 대학 친구들과 같이 그냥 "그 일을 했다". 그는 페이스북이 나중에 세계 최대의 기업, 자신은 세계 최고의 부자가 될 것이라고 꿈꾼 적이 한 번도 없었다. 대신 그 과정에 집중했다.

> 지난 10년을 돌아보면 항상 이런 질문을 나 자신에게 하게 된다. '우리가 이걸 만들게 된 이유가 무엇일까?' 우리는 그냥 학생이었다. 대기업보다 자원이 훨씬 적었다. 그들이 이 문제에 초점을 맞췄다면 해낼 수 있었을 것이다.
> 내가 생각하는 유일한 답은 우리가 그저 관심을 더 기울였다는 것이다. 어떤 사람들은 세계를 연결하는 일이 실제로 중요한지 의심하는 동안 우리는 만들었다. 다른 사람들은 그것이 지속 가능할지 의심하는 동안 우리는 계속 이어질 관계를 형성했다.

리스크 관리

산악 등반에서는 사실상 모든 걸음마다 리스크를 감수한다. 그래도 등반가들은 자신이 사랑하는 일을 그만두지 않는다. 그들은 최대한 리스크를 관리하고 최소화한다. 또한 자신이 열정을 품은 일을 할 수

있도록 자신을 보호할 규칙을 정하고 관례를 만든다. **리스크 없이는 소**
득도 없다. 트레이더의 경우도 마찬가지다. 모든 거래는 당신의 돈을
위험에 빠트린다. 따라서 리스크를 관리하는 방법을 익혀야 한다. 그
방법은 무엇일까? 부분적으로는 손절 지점을 정해야 하고, 분산화를
통해 모든 돈이 한 번의 잘못된 거래에 묶이지 않도록 해야 한다. 또
한 항상 숙고를 거쳐 거래 계획을 세워야 한다. 아무 계획 없이 '크게'
질러서 소위 홈런을 치려는 것은 낙하산 없이 비행기에서 뛰어내리는
것과 같다. 이는 기껏해야 도박에 불과하다.

원동력이 되는 열정

산에 열정이 없으면 결코 진정한 등반가가 될 수 없다. 등반을 하다 보
면 온갖 위험 외에도 순간적인 극심한 기온, 탈진, 동상 같은 것을 흔
히 겪게 된다. 그래도 등반가들은 열정적인 사람들이며, 이런 것들에
서 활력을 얻는다. "반드시 재미있지 않아도 재미를 얻을 수 있다"는
말에는 진실이 담겨 있다. 작고한 전설적인 등반가인 아나톨리 부크
레예프Anatoli Boukreev는 "산은 나의 야심을 충족하는 운동장이 아니
라 종교를 실천하는 성당이다"라고 말했다. 트레이딩도 똑같다. 진심
으로 트레이더가 되고 싶다면 손실, 불쾌한 순간들, 복잡성을 비롯한
모든 측면을 받아들여야 한다. 이 점은 삶의 모든 활동에서도 마찬가
지다. 업적을 이룬 기업가, 정치인, 전문가, 자신의 분야에서 성공한
모든 사람은 자신이 하는 일에 열정적이다. 우리는 그런 사람을 기억
한다. 스티븐 킹Stephen King이 《애완동물 공동묘지Pet Sematary》에서 쓴
대로 "리스크 없이는 소득도 없으며, 어쩌면 사랑 없이는 리스크도 없

을 것"이다.

나의 조언은 해야 하는 일이 아니라 사랑하는 일을 선택하라는 것
이다. 목표에 이르기 위해 필요하고도 통제된 리스크를 과감하게 감
수하라. 인내심을 가져라. 과정에 초점을 맞춰라. 경험에서 배워라.

끝으로 당부하는 말

계속 연습해야 한다. 시장의 패턴을 분석하는 경험이 필요하다. **진입구
도에 맞춰 조건부 진술을 끊임없이 조정해야 한다.** 매일이 새로운 게임이
자 풀어야 할 새로운 퍼즐이다. 앞서 말한 대로 많은 사람이 트레이딩
을 매일 아침 따를 서너 가지 규칙으로 축소할 수 있다고 믿는다. 언제
든 이것 아니면 저것을 하면 된다는 식이다. 그러나 현실적으로 트레
이딩에서 '언제나'는 전혀 통하지 않는다. 각각의 상황과 거래가 중요
하다. 데이트레이딩에서는 생각하는 법을 익혀야 하며, 이는 쉬운 일
이 아니다.

패턴을 인식하고 트레이딩 전략을 개발해야 한다. 전략은 실시간으
로, 스트레스를 받아가며 연습해야 한다. 모의투자는 도움이 되고, 반
드시 필요하다. 그래도 결과가 정말로 중요한 곳에서 어렵게 번 돈으
로 거래하는 것을 대체할 수는 없다.

트레이더 경력을 시작할 때 처음에는 끔찍하게 어려울 가능성이 높
다. 나도 처음에는 데이트레이딩이 내게 맞지 않는다는 결론에 이른
적이 많았다. 앞서 쓴 대로 경험 많고 수익을 내는 트레이더가 된 지금

도 매달 적어도 하루는 이 시장에서 계속 거래할 수 있을지 의심한다. 물론 이런 실망감은 요즘은 대개 다시 좋은 거래를 하고 나면 바로 사라진다. 그러나 아직 성공하지 못한 당신은 학습 과정에서 살아남기 아주 어렵다. 나도 안다. 그렇다고 해서 처음 트레이딩을 시작할 때 많은 돈을 잃어야 한다는 것은 아니다. 모의투자는 실제 돈으로 실제 거래를 하기 위해 준비하는 데 도움을 준다.

트레이딩 교육이나 지도 프로그램을 신청할 때는 훈련 계획을 신중하게 읽어야 한다. 좋은 훈련 프로그램은 처음에 가장 쉬운 진입구도에서만 거래할 것을 권한다. 가령 나는 실시간 거래 첫 달에는 장 초반 구간 돌파 패턴이나 ABCD 패턴만 보고 거래해야 한다고 생각한다. 또한 두 번째 달에는 반전 거래만 전적으로 할 수 있다.

그 다음 달에는 이동평균 추세 전략에 집중할 수 있다. 그 다음에는 강세 깃발형 모멘텀 전략(모멘텀 전략에 따른 트레이딩은 실행과 리스크 관리 측면에서 가장 어렵다)에 집중할 수 있다. 내가 보기에 초보 트레이더는 한 번에 하나의 전략만 집중적으로 공부하는 것이 중요하다.

신규 트레이더는 종종 즉시 돈을 벌 거라 기대하며, 돈을 못 벌었을 때 트레이딩에 영향을 받는다. 그들은 기대한 결과를 얻지 못하면 잘못된 데에 초점을 맞추기 시작한다. 어떤 사람은 돈을 더 벌길 바라며 거래 규모를 키운다. 다수는 낙담한 나머지 열심히 준비하지 않는다. 그들은 '어차피 돈을 못 버는데 준비하는 게 무슨 의미가 있어?'라고 생각한다. 그래서 성공적이고 경험 많은 트레이더는 절대 두지 않을 모험수를 두기 시작한다. 그들은 그렇게 도박꾼이 된다. 이는 더 큰 손실로 이어져서 문제를 키울 뿐이다.

트레이딩으로 돈을 버는 하나의 올바른 방법은 없다. 그러나 트레이딩 경력을 시작하는 오직 하나의 올바른 방법이 있다. 즉 처음 시작할 때는 먹고살 돈을 버는 방법이 아니라 트레이딩 과정에 초점을 맞춰야 한다. 꾸준한 수익을 내기 전까지 적어도 6~8개월의 시간을 둬야 해야 한다. 이렇게 할 의지나 능력이 없다면 다른 일을 찾아야 한다. 어떤 사람은 재정적으로 또는 심리적으로 그만한 시간을 바칠 수 없다. 이런 경우에도 역시 다른 일을 찾아야 한다.

첫 6개월 동안은 결과가 전혀 중요치 않다는 점은 아무리 강조해도 지나치지 않다. 결과는 상관없다. 이 기간 동안 당신은 평생의 경력을 위한 토대를 마련하게 된다. 당신은 첫 6개월 동안의 결과가 10년차에도 중요하다고 생각하는가?

꾸준히 수익을 내는 트레이더가 되는 일은 당신이 한 일 중 가장 어려울 수 있다. 거쳐야 하는 집중적인 훈련 과정은 6~8개월이 걸리며, 많은 노력을 요구한다. 이 과정은 당신이 얼마나 잘할 수 있는지 파악하도록 해준다. 다만 그러기 위해서는 뛰어난 트레이더가 될 수 있다고 진정으로 믿어야 한다.

우리 모두는 극복해야 하는 정신적 약점을 갖고 있다. 우리가 옳다는 것을 시장에서 증명하려고 고집을 부리다가는 큰 대가를 치르게 된다. 어떤 트레이더는 방향이 엇나간 종목에서 손실을 받아들이고 탈출할 줄 모른다. 어떤 트레이더는 최종 수익 목표까지 기다리지 않고 성급하게 작은 수익을 실현한다. 어떤 트레이더는 뛰어난 리스크/보상 비율을 제공하는 포지션임을 파악하고도 무서워서 진입할 결단을 내리지 못한다. 더 나은 트레이더가 되는 유일한 방법은 약점을 바로잡는 것이다.

트레이더로서 실패하는 것이 부끄러운 일은 아니다. 정말로 부끄러운 일은 꿈을 좇지 않는 것이다. 트레이딩에 열의가 있는데도 시도하지 않는 사람은 만약 시도했다면 어땠을지 궁금해하며 평생을 살 것이다. 인생은 새로운 도전을 받아들이지 않기에는 너무 짧다. 삶에서 어떤 도전이든 받아들여서 실패하는 것은 매우 명예로운 일이다. 위험을 감수하고 데이트레이딩에 뛰어들 용기가 있다면, 그 결정은 살면서 큰 도움이 될 것이다. 다음에 받아들일 도전이나 경력은 당신에게 잘 맞는 것일 수 있다. 그 과정에서 당신이 자신에 대해 배우는 것들은 대단히 귀중할 것이다.

마지막에 나의 트레이딩 규칙들을 정리했다. 나는 이 페이지를 출력하여 트레이딩 스테이션 옆에 붙여두었다. 이것을 자주 읽는다. 당신도 그렇게 하기를 권한다. 이 규칙들은 분명 당신이 궤도를 유지하며 성공하는 데 도움이 될 것이다.

끝으로 이 책을 재미있게 읽었고, 유용하다고 생각한다면 잠깐 시간을 들여 서평을 써주면 대단히 감사하겠다. 앞으로 내용을 개정할 때 여러분의 평가를 참고할 것이다. 무엇이든 의견이 있다면 자유롭게 내게 이메일을 보내라. 서평은 다른 사람이 내 책을 살지 결정할 때 참고가 될 것이다. 사람들이 새로운 경력을 시작하도록 가르치고 돕는 일은 매일 의욕을 북돋아주는 내면의 충만감을 안긴다. 내가 지속적인 배움을 촉진하고 격려하는 사명을 달성할 수 있도록 여러분이 도와주기 바란다.

나에게 연락하고 싶다면 웹사이트 www.BearBullTraders.com을 확인하거나 andrew@BearBullTraders.com으로 이메일을 보내면 된다. 여러분과 기꺼이 이야기를 나누도록 하겠다. 또 웹사이트에는 일반에게 공개된 무료 자료를 많이 찾을 수 있다. 당신의 트레이딩 여정에 도움이 되기를 바란다.

여러분께 감사드리며, 행복한 트레이딩이 되기를!

데이트레이딩 성공을 위한 10가지 규칙

1 데이트레이딩은 빨리 부자가 되기 위한 전략이 아니다.

2 데이트레이딩은 쉽지 않다. 진지한 사업이며, 그렇게 대해야 한다.

3 데이트레이더는 다음 날까지 포지션을 유지하지 않는다. 필요하면 손절매를 해서라도 하루를 넘겨선 안 된다.

4 항상 "이 종목은 시장의 움직임을 따라가는가 아니면 고유한 주요 재료가 있는가?"를 물어라.

5 데이트레이딩의 성공은 리스크 관리에서 온다. 그러므로 잠재적 보상이 크고 진입 리스크가 낮은 종목을 찾아야 한다. 내게 최소 수익/손실 비율은 2:1이다.

6 증권사는 당신을 대신해 거래소에서 주식을 사고판다. 데이트레이더로서 할 일은 리스크를 관리하는 것이다. 효과적인 여러 전략을 터득해도 리스크 관리 기술이 뛰어나지 않으면 데이트레이더로 성공할 수 없다.

7 개인 트레이더는 활성화 종목, 즉 상대 거래량이 많고, 주요 재료가 있으며, 전체 시장으로부터 독립적으로 거래되는 종목만 거래한다.

8 경험 많은 트레이더는 게릴라와 같다. 그들은 딱 맞는 시점에 튀어나와 이익을 취하고 빠져나간다.

9 종가가 시가보다 높은 양봉은 매수 압력을 나타낸다. 종가가 시가보다 낮은 음봉은 매도 압력을 나타낸다.

10 수익이 나는 거래는 감정을 수반하지 않는다. 감정적인 트레이더는 돈을 잃는다.

미국 주식 용어 101

A

- **alpha stock**(알파 종목): 전체 시장 및 업종과 따로 움직이는 활성화 종목. 데이트레이더들은 이런 종목을 찾는다.

- **ask**(매도호가): 매도자가 보유 주식을 팔려고 요구하는 가격. 언제나 매수호가보다 높다.

- **average daily volume**(평균 일 거래량): 특정 종목의 매일 평균적으로 거래되는 양. 평균 일 거래량이 50만 주 이하인 종목은 거래하지 않는다. 어려움 없이 포지션을 드나들기 위해 충분한 유동성이 필요하기 때문이다.

- **average relative volume**(평균 상대 거래량): 통상적인 거래량과 비교한 거래량. 평균 상대 거래량이 1.5 이하인 종목은 거래하지 않는다. 이는 해당 종목의 거래량이 통상적인 일 거래량의 1.5배보다 적음을 뜻한다.

- **average true range[ATR]**(평균 실질가격변동폭): 특정 종목이 매일 평균적으로 거래되는 가격의 폭. 나는 ATR이 최소 50센트 이상인 종목을 찾는다. 이는 주가가 대부분의 날에 최소 50센트 이상 움직인다는 뜻이다.

- **averaging down**(물타기): 손실이 난 포지션에서 매수 단가를 낮추려고 주식을 추가 매수하는 것. 물타기를 하는 사람은 다음에 유리한 방향으로 주가가 움직이면 본전에 매도하길 바란다. 데이트레이더는 절대 물타기를 해서는 안 된다. 자세한 설명은 앞서 제시한 바 있다. 성공적인 데이트레이더가 되려면 물타기를 하고 싶은 충동을 피해야 한다.

B

- **bear**(약세파): 매도자 또는 공매도자. 시장이 약세라는 것은 매도자나 공매도자가 주식을 팔고 있기 때문에, 다시 말해 매도자가 주도권을 잡았기 때문에 전체 주식시장이 가치를 잃고 있다는 뜻이다.

- **bearish candlestick** (약세 봉): 시가가 고점이고 종가가 저점인 장대 음봉. 이런 봉은 매도자가 주가를 주도하고 있으며, 매수하기에 좋지 않음을 말해준다. 그림 6.1에 나온다.

- **bid** (매수호가): 특정한 시간에 매수자가 주식을 매수하기 위해 지불하고자 하는 가격. 언제나 매도호가보다 낮다.

- **bid-ask spread** (호가 스프레드): 특정한 시점에 매수자가 특정 종목에 지불하려는 가격과 매도자가 요구하는 가격의 차이. 호가 스프레드는 종일 변할 수 있다.

- **black box** (블랙박스): 월가의 대형 금융사들이 주식시장을 조종하기 위해 몰래 활용하는 컴퓨터 프로그램이나 공식 또는 시스템

- **broker** (증권사): 거래소에서 당신을 대신해 주식을 사고파는 회사. 데이트레이딩은 빠른 주문 체결을 요구한다. 따라서 직접 접속 증권사를 써야 한다. 전통적인 온라인 증권사(또는 종합 증권사)는 투자 조언, 절세 팁, 은퇴 계획 등 훨씬 많은 서비스를 제공하지만 데이트레이딩에 필요한 빠른 주문 체결을 제공하지 않는다. 그래서 장기 투자자나 개인 스윙트레이더들에게 더 적합하다.

- **bull** (강세파): 매수자. 시장이 강세라는 것은 매수자들이 주식을 매수하고 있기 때문에, 다시 말해 주도권을 잡았기 때문에 전체 주식시장이 가치를 얻고 있다는 뜻이다.

- **bull flag** (강세 깃발형): 깃대에 달린 깃발을 닮은 봉 패턴. 이 패턴에서는 여러 개의 장대 양봉(깃대)이 나온 다음, 일련의 작은 봉들이 횡보(깃발)한다. 데이트레이더들은 이 횡보 구간을 보합 구간이라 부른다. 대개 첫 번째 강세 깃발형 패턴은 놓치기 쉽다. 그래도 검색창에서 해당 패턴의 출현을 알릴 것이다. 그러면 두 번째 강세 깃발형 패턴에 대비할 수 있다. 그림 7.5에서 이 패턴의 사례를 볼 수 있다.

- **bullish candlestick** (강세 봉): 몸통이 위로 크게 형성된 봉. 강세봉은 매수자들이 주가를 주도하고 있으며, 주가를 계속 밀어올릴 것임을 말해준다. 그림 6.1에 나온다.

- **buying long** (롱 매수): 주가가 오를 것을 기대하고 롱 포지션을 매수하는 것

- **buying power** (매수 한도): 증권 계좌에 들은 돈에 레버리지를 더한 금액. 가령 증권사에서 4:1의 레버리지를 제공하고, 계좌에 2만 5000달러가 있다면 실제로 거래 가능한 금액은 10만 달러다.

- **candlestick**(봉): 주가 변동을 표시하는 매우 흔한 수단. 봉은 당신이 나타내고자 하는 기간의 시가, 고점 및 저점, 종가를 쉽게 볼 수 있도록 해준다. 다른 차트를 선호하는 사람들도 있지만 나는 가격 변동을 쉽게 파악할 수 있도록 해주기 때문에 봉 차트를 아주 좋아한다. 봉 차트를 쓰면 시가와 종가뿐 아니라 고점 및 저점의 관계를 쉽게 비교할 수 있다. 그림 6.1에 약세 봉과 강세 봉의 예가 자세히 나온다.

- **chasing the stock**(추격 매수): 크게 오르는 주가를 쫓아가서 매수하는 것이다. 현명한 데이트레이더는 절대 추격 매수를 하지 않는다. 또 주가가 잠잠할 때 포지션에 진입했다가 거세게 움직일 때 이익을 실현한다. 주가가 급등하면 보합 국면이 나올 때까지 기다려라. 인내는 실로 미덕이다!

- **chatroom**(챗방): 트레이더 커뮤니티 회원들이 서로 정보를 주고받는 게시판. 인터넷에서 많이 찾을 수 있다.

- **choppy price action**(요동치는 가격 변동): 주가가 아주 높은 빈도로 조금씩 움직이는 것. 주가가 요동치는 종목은 월가의 기관 트레이더들이 장악한 종목이므로 피한다.

- **close**(장 마감): 주식시장이 문을 여는 마지막 시간으로 오후 3시부터 4시(이하 모두 뉴욕 시간)에 해당한다. 일간 종가는 해당 종목의 가치에 관한 월가 트레이더들의 의견을 반영하는 경향이 있다.

- **commission-free broker**(수수료 무료 증권사): 거래 수수료를 물리지 않는 비교적 새로운 유형의 증권사. 대개 데이트레이더에게 필요한 빠른 주문 체결을 제공하지 않기 때문에 데이트레이딩에는 적합하지 않다. 그래도 이 증권사들은 기성 증권사들이 수수료를 폐지하거나 크게 낮추도록 만들어 주식 업계를 혁신했다.

- **consolidation period**(보합 국면): 보합 국면은 더 낮은 가격에 매수한 사람들이 매도하여 이익을 실현하는데도 주가가 크게 떨어지지 않는 상황을 뜻한다. 그 이유는 매수세가 여전히 들어오고 있으며, 매도자들이 아직 주가를 주도 못하기 때문이다.

D

- **day trading**(데이트레이딩): 주가가 비교적 예측 가능한 방식으로 움직이는 종목을 거래하는 일종의 진지한 사업. 모든 트레이딩은 하루 동안 이뤄지며, 어떤 포지션도 다음 날까지 보유하지 않는다. 그날 매수한 주식은 장이 끝나기 전에 매도해야 한다.

- **doji**(도지): 다양한 형태나 모양을 지니지만 모두 몸통이 없거나 아주 작은 특징을 지닌 중요한 봉 패턴. 도지형 봉은 주가의 방향이 결정되지 않았음을 나타내며, 매수자와 매도자 사이에 싸움이 벌어지고 있다는 뜻이다. 그림 6.8을 보라.

E

- **entry point**(진입 지점): 차트에서 패턴이 형성되는 것을 파악한 후 포지션에 진입하는 지점

- **exchange-traded fund[ETF]**(상장지수펀드): 거래소에서 거래되며, 주식이나 채권 같은 자산으로 구성되는 투자 펀드

- **exit point**(탈출 지점): 거래 계획을 세울 때 포지션에 진입하는 지점과 탈출하는 지점을 정한다. 적절하게 탈출하지 않으면 수익이 난 거래가 손실이 난 거래로 바뀌게 된다. 무엇을 하든 고집을 부려서는 안 된다. 주가가 포지션과 반대로 가면 담대하게 탈출하여 손실을 받아들여라. 자신의 판단이 옳았음을 증명하려다가 더 많은 돈을 리스크에 노출하지 마라. 시장 예측은 불가능하다.

- **exponential moving average[EMA]**(지수이동평균): 가장 최근의 데이터에 가중치가 더 부여되는 이동평균. 그에 따라 다른 이동평균보다 최근의 주가 변동을 더 많이 반영한다.

F

- **float**(유통주식수): 거래소에서 거래되는 특정 기업의 주식 수. 가령 2020년 6월 기준으로 애플의 유통주식수는 43억 3000만 주다.

- **forex**(외환시장): 외환을 거래하는 글로벌 시장

- **fundamental catalyst**(주요 재료): 데이트레이더가 찾아야 하는 재료로서 식약청 승인이나 미승인, 구조조정, 인수합병처럼 특정 종목과 연계된 호재나 악재. 특히 장이 열린 동안 주가에 영향을 미칠 중요한 재료

- **futures**(선물): 선물 거래는 자산이나 원자재(원유, 원목, 밀, 외환, 금리 등)에 관한 계약을 거래하는 것이다. 이때 가격은 오늘 정해지지만 실물은 미래의 정해진 날짜까지 제공하거나 구매하지 않는다. 미래에 특정 품목의 가격이 어떻게 될지 정확하게 예측하면 수익을 낼 수 있다. 데이트레이더는 선물 거래를 하지 않는다.

G

- **gappers watchlist**(갭등락 관심종목): 장이 열리기 전에 어느 종목이 갭상승/갭하락했는지 알 수 있다. 해당 종목의 가격 등락을 설명할 수 있는 주요 재료를 살피고, 그날의 거래 기회를 찾기 위해 관찰할 종목의 목록을 만든다. 관심종목의 최종 버전은 대개 장이 열렸을 때 세심하게 관찰할 2~4개의 종목으로만 구성한다. 줄여서 '관심종목'이라고도 한다.

- **guerrilla trading**(게릴라 트레이딩): 데이트레이더가 하는 일은 게릴라전과 같다. 즉 단시간에 금융 전쟁터를 드나들 기회를 기다려서 리스크를 최소화하는 한편, 빠르게 수익을 낸다.

H

- **high frequency trading[HFT]**(초단타매매): 월가의 컴퓨터 프로그래머들이 작업하는 종류의 트레이딩. 그들은 시장을 조종하기 위해 알고리즘과 비밀 공식을 만든다. 초단타매매를 존중은 하지만 두려워할 필요는 없다.

- **high relative volume**(높은 상대 거래량): 데이트레이더가 해당 종목 평균 거래량 및 해당 업종 거래량보다 많이 거래되는 활성화 종목에서 찾아야 하는 지표. 활성화 종목은 업종과 전체 시장으로부터 독립적으로 움직인다.

- **hotkey**(단축키): 데이트레이더에게 필수로, 증권사에 자동으로 지시사항을 전송하도록 설정된 키 조합. 단축키를 이용하면 마우스나 다른 수동 입력에 드는 시간을 확실히 줄일 수 있어, 고속 트레이딩에 필수다. 실제 돈을 리스크에 노출하기 전에 모의투자에서 실시간으로 단축키 쓰는 법을 연습해야 한다. 그림 5.4 내가 쓰는 단축키 목록을 참고하라.

I

- **if-then statement[if-then scenario]**(조건부 진술/조건부 시나리오): 장이 열려서 실제 거래를 하기 전에 지침으로 삼을 일련의 조건부 진술을 만들어야 한다. 가령 주가가 ABC보다 높이 가지 않는다면 DEF를 한다는 식이다. 그림 10.2는 내가 차트에 표시한 조건부 진술의 예다.

- **illiquid stock**(비유동적 주식): 그날 충분한 거래량이 나오지 않는 주식. 이런 주식은 상당한 슬리피지 없이는 매매하기 어렵다.

- **indecision candlestick**(미결정 봉): 위꼬리와 아래꼬리의 길이가 비슷하고 대개 몸통보다 긴 봉. '팽이형' 또는 '도지형'이라고도 부른다. 이런 봉은 매수세와 매도세가 팽팽하며, 서로 싸우고 있음을 나타낸다. 미결정 봉을 파악하는 일은 중요하다. 가격 변동이 임박했음을 나타낼 수 있기 때문이다. 그림 6.6~6.8에서 미결정 봉의 예를 볼 수 있다.

- **indicator**(지표): 주가나 거래량 또는 둘 다를 토대로 한 수학적 계산의 결과. 너무 많은 지표로 차트를 어지럽혀서는 안 된다. 차트가 깔끔해야 정보를 신속하게 처리하고 결정을 빠르게 내릴 수 있다. 당신이 참고하는 거의 모든 지표는 자동으로 계산되어 트레이딩 플랫폼에 표시된다. 지표는 주가를 암시할 뿐 좌우하지 않는다는 점을 항상 명심하라. 그림 5.2에서 내가 쓰는 지표들이 표시된 차트의 스크린샷을 볼 수 있다.

- **institutional trader**(기관 트레이더): 월가 투자은행이나 뮤추얼펀드, 헤지펀드에 소속된 트레이더. 기관 트레이더들이 조종하고 지배하는(그것도 정중하게 '트레이딩'이라고 부르도록 하겠다) 종목은 피하자.

- **intraday**(일중 거래): 오전 9시 30분부터 오후 4시까지 이뤄지는 거래

- **investing** (투자): 어떤 사람들은 투자와 트레이딩이 비슷하다고 생각하지만, 투자는 트레이딩과 많이 다르다. 투자는 돈을 어딘가에 넣어두고 단기적 또는 장기적으로 불어나기를 바라는 것이다.

L

- **lagging indicator** (후행지표): 거래가 이뤄진 후 해당 종목에서 나온 활동에 관한 정보를 제공하는 지표

- **late-morning** (오전장 후반): 오전 10시 30분부터 오후 12시 사이. 이 시간에는 시장이 느려진다. 그러나 활성화 종목에는 여전히 좋은 변동성이 있다. 신규 트레이더들에게는 이때가 가장 거래하기 쉽다. 개장 때보다 거래량이 적지만 예기치 못한 변동성도 줄어들기 때문이다. 우리 신규 트레이더들의 거래 내역을 검토해보면 오전장 후반에 실적이 가장 좋다.

- **leading indicator** (선행지표): 나스닥 레벨 2의 한 기능으로서 거래가 이뤄지기 전에 해당 종목에서 나오는 활동에 관한 정보를 제공한다.

- **leverage** (레버리지): 증권사가 계좌에 제공하는 마진. 대다수 증권사는 3:1에서 6:1 사이의 레버리지를 제공한다. 가령 4:1인 경우 계좌에 2만 5000달러가 있다면 10만 달러어치의 매수 한도가 생긴다.

- **limit order** (지정가 주문): 증권사에 특정 종목을 당신이 지정한 가격에 또는 그보다 나은 가격에 매수/매도하도록 지시하는 주문. 주문 후 주가가 너무 빨리 움직이면 체결되지 않을 수 있다.

- **liquidity** (유동성): 성공적인 데이트레이딩에는 유동성이 필요하다. 즉 특정 종목이 충분히 많이 거래되고, 거래소로 충분한 주문이 전송되어 쉽게 포지션을 드나들 수 있어야 한다. 같은 종목을 노리는 충분한 수의 매수자와 매도자가 있어야 한다.

- **long** (롱): '롱 매수'의 줄임말로, 주가가 오를 것을 기대하고 매수하는 것. 가령 'AAPL 100주 롱'은 주가가 오를 것을 기대하고 애플 주식 100주를 매수하는 것이다.

- **low float stock** (유통주식수 소량 종목): 유통주식수가 적은 종목으로, 대형 주문이

이 종목의 주가를 쉽게 움직일 수 있다. 그래서 주가가 변동성이 심하고 빠르게 움직일 수 있다. 대다수 유통주식수 소량 종목은 주가가 10달러 이하다. 데이트레이더는 이런 종목을 좋아한다. '시가총액 하위 종목' 또는 '소형주'라고도 부른다.

M

- **margin** (마진): 증권사가 제공하는 레버리지와 같은 뜻이다. 마진은 양날의 검 같아서 더 많은 주식을 매수하게 해주는 동시에 더 큰 리스크에 노출시킨다.

- **margin call** (마진 콜): 반드시 피해야 하는 증권사의 엄중한 경고. 증권사는 당신이 레버리지를 썼다가 손실이 났을 때 마진 콜을 한다. 이는 손실이 계좌에 있던 원금과 같아졌으므로 추가 입금을 하지 않으면 계좌를 동결한다는 뜻이다.

- **marketable limit order** (지정 시장가 주문): 증권사에 당신이 지정한 가격폭 안에서 특정 종목을 즉시 매수/매도하도록 지시하는 주문. 나는 데이트레이딩을 할 때 지정 시장가 주문을 쓰며, 대개 '매도호가+5센트'로 매수하고, '매수호가−5센트'로 매도한다.

- **market cap/capitalization** (시가총액): 총 유통주식 (주식시장에서 거래되는 모든 주식)의 가치. 가령 주가가 10달러이고, 300만 주가 거래된다면 (유통주식수 300만 주) 시가총액은 3000만 달러다.

- **market maker** (시장조성자): 거래소에서 사고파는 주식을 제공하는 중개사. 이 회사들은 거래소에서 거래가 성사되도록 특정 종목을 일정한 수만큼 보유한다.

- **market order** (시장가 주문): 증권사에 현재 가격이 얼마든 즉각 특정 종목을 매수/매도하도록 지시하는 주문. '현재 가격이 얼마든'이라는 구절을 강조할 필요가 있다. 해당 주가는 당신에게 이득이 될 수도 있지만 증권사에 시장가 주문을 지시한 후 주가에 갑자기 변화가 생기면 그렇지 않을 수도 있다.

- **medium float stock** (유통주식수 중간 종목): 유통주식수가 2000만 주에서 5억 주 사이로 중간 수준인 종목. 나는 주로 주가가 10~1000달러 사이인 유통주식수 중간 종목을 찾는다. 본문에서 설명한 많은 전략은 이런 종목과 잘 맞는다.

- **mega cap stock** (초대형주): 유통주식수가 엄청나게 많은 종목. 가령 애플 주식은 2020년 6월 기준으로 43억 3000만 주가 유통되었다. 초대형주의 주가는 대체로

상당한 거래량과 자금이 필요하기 때문에 변동성이 심하지 않다. 데이트레이더는 이런 종목을 피한다.

- **micro-cap stock**(시가총액 하위 종목): 유통주식수가 적은 종목으로, 대형 주문이 주가를 쉽게 움직일 수 있다. 대다수 시가총액 하위 종목은 주가가 10달러 이하이며, 변동성이 매우 심하고 빠르게 움직인다. 데이트레이더는 이런 종목을 좋아한다. 유통주식수 소량 종목 또는 소형주라고도 한다.

- **mid-day**(장 중반): 오후 12시부터 3시 사이. 이때 시장은 대체로 느리며, 거래량과 유동성도 오전보다 적다. 거래하기 가장 위험한 시간이다.

- **moving average[MA]**(이동평균): 트레이딩에서 폭넓게 사용되는 지표로, 과거의 가격을 평균하여 변화를 완만하게 만든다. 가장 기본적이면서 흔히 쓰이는 2가지 이동평균은 단순이동평균SMA과 지수이동평균EMA이다. 단순이동평균은 1분, 5분, 하루 등 일정한 시간에 걸쳐 주가를 단순하게 평균낸 것이다. 지수이동평균은 최근 가격에 가중치를 부여한다. 이동평균의 가장 흔한 용도는 추세의 방향을 파악하고 지지선과 저항선을 결정하는 것이다. 나는 모든 차트에서 9EMA, 20EMA, 50SMA, 200SMA를 쓴다. 당신이 쓰는 차트에도 대다수 이동평균이 이미 내재되어 있을 것이다.

N

- **Nasdaq level 2**(나스닥 레벨 2): 성공적인 데이트레이딩을 하려면 실시간 나스닥 토털뷰TotalView 레벨 2 데이터 피드에 접근할 수 있어야 한다. 이 데이터는 거래가 이뤄지기 전에 해당 종목에서 나오는 활동에 관한 정보와 선행지표를 제공한다. 또한 가격 변동에 관한 중요한 통찰, 매수하거나 매도하는 트레이더의 유형, 단기적으로 주가가 향할 방향도 알려준다. 그림 5.1은 레벨 2 호가창을 보여준다.

- **net equity curve**(순자산곡선): 증권사 수수료 및 비용을 제한 손익

- **open**(장 초반): 오전 9시 30분에서 10시 30분 사이로, 개장 후 첫 30분에서 60분을 말한다.

- **opening range**(장 초반 구간): 장이 열리면 활성화 종목은 종종 격렬한 가격 변동을 겪는다. 많은 거래량은 주가에 영향을 미친다. 이때 주가가 어느 방향으로 갈지 그리고 매수자와 매도자 중 누가 이길지 판단해야 한다. 나를 포함한 노련한 트레이더들은 종종 1분 장 초반 구간 돌파 전략에 따라 거래한다. 충분한 경험과 자신감을 얻기 전까지는 변동성이 덜한 보다 긴 시간 기준으로 장 초반 구간 돌파 전략을 활용하는 것이 좋다.

- **options**(옵션 거래): 다른 종류의 거래로서, 특정한 날까지 특정한 가격에 주식을 사고팔 수 있는 권리(의무나 요건이 아님)에 관한 계약의 형태를 지닌다.

- **over-the-counter market[OTC market]**(장외시장): 대다수 데이트레이더는 장외시장에서 거래하지 않는다. 주로 외환, 채권, 금리 같은 상품을 거래하는 특정한 시장이다.

- **pattern day trade rule[PDT rule]**(패턴 데이트레이더 규칙): 미국에서 외국 증권사를 사용하지 않는 한, 계좌에 최소 2만 5000달러가 있어야 데이트레이딩을 할 수 있는 규정. 캐나다나 영국, 미국 외의 나라에 사는 데이트레이더에게는 영향을 미치지 않는다. 하지만 그 나라에도 비슷한 규칙과 법규를 적용할 수 있으므로, 시작 전에 증권사에 해당 국가에서 데이트레이딩을 할 수 있는 최소 요건을 알아봐야 한다.

- **penny stock**(동전주): 아주 낮은 가격에 거래되는 소기업의 주식. 동전주의 주가는 아주 쉽게 조종할 수 있으며, 어떤 패턴이나 규칙도 따르지 않는다. 또한 사기가 횡행하여 데이트레이더는 거래하지 않는다.

- **playbook**(전략집): 트레이더에게는 자신만의 전략집이 필요하다. 마이크 벨라피오레는《THE PLAYBOOK》에서 트레이더가 트레이딩 사업을 구축하는 방법을 설명한다. 그는 당신이 가장 잘하는 특정한 거래에 관한 전략집을 만들고 거기에

따라 거래할 것을 권한다.

- **position sizing**(포지션 규모 설정): 거래당 포지션 규모를 어느 정도로 잡을 것인지 정하는 일. 신규 트레이더는 포지션 규모 설정 기법과 기술을 연마해야 한다. 다만 내가 따르는 규칙 중 하나인, 한 번의 거래에 계좌의 2퍼센트 이상을 리스크에 노출하지 말아야 한다는 점을 명심하기 바란다.

- **pre-market trading**(장전 거래): 장이 공식적으로 열리기 전에 이뤄지는 거래. 나는 이 거래를 피한다. 거래하는 트레이더가 너무 적어서 아주 작은 규모로 거래해야 하기 때문이다. 장전 거래를 고려한다면 허용 여부를 증권사에 문의해야 한다. 다만 주시하는 것은 유용하다. 장전 거래에서 2퍼센트 이상 갭상승/갭하락하는 종목은 확실히 관심을 끌며, 그날의 관심종목에 오를 수 있다.

- **previous day close**(전일 종가): 전일 장 마감 시 주가. 해당 종목이 다음 날 활성화될지 가늠하는 데 유용하다. 또한 이 책에서 설명한 많은 전략과 패턴에서 활용하는 수치다.

- **price action**(가격 변동): 주가의 움직임. 나는 봉 차트로 주가 변동을 표시하는 것을 선호한다. 그러면 고점과 저점, 시가와 종가의 관계를 포착할 수 있다.

- **profit target**(수익 목표): 데이트레이더는 일간 수익 목표를 설정해야 한다. 그 목표에 도달하면 욕심 때문에 수익을 위험에 빠트려서는 안 된다. 그냥 컴퓨터를 끄고 남은 하루를 즐겨라. 거래마다 전략의 기반이 될 구체적인 수익 목표를 설정해야 한다.

- **profit-to-loss ratio**(손익비): 성공적인 데이트레이딩의 열쇠는 탁월한 손익비를 제공하는 종목을 찾는 것이다. 진입 리스크는 낮은 대신 보상 잠재력은 큰 종목이 거기에 해당한다. 가령 3:1 손익비는 100달러를 리스크에 노출하면 300달러를 벌 수 있는 잠재력이 있다는 뜻이다. 내가 거래하는 최소 손익비는 2:1이다. '리스크/보상 비율' 또는 '수익/손실 비율'로도 불린다.

R

- **R**: 트레이더들은 거래에서 리스크에 노출하는 금액을 종종 'R'로 표시한다. 이 금액을 잃은 거래는 '-1R' 거래, 반면 그 2배를 번 거래는 '2R' 거래라고 한다.

- **real time market data**(실시간 시장 데이터): 성공적인 데이트레이더가 되려면 실시간 시장 데이터(대개 유료)에 지연 없이 접근할 수 있어야 한다. 말 그대로 몇 분 만에 결정을 내리고 포지션을 드나들어야 하기 때문이다. 반면 며칠이나 몇 주 간격으로 포지션을 드나드는 스윙트레이더는 장 마감 데이터에만 접근할 수 있으면 된다. 이런 데이터는 인터넷에서 무료로 구할 수 있다.

- **relative strength index[RSI]**(상대강도지수): 일정한 기간에 걸쳐 근래에 이뤄진 주가 등락의 규모를 비교하는 기술적 지표. 주가 등락의 속도와 변화를 측정한다. 검색 프로그램이나 플랫폼은 자동으로 RSI를 계산해준다. RSI 값은 0에서 100까지이며, 10 이하 또는 90 이상의 극단적인 RSI는 확실히 관심을 끈다.

- **retail trader**(개인 트레이더): 회사에 소속되거나 다른 사람의 돈을 관리하지도 않는 트레이더

- **risk management**(리스크 관리): 성공적인 데이트레이더가 터득해야 하는 중요한 기술 중 하나. 진입 리스크는 낮지만 보상 잠재력은 큰 진입구도를 찾아야 한다. 리스크 관리는 매일 이뤄진다.

- **risk/reward ratio**(리스크/보상 비율): 성공적인 데이트레이딩의 열쇠는 탁월한 리스크/보상 비율을 제공하는 종목을 찾는 것이다. 진입 리스크는 낮은 대신 보상 잠재력은 큰 종목이 거기에 해당한다. 가령 1:3 비율은 100달러를 리스크에 노출하면 300달러를 벌 수 있는 잠재력이 있다는 뜻이다. 내가 거래하는 최소 비율은 1:2이다. '손익비' 또는 '수익/손실 비율'로도 불린다.

S

- **scanner**(검색 프로그램): 다양한 요건에 따라 거래할 구체적인 종목을 찾아주는 프로그램. 그림 4.2~4.5에서 내가 자주 쓰는 검색 프로그램의 스크린샷을 볼 수 있다.

- **short**(숏): '숏 매도'의 줄임말로, 주가가 내려갈 것을 기대하고 증권사에서 주식을 빌려 매도하는 것(공매도)이다. 주가가 내려가면 더 낮은 가격에 매수해 증권사에 주식을 상환하고 이익을 취할 수 있다. 가령 "AAPL을 숏한다"는 말은 주가가 내려갈 것을 기대하고 애플 주식을 빌려 매도한다는 뜻이다.

- **short interest** (공매도 미상환잔고): 공매도 되었지만 아직 상환되지 않은 주식의 양. 이는 대개 장 마감 때 발표된다. 나는 대체로 이것이 30퍼센트 이상인 종목은 거래하지 않는다. 공매도 미상환잔고가 많다는 것은 트레이더와 투자자들이 주가가 떨어질 것이라고 믿는다는 뜻이다.

- **short selling** (공매도): 주가가 떨어질 것을 기대하고 증권사에서 주식을 빌려 매도하는 것. 주가가 떨어지면 더 낮은 가격에 사서 주식을 상환하여 이익을 취할 수 있다.

- **short selling restriction[SSR]** (공매도 제한): 전일 종가보다 10퍼센트 이상 하락한 종목에 걸리는 제한. 규제당국과 거래소는 주가가 급락한 종목의 공매도를 제한한다. SSR 모드가 적용되는 종목은 공매도 할 수 있지만 일중 주가가 올라갈 때만 가능하다.

- **short squeeze** (숏 스퀴즈): 공매도자들이 패닉에 빠져서 빌린 주식을 급히 증권사에 상환하는 것. 이런 행동은 주가를 빠르고 위험하게 상승시킨다. 공매도한 상태에서 숏 스퀴즈에 걸리는 일을 피해야 한다. 그보다 주가가 급반전할 때 매수해서 상승세를 타야 한다.

- **simple moving average[SMA]** (단순이동평균): 일정한 기간에 걸쳐 종가를 더한 후, 일수로 나눠서 계산하는 이동평균

- **simulator** (모의투자): 성공적인 경력을 바라는 신규 데이트레이더는 반드시 여러 달 동안 모의투자로 거래해야 한다. 이때 실시간 시장 데이터를 제공하는 모의 계좌를 구매해야 한다. 또한 실제 트레이딩과 같은 거래량과 금액으로 거래해야 한다. 모의투자는 단축키와 조건부 진술 그리고 전략을 연습하고 또 연습할 수 있는 탁월한 수단이다.

- **size** (거래단위 수): 레벨 2 창에서 '거래단위 수' 열은 매도/매수를 위해 제공된 표준 거래단위의 수(100주 = 1 표준 거래단위)를 나타낸다. 예를 들어, '4'는 400주라는 뜻이다.

- **small cap stock** (소형주): 유통주식 수가 적다는 것은 대형 주문이 주가를 쉽게 움직일 수 있음을 뜻한다. 그래서 변동성이 아주 심하며, 빠르게 움직인다. 대다수 소형주는 주가가 10달러 이하다. 일부 데이트레이더는 소형주를 좋아한다. 그러나 정말로 리스크가 크다는 사실을 명심해야 한다. '유통주식수 소량 종목' 또는 '시가총액 하위 종목'으로도 불린다.

- **social distancing**(사회적 거리두기): 트레이더에게 사회적 거리두기란 '주식투자가 벼락부자가 될 수 있는 편법이라고 생각하는 사람으로부터 멀리 떨어지는 것'이다. 팬데믹과 사회적 거리두기 지침에 비추어 주식이 하룻밤 사이에 부자가 되도록 도와줄 것이라고 생각하는 사람으로부터 떨어져서 당신의 돈을 보호하라.

- **spinning top**(팽이형): 대개 위꼬리와 아래꼬리가 몸통보다 크고, 서로 크기가 비슷한 봉. '미결정 봉'으로 불리기도 한다. 매수자와 매도자가 비슷한 힘을 지녔으며, 서로 싸우고 있음을 나타낸다. 팽이형 봉을 인식하는 일은 중요하다. 주가 변동이 임박했음을 가리키기 때문이다. 그림 6.6과 6.7에서 볼 수 있다.

- **standard lot**(표준 거래단위): 앞서 설명했듯이, 표준 거래단위는 100주다.

- **stock in play**(활성화 종목): 데이트레이더는 활성화 종목을 찾아서 거래해야 된다. 활성화 종목은 탁월한 리스크/보상 기회를 제공하며, 일중에 주가가 예측 가능한 방식으로 상승하거나 하락한다. 주요 재료(식약청 승인이나 미승인, 구조조정, 인수합병 같은 호재나 악재)가 나온 종목은 활성화 종목인 경우가 많다.

- **stop loss**(손절 지점): 손실을 받아들이고 포지션에서 빠져나와야 하는 지점. 거듭 말하지만, 한 번의 거래에 계좌의 2퍼센트 이상을 리스크에 노출하지 말아야 한다. 가령 계좌에 2만 달러가 있다면 절대 단일 거래에 400달러 이상 리스크에 노출하면 안 된다. 거래당 리스크에 노출할 수 있는 최대 금액을 계산하면 진입 지점을 기준으로 주당 최대 리스크도 금액으로 계산할 수 있다. 거기에 해당하는 지점이 손절 지점이다. 손절 지점은 언제나 기술적으로 타당해야 하며, 꼭 지켜야 한다. 도중에 헛된 기대로 손절 지점을 바꾸지 마라. 담대하게 포지션에서 탈출하고 손실을 받아들여라. 고집을 부려서 계좌를 리스크에 노출하지 마라.

- **support level or resistance level**(지지선 및 저항선): 특정한 종목의 주가가 더 이상 오르지 않거나(저항), 내려가지 않는(지지) 선이다. 주가는 종종 지지선이나 저항선에 도달하면 튕겨서 방향을 바꾼다. 데이트레이더는 이런 선을 관찰해야 한다. 타이밍을 잘 맞추면 주가 진행 방향의 빠른 변화에서 수익을 낼 수 있기 때문이다. 앞에서 지지선과 저항선을 찾는 방법을 자세히 설명했다. 전일 종가는 강력한 지지선 또는 저항선 중 하나다. 그림 7.26은 내가 그린 지지선 및 저항선의 예다.

- **swing trading**(스윙트레이딩): 하루에서 몇 주 동안 일정한 기간에 걸쳐 주식을 거래하는 것으로, 데이트레이딩과는 완전히 다르다.

T

- **ticker**(종목코드): 대개 한 글자에서 다섯 글자로, 상장 종목을 나타내는 약어. 모든 주식에는 종목코드가 있다. 가령 애플의 종목코드는 AAPL이다.

- **trade management**(거래 관리): 진입 후부터 탈출 전까지 포지션을 관리하는 것. 그저 행운을 바라며 컴퓨터 앞에 앉아서 무슨 일이 생기는지 바라보기만 해서는 안 된다. 눈앞에서 바뀌는 정보를 주시하고 처리하며 포지션을 조정하고 조절해야 한다. 즉 포지션을 적극적으로 관리해야 한다. 거래 관리 경험을 쌓는 유일한 방법은 실제 트레이딩과 같은 거래량과 금액으로 모의투자를 하는 것이다.

- **trade plan[trading plan]**(거래 계획): 실제 포지션에 진입하기 전에 수립하는 계획. 탄탄한 거래 계획을 수립한 후, 그것을 고수하기에 충분한 자제력을 발휘하려면 많은 노력이 필요하다. 조건부 진술 설명을 참고하라. 그리고 거래 계획을 트레이딩 사업계획과 혼동하지 마라.

- **trading business plan**(트레이딩 사업계획): 트레이딩은 진지한 사업이며, 절대 벼락부자가 되는 편법이 아니다. 따라서 다른 모든 사업과 마찬가지로 어떻게 성공할 것인지 명확하게 제시하는 트레이딩 사업계획을 만들어야 한다. 트레이딩 사업계획은 3개의 주요 영역으로 나눈다. 10장에 자세히 설명되어 있다. 다시 말하지만, 거래 계획과 혼동해서는 안 된다.

- **trading framework**(트레이딩 프레임워크): 트레이딩 사업계획의 핵심으로, 장이 열린 동안 실행할 일을 제시한다. 그 내용은 자금 및 리스크 관리 원칙, 거래 전략 및 패턴, 거래 관리 규칙, 프레임워크에서 벗어난 모든 행동을 책임질 방법의 개요로 구성된다. 이 역시 10장에서 자세히 설명했다.

- **trading platform**(트레이딩 플랫폼): 트레이더가 주문을 거래소로 전송하기 위해 활용하는 프로그램. 증권사에서 제공하며 무료, 유료가 있다. 웹 기반이거나 컴퓨터에 설치해야 하는 프로그램으로 되어 있으며 차트 및 주문 결제 기능을 제공한다. 좋은 트레이딩 플랫폼을 쓰는 일은 대단히 중요하다. 속도가 빨라야 하고, 단축키와 탁월한 차트 기능을 지원해야 하기 때문이다. 내가 쓰는 DAS 트레이더를 추천한다. 나는 이 플랫폼과 실시간 데이터에 접근하기 위해 월 사용료를 낸다.

- **volume weighted average price[VWAP]** (거래량가중평균가격): 데이트레이더에게 가장 중요한 기술적 지표. 따라서 사용하는 트레이딩 플랫폼에 VWAP가 내재되어 있어야 한다. VWAP는 모든 주어진 가격에서 나온 거래량을 반영하는 이동평균이다. 반면 다른 이동평균은 주가만 토대로 계산된다. VWAP는 각 가격에서 거래된 주식 양을 고려한다. 그래서 가격 변동을 주도하는 것이 매수자인지 매도자인지 알려준다.

- **warrant** (워런트): 미래에 정해진 가격으로 주식을 매입할 수 있는 증권

- **watchlist** (관심종목): 장이 열리기 전에 어느 종목의 주가가 갭상승/갭하락했는지 알 수 있다. 해당 종목의 가격 등락을 설명하는 주요 재료가 무엇인지 찾아야 한다. 그 후에는 그날 데이트레이딩 기회가 나올지 관찰할 종목의 목록을 만들어야 한다. 관심종목의 최종 버전은 대개 장이 열렸을 때 세심하게 관찰할 2~4개의 종목으로만 구성된다. '갭등락 관심종목'으로도 불린다.

- **win / lose ratio** (수익/손실 비율): 성공적인 데이트레이딩의 열쇠는 탁월한 '수익/손실 비율'을 제공하는 종목을 찾는 것이다. 진입 리스크는 낮은 대신, 보상 잠재력은 큰 종목이 거기에 해당한다. 가령 3:1 비율은 100달러를 리스크에 노출하면 300달러를 벌 수 있는 잠재력이 있다는 뜻이다. '손익비' 또는 '리스크/보상 비율'로도 불린다.

도박꾼이 아니라
트레이더가
되어라

초판 1쇄 발행 2022년 1월 3일
초판 6쇄 발행 2024년 5월 10일

지은이 앤드루 아지즈
옮긴이 김태훈

펴낸이 김준성
펴낸곳 책세상
등록 1975년 5월 21일 제2017-000226호
주소 서울시 마포구 동교로23길 27, 3층 (03992)
전화 02-704-1251
팩스 02-719-1258
이메일 editor@chaeksesang.com
광고·제휴 문의 creator@chaeksesang.com
홈페이지 chaeksesang.com
페이스북 /chaeksesang **트위터** @chaeksesang
인스타그램 @chaeksesang **네이버포스트** bkworldpub

ISBN 979-11-5931-810-8 03320